पंखोंवाला कठघरा : लेखिका की डायरी

The translation of this book has been supported by the Austrian Ministry of Education, Arts and Culture, Vienna.

पंखोंवाला कठघरा

लेखिका की डायरी

(मूल शीर्षक : Haus, Friedens, Bruch)

मार्गिट श्राइनर

मूल जर्मन से अनुवाद

अमृत मेहता

वाणी प्रकाशन

वाणी प्रकाशन

4695, 21-ए, दरियागंज, नयी दिल्ली 110 002

शाखा

अशोक राजपथ, पटना 800 004

फ़ोन: +91 11 23273167 फ़ैक्स: +91 11 23275710

www.vaniprakashan.in
vaniprakashan@gmail.com

PANKHONWALA KATHGHARA : LEKHIKA KI DIARY

by Margit Schreiner
Translated by Amrit Mehta

ISBN : 978-93-5072-511-5
Novel

प्रथम संस्करण 2013

मूल्य: ₹ 250

न्यू कृष्णा ऑफ़सेट, दिल्ली-110093 में मुद्रित

वाणी प्रकाशन का लोगो मक़बूल फ़िदा हुसेन की कूची से

बच्चे जब पैदा होते हैं तो लेखक होते हैं। ज्योंही वे दिमाग में रहस्य जमा करना शुरू करते हैं, वे लेखक नहीं रहते। इतना ज्ञान इकट्ठा करने के बाद फिर निष्कपटता की स्थिति में लौटना कठिन होता है। ब्रूनो का ख़याल है कि मैं एक सनसनीखेज उपन्यास लिख रही हूँ। मेरे प्रकाशक, यूलिया की क्लास के मानीटर, मेरे लेखक दोस्तों, साहित्य-सदन वालों, सब का यही ख़याल है। सब मुझसे यही उम्मीद कर रहे हैं कि मैं एक अनोखा, पर रोमांचक सनसनीखेज उपन्यास लिखूँ। सारी दुनिया सनसनीखेज किस्से लिख रही है। जिन लेखकों ने दस साल पहले तक कभी कोई ऐसा उपन्यास नहीं लिखा था, अचानक सनसनीखेज उपन्यास लिखने लगे हैं और पत्रिकाओं के साहित्यिक-परिशिष्टों में लगभग केवल ऐसे ही उपन्यासों की समीक्षाएँ प्रकाशित होती हैं। तथाकथित साहित्यिक सनसनीखेज किस्से, जैसा मैं समझती हूँ।

लेकिन मैं सनसनीखेज़ उपन्यास नहीं लिखूँगी। मेरे पास इस समय दूसरी समस्याएँ हैं। मसलन यूलिया। या फिर उम्र। या फिर पीठ में दर्द। या नया फ्लैट। या वक्त। या फिर ज़मीन-आसमान। दोनों मेरे लिए हमेशा एक होते थे, पहले कभी। अगर मैंने आसमान देखा तो समझो समुद्र देख लिया, वैसे ही जैसे समुद्र देख लिया तो आसमान देख लिया। ज़रा सा घुमाओ तो एक दूसरे से बदल जाता था। अगर मैं कहीं बैठी होती थी, जैसे लिखने की मेज़ पर, रसोई की मेज़ पर,

अपने सोफ़े पर, और यह एक ख़ामोश रविवार होता था, जिसमें यह प्रकाश होता था और दबे-दबे स्वर, वास्तव में लगभग हमेशा दोपहर से पहले, और मैं जब, अब की तरह, खिड़की से देखती थी, आसमान को, जिस पर थोड़े से बादल होते थे, तब मेरे पास बहुत वक्त होता था, कोई फ़र्क नहीं पड़ता था कि मैं कहाँ हूँ; खुले आसमान के नीचे या विशाल समुद्र के सामने, अपने देश में या दूर के किसी देश में, कहीं भी, कभी भी।

और अचानक ही मेरे ज्यादा वक्त का समय ख़त्म हो गया। और अचानक ही फ़र्क पड़ने लगा कि मैं कहाँ थी। मैं वहीं थी, जहाँ मैं थी, किसी और जगह नहीं। आसमान और समन्दर एक नहीं होते थे। बस उस वक्त की याद बची थी, जब वे एक होते थे। दिन हो या रात हो, बस ऐसा ही होता था, चूँकि यूलिया के पोषण तथा अपने पोषण का भार मेरे सिर पर है, और वक्त तेज़ी से भाग रहा है, अतः दिनों ने रात में और रातों ने दिन में बदलना बन्द कर दिया है। अँधेरी रातें रोशन दिनों से गले नहीं मिलतीं। दोनों एक-दूसरे से अलग हो चुके हैं, बखूबी। एकाएक रात का वक्त डर का, घबराहट का और भूतों का वक्त बन गया है। लेकिन जल्दी ही सब ऐसा नहीं रहेगा। जल्दी ही सब बदल जाएगा।

I

एक बुधवार को वह मेरे यहाँ लाया गया था। ब्रूनो एक बार फिर घर में नहीं था। श्रयोडर द्वितीय और हाज़लिंगर उसे लेकर आये थे। बहुत भारी होगा वह। उसे लेकर आने वाले बन्दे तगड़े थे। और उन्हें उसे तीसरी मंज़िल से ऊपर लाना था। और जब वे चौथी मंज़िल पर मेरे पास पहुँचे तो पसीने-पसीने हो चुके थे। मेरे ख़याल से 150 किलो ग्राम का है वह। कम-अज-कम। और हमारे यहाँ लिफ़्ट भी नहीं है। (श्रयोडर द्वितीय वास्तव में उसे चिढ़ाने का नाम है, जो हाज़लिंगर ने उसे दिया है, क्योंकि वह तथाकथित रूप से भूतपूर्व जर्मन प्रधानमंत्री श्रयोडर जैसा दिखता है। उसका वास्तविक नाम है माक्सीमिलियन शूस्टर, और मुझे लगता है कि वह भूतपूर्व प्रधानमंत्री से काफ़ी बेहतर दिखता है)।

मैंने सबके लिए कॉफी बनायी। केक मैं एक दिन पहले ले आयी थी, श्रयोडर ने मेरी कड़क इतालवी एस्प्रेसों के तीन कप पिये। हाज़ी[1] (अपने छेड़ने के नाम का बदला लेने के लिए श्रयोडर ने उसे यह नाम दिया है) ने कॉफ़ी नहीं पी, उच्च रक्तचाप के कारण। उसके बदले वह पूरा केक खा गया। हालाँकि उसे गारंटी से हाई ब्लडप्रेशर के अलावा हाई कोलेस्ट्रोल भी था। उन्होंने फिर मुझे बताया कि वे अपने एक दोस्त से शर्त लगाने के बाद एक भारी-भरकम बॉक्सर कुत्ते को ऐबलनबर्ग से न्यू म्युंशन तक उठा कर लाये थे। शर्त जीत गये थे वे। लेकिन बॉक्सर मेरे कुमुलुस[2] से तो हल्का था।

अब उसे खुद से हिलाना मिलाना है। मतलब कि फ़्लैट में कमरे तो सीमित हैं और मैं उसे ऊपर अपनी बेटी के पास नहीं रखना चाहती। सिर्फ़ रात के शोर की वजह से। पहली मंज़िल पर सब दीवारें पतली हैं और आवाज़ उनसे छन कर आ जाती है। यूलिया कहती है कि अतिथि-कक्ष में जब कोई करवट भी बदलता है तो उसकी

1. जर्मन में 'हाज़े' खरगोश को कहते हैं।
2. शरीर के भिन्न-भिन्न अंगों की मालिश करने वाली मशीन।

नींद खुल जाती है। इसलिए मैं एक मंज़िल नीचे रहती हूँ, स्टोर-रूम में। कोई चारा नहीं, उसे नीचे मेरे ही साथ रहना होगा।

रात को वह लहराता हुआ ऊपर चढ़ता है, ऊपर ही ऊपर चढ़ता जाता है। अन्ततः मेरे पेट में गड़ जाता है, जब तक कि उलटना-पलटना शुरू नहीं करता। यह दर्द उल्टी लाता है। मरोड़कर रख देता है, रूला देता है। मैं अब खुद से बातें करने लगी हूँ। खुद से कहती हूँ, रोना बन्द कर, इससे हालत बेहतर नहीं हो जाएगी। पूरा दिन ध्यान रख कि तू क्या खाती है और क्या नहीं, रात को मैं खुद से कहती हूँ। पाँच बजे के बाद तुझे किसी भी हालत में कुछ नहीं खाना चाहिए। मीठा-वीठा मत टूँगा कर, मैं खुद से कहती हूँ, तुझे नहीं पचता। जो भी तेरे जितनी मिठाइयाँ खाता है, कसूर उसी का है। तुझे सिरके में लगे लंगोचे और मक्खन डबलरोटी भी नहीं खाने चाहिएँ। अपने पर काबू रख, मैं खुद से कहती हूँ, क्योंकि तू जानती है कि जब दर्द आएगा तो तुझे सहन करना पड़ेगा। वैसे ही, जैसे ज़िन्दगी में वह सब होता है, जिसे तू बदल नहीं सकती। आस्ट्रिया में चुनाव, तेरी किताबों की बिक्री, तेरी बेटी का भाग्य, जुकाम-बुखार। तू जानती है कि तू सर्वशक्तिमान नहीं है और दुनिया को वैसे नहीं बता सकती, जैसे तू चाहती है। तू जानती है कि ऐसी भी चीज़े हैं, जो तेरे वश में नहीं है। तू भगवान नहीं है, ऐसी रातों में मैं खुद से कहती हूँ। लेकिन फिर वह मेरे गले और पेट को घोंट कर रख देता है। मैं कुछ नहीं कर सकती। जब भय मुझ पर छाया होता है तो मैं न जाने क्या-क्या सोचना शुरू कर देती हूँ, कि मेरी बच्ची दुखी या बीमार हो सकती है, या मैं बीमार हो सकती हूँ और मेरी बीमार देह मुझ पर भारी पड़ जाएगी और मेरे जीवन को पटरी से उतार देगी, फिर मैं एक शक्तिहीन भगवान बन जाऊँगी। जब मैं बीमार होती हूँ तो कोई कमाई नहीं करती। यही सोच कर मेरी जान निकल जाती है। यह घबराहट कई रूपों में आती है। वह अनिद्रा के रूप में आती है और पसीना-पसीना करने वालों के रूप में भी आती है। कभी-कभी वह बुरे सपनों का रूप धारण करती है। फिर दुबारा ख़ांसी के दौरे का, साँस फूलने का, पूरे शरीर के काँपने का। कभी-कभी रक्तसंचार धीमा पड़ जाता है तो कभी तेज़ हो जाता है, जिससे गले में और पूरे शरीर में जलन होने लगती है। वह टाँगों में फड़कन के रूप में, मितली, दस्तों, अकड़न के रूप में आती है। मैं खुद से कहती हूँ, पसीना बन्द हो जाएगा, बस तू शान्त हो जा, बुरा सपना सपना ही तो है। मैं खाँसती हूँ और खुद से कहती हूँ, खाँसी रुक जाएगी, तुझे बस संक्रमण हो गया है, सांस फूलना तो बस एक दौरा है, तुझे दमा नहीं है। टाँगें नींद न आने के कारण फड़कती हैं और मतली देर से खाने के कारण। बुरे सपने भी इसी वजह से आते हैं, मैं खुद से कहती हूँ, और दस्त भी। तू अकड़ इसलिए जाती है, क्योंकि तू खुद को लाचार महसूस करती है, और तू लाचार है भी, क्योंकि तू रात में उठ

कर सब कुछ बदल नहीं सकती। तू बूढ़ी हो रही है। जैसे और लोग भी बूढ़े होते हैं। तू वक्त को रोक नहीं सकती, तू खुद से कहती है। तुझे यह बरदाश्त करना होगा। लेकिन मैं बरदाश्त नहीं कर सकती। कई बार मैं पसीने से भरी बिस्तर से निकलती हूँ और नहा लेती हूँ। फिर मैं कपड़े बदल कर दुबारा लेट जाती हूँ। या मैं बिस्तर से निकलती हूँ और जैसे हूँ वैसे ही बाहर बाल्कनी पर चली जाती हूँ। ठंडी हवा पसीना सुखा देती है और मेरी त्वचा किसी छिपकली की तरह ठंडी पड़ जाती है। मैं बाल्कनी में बैठकर सिगरेट सुलगा लेती हूँ। या एक गिलास पानी पीती हूँ या आधी रात में पढ़ना शुरू कर देती हूँ। समस्या यह है कि इस हालत में मेरी किसी चीज़ में दिलचस्पी नहीं रहती। वाक्य मेरे पल्ले नहीं पड़ते। यहाँ तक कि अलग-अलग शब्द भी मुझे अजनबी लगते हैं। में उन्हें समझ नहीं सकती; 'मेज़', 'लकड़ी', 'टाँग', सब मेरे दिमाग से फिसल जाते हैं।

नहीं, और कोई चारा नहीं, उसे नीचे मेरे साथ रहना होगा। हमेशा मेरे लिए हाज़िर होना होगा। लेकिन ऐसा भारी भरकम कुत्ता दूसरी तरफ तेरे पूरे .फ्लैट को गंदा करता फिरेगा। मेरी बेटी ने अभी मुझे बताया है कि जब एक बार वह कित्सब्यूल में एक फ़िल्म-परियोजना पर काम कर रही थी तो वहाँ के शानदार बंगले में भी ऐसा ही एक था। बड़ा भयानक था देखने में। मगर बड़े काम का था। तनाव को नज़दीक नहीं फटकने देता था। अन्ततः मैंने फ्लैट में उसके अपने एक कोने का इन्तज़ाम कर दिया। अच्छी बात यह है कि मुझे वह फिट रखेगा। आखिर तो मुझे हर दिन एक साल में प्रकाशित हुई तैंतीस हज़ार नयी किताबों की बुराई में कुछ लिखना होता है। तब भी, जब किसी ऐरे-गेरे भूतपूर्व प्रधानमंत्री की आत्मकथा बिकने वाली किताबों की सूची में शीर्ष स्थान पर आ जाती है, इंटरनेट में मशहूरी, अखबारों में समीक्षाएँ और जल्दी पुस्तक का पठन तो पीछे छूट जाता है, पुस्तक पर जो फ़िल्म बनती है, वह फ़िल्मों में एक नम्बर पर, और फ़िल्म पर जो पुस्तक लिखी जाती है, वह पुस्तकों में एक नम्बर पर पहुँच जाती है, और जूरी के सदस्य और समीक्षक तथा आलोचक भी लेखक-लेखिका बन जाते हैं। ऐसे में तू कैसे फ़िट रह सकती है।

डाइनिंग-टेबल भी एक चीज़ ही थी। फ़र्नीचर की बड़ी दुकान *इकेया* में वह इतनी दीर्घाकार नहीं लग रही थी, जितनी मेरे कमरे में, जो अपने आप में पर्याप्त बड़ा है; तीस वर्ग मीटर और कमरे की ऊँचाई में चार मीटर तक जाती मेज़। (मैं एक दुछत्ती वाले .फ़्लैट में रहने लगी हूँ)। बहरहाल, जब हम, मैं और मेरी तत्कालीन सहेली

आमेली, घर बदलने के दौरान डाइनिंग-टेबल और आठ कुर्सियों को जोड़कर बना चुके थे, और ये चीज़े वहीं पड़ी थीं, और जोड़ने के दौरान मेरी सहेली और मैं आधा दर्ज़न बोतलें बीयर की पी चुकी थी, और तनिक टूटे-फूटे लकड़ी के सजावटी फ़र्श पर बैठे हुए थे--कमरे में और कुछ भी नहीं था--और जब आमेली ने कहा : दरअसल दो बन्दों के लिए तो बहुत बड़ी है, तो हमारी हँसी का फव्वारा छूट निकला था। सच्ची, हम फ़र्श पर हँसते हुए लोट-पोट हो रहे थे। लेकिन बाद में मुझे मानना पड़ा : मेज़ के पूरे पैसे वसूल हो गये हैं। जबसे यह मेरे पास है, मैं आराम से छ : या आठ बन्दों को भोजन का निमंत्रण दे सकती हूँ। जिससे वैसे काम तो बहुत बढ़ जाता है और लिखने का समय कम रहता है। फिर मैंने *ब्रेत्स* का एक सोफ़ा भी लगाया। *गाउडी* मार्के का। पहले मैं *मोंस्टरशेन* लेना चाहती थी। लेकिन यूलिया ने सख़्ती से मना कर दिया। *गाउडी इकेया* की मेज़ से कुछ महंगा था, लेकिन उसने भी पूरे पैसे वसूल दिये। अपनी खूबसूरती की वजह से ही नहीं। यह चटख लाल है, और इसके पायों पर सुनहरी धारियाँ हैं। यूलिया शुरू से ही सुनहरे रंग में शेर के पंजे पायों के रूप में चाहती थी, और ऐसा खोफ़ा था भी सही वहाँ, और मुझे कहना पड़ेगा कि मुझे कई बार इसका पश्चाताप हुआ है कि मैंने उसे नहीं लिया। वह ज़रा सा और नफ़ीस होता। इस तरह के एक महंगे सोफ़े की शान स्वभावतः ऐसे सस्ते सोफ़ों से बढ़ कर होती है, जो हमेशा मेरे पास होते थे। इनके ऊपर तू बैठती है और कहीं धँस जाती है। लेकिन जब उठना हो तो बाँहों से चप्पू चलाकर ऊपर हुआ जाता है। और इस जितनी मेरी उम्र नहीं है। तिस पर ऐसे सोफ़ों में एक गद्दा भी बना होता है, जो बिल्कुल तेरे पिछवाड़े के साइज़ का होता है। समय के साथ-साथ यह दर्दें पैदा करता है। सस्ते सोफ़े जल्दी ही खराब भी हो जाते हैं, ख़ासकर हमारे यहाँ, क्योंकि हमारे पास दो बिल्लियाँ हैं, जो हर जगह अपने पंजे तेज करती रहती हैं, सिर्फ उस पेड़ पर नहीं करती, जिसे इस काम के लिए उन्हें दिया जाता है। ख़ासकर छोटी बिल्ली जो तकरीबन 13 सप्ताह की है और जिसे और सिखाया-पढ़ाया नहीं जा सकता। *ब्रेत्स* के सोफ़े में मैं धँसती नहीं हूँ, और बिल्लियों के पंजों का भी अभी तक उन पर असर नहीं हुआ। बहुत ही मजबूत बना है यह, और इसका कपड़ा, कहा जाता है कि अन्तरिक्ष- अनुसंधान की सामग्री से बना है। दूसरी तरफ़ के बड़े कमरे में मैंने अपनी बड़ी लिखने की मेज़ रखी है, जिस पर मैं अब बैठी हुई लिख रही हूँ। इसका मार्का है *एज़ेक्टीव*। इसे जोड़ना आसान नहीं था। इसकी दो टाँगें कम हैं। शुरू में हमने सोचा था कि *इकेया* वालों ने दो टाँगें ज़्यादा भेज दी हैं, लेकिन बाद में जब कम्प्यूटर, फ़ोन, रिकॉर्डर, फ़ैक्स मशीन और प्रिंटर भी मेज़ पर लगाये तो आमेली ने देखा कि अभी दो टाँगों की जगह बची हुई थी। ज़ाहिर है कि अब इसे खोलकर दुबारा जोड़ना सम्भव नहीं था। लेकिन तब से मुझे ज़रा सा डर लगा रहता

है कि मेज़ किसी दिन नीचे गिर जाएगी। आठ बंदे बिठाने वाली मेज़ और *कुमुलुस* मुझे लिखने की मेज़ से नज़र नहीं आते। बीच में एक दीवार है, जो एक तरफ़ से मेरी बाल्कनी की सीमा बनाती है। लिखने की मेज़ सिर्फ़ *ब्रेत्स-सोफ़ा* और पहली मंज़िल को जाने वाली सीढ़ी, सामने वाली लकड़ी की शहतीरों वाली दीवार और स्वभावतः बाल्कनी और आसमान नज़र आते हैं। मैं वहाँ ऊपर से निकलते हुए बादलों को देख सकती हूँ। और गर्मियों में बतासी चिड़ियों को भी, जो अफ्रीका से आती हैं और बाल्कनियों और छतों वाले घरों को एक विशाल समुद्रतट की चट्टानों और चट्टानों में बने आलों में बदल देती हैं, जिन पर एक नीला आकाश चमकता है, और कभी-कभी बादल भी निकलते हैं जो समन्दर पर नहीं होते। लेखन के लिए एकदम सही परिस्थितियाँ, इस .फ्लैट में आने से पहले मैंने सोचा था। (और अब भी सोचती हूँ।) लेकिन फिरः कुछ नहीं। बिल्कुल कुछ भी नहीं, लेकिन कुछ ज़्यादा नहीं। फिर भी एक तरह का लेखन का संकोच, मैं कहूँगी। यह तो मैं कब से स्वीकार कर चकी हूँ कि लेखन मेरी जीविका है। सिर्फ़ मेरी ही नहीं, यूलिया की भी, जो दूसरी मंज़िल में दो कमरो में रहती है। जैसा कह चुकी हूँ; दुछत्ती वाला .फ्लैट। इस पर उसे हमेशा मेरे कमरे से होकर निकलना पड़ता है, यूँ कहिए कि मेरी लिखने की मेज़ से होते हुए सीढ़ी की तरफ। मतलब संडास के लिए, खाने के लिए, पीने के लिए, .फ्लैट में आने और जाने के लिए, सब मेरी मेज़ के पास से गुज़र कर। वह भी और उसके दोस्त भी।

पहले जो यहाँ रह रहा था, उसने पहली मंज़िल जोड़ी थी, सब कुछ लकड़ी से बनाया था। वाष्प-स्नान-गृह जैसा कुछ हण्टा लगता है। लेकिन यूलिया को जगह तुरन्त पसन्द आ गयी थी। उसके पास अब छोटा सा सोने का कमरा है और छोटा सा पढ़ने-लिखने का कमरा है। अलग-अलग। युवा लोगों को ऐसा कुछ अच्छा लगता है। ऊपर फिर एक अतिथि-कक्ष भी है। मैं ख़ुद, जैसे मैं कह चुकी हूँ, स्टोर-रूम में सोती हूँ। हमारे घर के आर्कीटेक्ट के नक्शे में लिखा है : न चलने लायक मचान। और सचमुच यह एक नीची जगह है, आड़ी-तिरछी दीवारों वाली। एक तरह का कैम्पिंग का तम्बू है। मुझसे पहले यहाँ रहने वाला मचान को स्टोर रूम की तरह इस्तेमाल करता था। अफ़सोस की बात है। मैंने तुरंत सोचा। आमेली का भी यही ख़याल था। यूलिया का भी। एक खूबसूरत, अस्सी सेंटीमीटर ऊपर उठा तम्बू की तरह बना कमरा, एक खिड़की वाला, प्रवेश द्वार के एकदम बगल में। दिलकश! मैंने उसमें कालीन बिछाये हैं। सिर्फ, एक मुश्किल है : मुझे अब बिस्तर में कमोबेश रेंगकर घुसना पड़ता है। पहले मुझे पेट और कोहनियों के बल चलकर ऊपर चढ़ना पड़ता था। फिर मैंने हाज़लिंगर से लकड़ी की एक छोटी सीढ़ी बनवाई थी। खेद है कि मेरे कमरे में दरवाज़े नहीं हैं। ब्रूनो ने पटलिका का एक पर्दा लगाया है, ऐसे पर्दे डाक्टर लगाते हैं और बैंकों वगैरह में भी वे आम देखे जा सकते हैं। व्यावहारिक भी

हैं और अच्छे भी लगते हैं, बस, बन्द करने को कोई दरवाज़ा नहीं है। रात को जब मेरी बेटी को टायलेट जाना होता है और वह बत्ती जलाती है तो मैं जग जाती हूँ। (टायलेट मचान के एकदम सामने है)। उसमें भी बुरा तब लगता है जब मेरी बेटी के मित्र रात को संडास जाते हैं और बत्ती जलाते हैं। और बिल्लियों के आने-जाने पर तो स्वभावतः यह पटलिका का पर्दा कोई रोकटोक नहीं लगाता। हालांकि पटालिकाओं के आर-पार कोई देख नहीं सकता। बिल्लियाँ बस उसे पार कर जाती हैं। दोनों मेरे बिस्तर पर आना चाहती हैं। तब बूढ़ा बिल्ला तैश खा जाता है, क्योंकि वह आठ साल अकेला मेरे साथ बिस्तर में सोया है। बहुत हुआ तो ब्रूनो मेरे साथ सोता था, लेकिन बिल्ले को उससे इतनी परेशानी नहीं होती थी, जितनी बिल्ली से, जिसकी वजह से वह आधी रात खोंखियाता और झींकता रहता है। जब रात को बिल्लियाँ बोर होने लगती हैं तो वे मोतियों की उन गांठों से खेलने लगती हैं, जिनसे एक-एक पटलिका जुड़ी हुई है। ख़ासकर छोटी बिल्ली को उसके साथ खेलने में मज़ा आता है। वह पटलिकाओं में लटककर झूले लेती है। बिल्ला साथ में खड़ा खोंखियाता रहता है। शायद इसी कारण मुझे नींद न आने की यह लाइलाज बीमारी लग गयी है, जिसकी वजह से दिन भर चिड़चिड़ापन बना रहता है। लेकिन इसी वजह से मैंने अपनी सारी उम्मीदें *कुमुलुस* पर लगायी हुई हैं। उसकी सहायता से मैं इतनी तनावमुक्त हो जाऊँगी कि पूरी रात सो सकूँगी। मेरी पीठ का दर्द भी वही दूर करेगा। मुझे सिर्फ़ सब्र रखना होगा। ऐसा कुछ एक दिन में तो नहीं हो जाता।

उन विकराल रातों में से एक रात, जब मेरी माँ मेरे बिस्तर के पास खड़ी थी, एकदम अचानक। वह मुझे भर्त्सनापूर्वक देख रही है। तू मुझसे नफ़रत करती है, वह कहती है, बेवजह तू मुझसे नफ़रत करती है। तू मुझ पर अपने पीठ के दर्द और सरदर्द और सर के कोटर में पीब पड़ने और नक्सीर का दोष मढ़ती है, लेकिन तकलीफ़ तो मैं पा रही हूँ। तुझे तकलीफ इस बात की है कि मुझे तकलीफ़ हो रही है। तू मुझ पर दोष मढ़ती है कि मेरी नज़र तुझ पर ही रहती है, ज़िन्दगी में और किसी चीज़ पर नहीं। तू कहती है। लेकिन यह मेरी मर्ज़ी है कि सिर्फ़ तुझ पर नज़र रखूँ या दूसरों पर, या किसी पर नहीं या सब पर। यह सिर्फ़ मेरा मामला है। तू मुझ पर इल्ज़ाम लगाती है कि मैं खाना अच्छा नहीं बनाती। तो फ़िर? मैं एक ऐसे परिवार और एक ऐसे समय से हूँ, जब दाल में पानी मिला कर गुज़ारा किया जाता था। और तले हुए अंडे के साथ मेरे शतावर वाले टोस्ट तुझे हमेशा अच्छे लगते थे। और मालाकोफ्फ[1]-पेस्ट्री भी। तू तो कई बार रात में उठ जाती थी और खाने-पीने के

1. पेरिस के पास एक नगर जिस पर इस पेस्ट्री का नाम है।

सामान की कोठरी से मालाकोफ़्फ़-पेस्ट्री उठाकर ले आती थी। मैंने हमेशा ध्यान रखा कि तुझे पर्याप्त ताज़ा फल, सब्जियाँ और सलाद मिलते रहें। जब तू बीमार थी तो मैंने सिरके में चिकनी मिट्टी डालकर तेरे लिए पिंडलियों पर बाँधने की पट्टियाँ बनायी थी और छाती पर प्याज़ के ऊपर गीली पट्टी बांधी थी। मेरा इस पर कोई बस नहीं हैं कि तेरी छूत मुझे लग गयी थी और बाद में मैं खुद बीमार पड़ गयी थी। पर मेरे लिए किसी ने पिंडलियों की पट्टियाँ और छाती की गीली पट्टियाँ नहीं बनाईं। और जब मेरा कूल्हा रह गया था तो मैं इसलिए अस्पताल में दाख़िल नहीं हुई कि तू अकेली न रह जाए। तू तो मुझ पर यह भी लांछन लगाती है कि मैं तेरे पिता से प्यार नहीं करती थी। तुझे इससे क्या लेना-देना? मैंने क्या कभी तेरे मामलों में दख़ल देकर तुझ पर लांछन लगाया है कि तू अपने किस यार से प्यार करती है और किससे नहीं? पता नहीं तू क्यूँ मुझसे इतनी नफ़रत करती है। मैं तेरी गुड़ियों के कपड़े सीती थी और जैकेट तथा कनटोपियाँ बुनती थी, तेरे पिता ने गुड़ियों की जो रसोई बनाई थी, मैंने उसके लिए पर्दे सिये थे और छोटे-छोटे गलीचे बुने थे, जब तू बीमार होती थी तो मैं तेरे साथ *भाई गुस्सा मत कर*[1] खेला करती थी। या *हैट को पकड़ो* खेलती थी। तेरे साथ मैं टीवी में *कोई इच्छा करो* देखा करती थी, और क्रिसमस पर हम क्रिसमस-कथाएँ देखने जाया करते थे। हमने मिलकर बिस्कुट बनाये हैं, और दही तथा नींबू मिली क्रीमें बनाई हैं। मैंने गरम कैंची से तेरे बाल घुँघराले बनाये हैं। बाद में मैंने तेरे लिए बॉलरूम डांस में पहनने वाली तेरी पहली पोशाक सी थी। लेकिन तू मुझे उलाहना देती है कि उसे पहन कर देखने के लिए तुझे बहुत देर चुप होकर खड़ा होना पड़ा था। और जिस लगन से मैंने जैसे हर टांके से पहले जिस तरह तुरपने के धागे से सिया था, उस पर भी तुझे शिकायत है। तेरे लिए तो हर काम धीरे-धीरे होता है। लेकिन मैं इतनी जवान और तेज़ भी तो नहीं होती थी। मैं तेरे पिता जितनी पढ़ी-लिखी भी नहीं थी, और जो स्कूली शिक्षा हमने तुझे दिलवाई है, वैसी तो मुझे कभी नहीं मिली थी। पहले तो मैं प्राइमरी स्कूल में पढ़ती थी। फिर चर्च के महिला विद्यालय में मैंने आटे का घोल बनाना और गरम बर्तन को पकड़ने के कपड़े बुनना सीखा। अगर मैं बाद में नर्स का एक अल्पकालीन पाठ्यक्रम कर भी सकी तो इस वजह से कि जंग में और उसके बाद इतने लोग ज़ख्मी और बीमार थे कि नर्सों की कमी पड़ गयी थी। और तू सोच सकती है कि एक जवान लड़की, जिसने नर्सिंग का कोर्स भी ठीक से नहीं किया, कैसे मनश्चिकित्सा विभाग में काम कर सकती है, जो अब बन्द हो चुका है? जहाँ मरीज़ हॉलों में लेटे हुए होते हैं, चिल्ला रहे होते

1. जर्मनी में खेला जाने वाला बोर्ड का एक खेल, शतरंज की तरह, जिसे 2 से 6 व्यक्ति एक साथ खेल सकते हैं।

हैं, और जहाँ दो जने ही मरीज़ के बिस्तर के पास जाते थे, क्योंकि अगर अकेले जाओ तो वे तुम पर हमला कर सकते हैं। तुम्हें ज़ख्मी कर सकते हैं। मरीजों की दिमागी बीमारियों पर हँसी भी आती थी। एक औरत थी, जो खुद को पोप समझती थी, उसे 'महामहिम' कह कर सम्बोधित करना पड़ता था, वर्ना वह मारपीट पर उतारू हो जाती थी, एक और थी, जो दिन भर बालगीत गाती थी, और जिसे तुम तभी नहला सकते थे, अगर तुम उसके साथ 'छोटे खरगोश' के सभी बन्द गाओ। कहीं गलती हो गयी तो वह तुम पर थूक देगी। आदमी खुद ही पागल हो जाता है। बाद में जब वह विभाग बन्द हुआ तो मैंने नहीं पूछा कि क्यों। किस लिए आखिर? क्या फ़ायदा होता? लेकिन आज भी मुझे उनमें से एक-एक बंदा याद है और मैं सोचना नहीं चाहती कि कैसे गैस में उनका दम घुटा होगा। नहीं चाहती यह मैं। शायद इसीलिए मैं इतनी ज़्यादा वर्ग पहेलियाँ भरती रहती थी, इसलिए नहीं कि मैं काहिल थी, जैसा कि तू हमेशा समझती रही है मुझे। हाँ, मैं जानती हूँ कि तू यह सोचती है, क्योंकि जब तेरा पिता बगल वाले कमरे में ब्रुकनर[1] सुन रहा होता था या थोमस मन[2] पढ़ रहा होता था तो मैं अपनी वर्ग-पहेलियाँ भर रह होती थी। तेरा पिता यूनिवर्सिटी में तो नहीं पढ़ा था। एक बार एक डॉक्टर मुझसे शादी करना चाहता था, भला आदमी था, लेकिन हमारी शिक्षा के स्तर में इतना अन्तर था कि मैंने उससे शादी नहीं की। ऐसी जोड़ी में निभती नहीं। मनश्चिकित्सा के बाद मैं जूते बेचा करती थी। वर्ग-पहेलियों से मैं छूट गयी थी।

मेरी रसोई शुरू में एक समस्या थी। जब मैं इस .फ़्लैट में गयी तो वह बहुत गन्दी थी। तब मैं और मेरी सहेली दिन भर उसकी सफ़ाई किया करते थे। चूल्हे की पाइप हम ठीक नहीं कर सके। ज्यों ही हम उसे चालू करते थे, धुआँ भर जाता था, जो पाइप से रिस रहा होता था और बड़ी बदबू मारता था। फ्रिज में फ्रीज़र छोटा सा था, उसका दरवाज़ा भी बन्द नहीं होता था। पुरानी रसोई में बर्तन साफ़ करने की मशीन नहीं थी। फिर मैंने एक नयी रसोई का ऑर्डर दिया। तब मैंने सोचा था कि नयी रसोई आ जाने से सब बेहतर हो जाएगा, लेकिन बर्तन साफ़ करने की एक मशीन तो ज़िन्दगी नहीं बदल सकती न। माना कि इसमें थोड़ा सा आराम है कि बर्तन धोने नहीं पड़ते, लेकिन बर्तन ठीक से रखने और पहले निथारने तो पड़ते ही हैं। अगर तुम उसमें बर्तन ठीक से न लगाओ तो धोने के प्रोग्रामों में खराबी आ जाती है, और

1. आस्ट्रियाई संगीतकार।
2. जर्मन लेखक।

सब कुछ दुबारा शुरू करना पड़ता है। वैसे भी वह सचमुच गन्दे हुए बर्तन तो साफ़ ही नहीं कर सकती, हांडियाँ और चपटी कड़ाहियाँ भी। मतलब आख़िर में कोई ख़ास आराम नहीं मिलता काम से। खाने-पीने का सामान रखने वाली गहरी दराज़ ने भी मुझे कोई आराम नहीं दिया। हालाँकि अब भी जब मैं अढ़ाई मीटर ऊँची इस दराज़ को खोलती हूँ और फिर दो तरफ़ से छः खानों से सामान निकाल सकती हूँ, और मुझे अंधी की तरह अन्तहीन गहराई में टटोलना नहीं पड़ता। ज़ाहिर है कि जीवन में सब कुछ त्रुटिहीन नहीं होता। वैसे तेल और सिरके के तथा टमाटर के डिब्बे दराज़ के लिए बहुत भारी हैं, जिससे वे टेढ़े होकर नीचे फिसल जाते हैं। मुझे फिर झुकना पड़ता है। और मेरी कमर में कुछ सालों से लगातार दर्द है।

अब कोई यह भी कह सकता है कि यह क्या घर-गृहस्थी का राग अलापे जा रही है? घर का? लेकिन ज़िन्दगी में सबसे अहम चीज यह नहीं है कि आदमी काम क्या करता है, वह कामयाब है या नहीं, अपना ख़ाली वक्त कैसे गुज़ारता है, इत्यादि वगैरह वगैरह, बल्कि सबसे अहम है कि आदमी कैसे रहता है, कहाँ रहता है, कहाँ संडास करता है, कहाँ कपड़े धोता है। बाकी सब सिर्फ़ दिखावे के लिए महत्वपूर्ण है। आप चाहे जो भी काम करें, जितने भी कामयाब हो जाएं। अपने खाली वक्त में आप निरन्तर फ़िट रहने की जगहों पर समय गुज़ारें, खेल के मैदान में भी और फिर भी ज़रूरी नहीं कि आप खुश रहें। हाँ, बल्कि मैं इससे भी बढ़कर यह कहूँगी कि दिखावटी तौर पर जो महत्त्वपूर्ण है, उसका झांसा हमें कामयाब आदमियों में से किसी एक द्वारा चलाया जा रहा समाज देता है, जिसे इससे कोई मतलब नहीं है कि इससे हमें खुशी मिलती है कि नहीं। मुख्य मुद्दा यह है कि ज़िन्दगी चल रही है। लेकिन, सारा रहस्य इसी में है, हम सब की ज़िन्दगी सही नहीं चल रही होती, यदि इसे दूरदृष्टि से देखा जाए तो, कामयाब आदमियों की भी। एक दिन वे सब नाकामयाबी का मुँह देखते हैं और सोचते हैं कि ऐसो क्यूँ हुआ। दूरदृष्टि से देखें तो कामयाब औरतों ज़िन्दगी सब से कम सही चलती है।

बाद के दिनों में बाई ने चोरी करनी शुरू कर दी। पहले तो उसने यूलिया के उन पैसों को लूट लिया, जो वह थियेटर देखने के लिए बचाती थी। और मैंने ऊपर से यूलिया को डाँटा कि वह अपने पैसे यहाँ-वहाँ क्यों पड़े रहने देती है। लेकिन जब यूलिया के बचत के पैसों से ख़रीदा फ़िल्म-कैमरा ग़ायब हुआ (शुक्र है कि सिर्फ़ 300 यूरो का था, यूलिया ने पहले ही अपनी सारी बचत डांस सीखने के एक कोर्स में लगा दी थी, जिसका ख़र्चा मैं नहीं उठाना चाहती थी), तो मुझे उस पर शक पड़ा। फिर एक के बाद एक करके दो बार 100-100 यूरो गायब हो गये, बाई के जाने के बाद।

मुझे यकीन नहीं आ रहा था। यूलिया की तरह मैं भी अपने पैसे यहाँ-वहाँ पड़े रहने देती हूँ। बाई को आखिर में निकालने से पहले उसकी निगरानी करनी, सफ़ाई खुद करने से ज़्यादा मुश्किल थी। पहले सोचा मैंने! लेकिन बाद में बाई को निकालने के बाद रसोई और ड्योढ़ी के सफ़ेद पत्थर को मुझे खुद साफ़ करना पड़ता था। घर के कामों में रगड़ कर साफ़ करना रीढ़ की गुरियों के चक्र खिसक जाने का सबसे बड़ा कारण होता है। धूल चूसने की मशीन से काम करना भी। यह आगे पीछे और दायें बायें हिलने से होता है। अगर किसी को पीठ दर्द की समस्या हो तो उसे इस तरह के फटकों से बचना चाहिए। लेकिन एक बार आगे और पीछे और दायें और बायें फटके खाने के बगैर रगड़ाई करके तो देखिए! नामुमक़िन सी चीज़ है। धूल चूसने में भी यही है। मैंने पत्थर का नया फर्श बनवाया है। इस पर नीली-ब्राउन-काली बिंदियाँ हैं। फ़र्श मैला नज़र न आने की वजह से मैं खुश हूँ। लेकिन ज़ाहिर है कि मैल तो बनी ही रहती है।

इस बीच हमने एक सफ़ाई वाली रख ली है, जो चोरी नहीं करती। वह एक भली बोस्नियाई है। लेकिन कोई न कोई समस्या तो रहती है : सफाई वाली घर में है तो तू घर में अकेली नहीं है। जितनी देर वह वहाँ होती है मैं एक भी पंक्ति नहीं लिखती। मैं लिखने की मेज़ पर बैठ कर लिखने का दिखावा करती हूँ। (जब वह सफ़ाई कर रही होती है तो मैं बिस्तर में लेट नहीं सकती या पढ़ नहीं सकती!)। वास्तव में मैं तेत्रीस[1] खेलती रहती हूँ। उस समय जब सफ़ाई वाली घर में होती है। इससे दिमाग़ की नसें खिंचती हैं। वैसे भी काफ़ी समय से दिमाग़ में तनाव है। इसका एकमात्र इलाज़ है बदले में कोई दूसरा तनाव ले लो। लेकिन अंदरूनी तकलीफ़ के बिना। नहीं तो तनाव और भी बढ़ जाता है। तेत्रीस दिमाग़ पर बाहरी सा दबाव डालती है, लेकिन उसका कोई अर्थ नहीं होता। इसमें करना क्या होता है कि कई आकारों की ऊपर से नीचे गिरती शहतीरों को (और जैसे-जैसे खेल आगे बढ़ता जाता है, और भी तेज़ी से) नीचे ऐसे लगाना होता है कि वहाँ एक त्रुटिहीन सतह बन जाए, जिसमें बीच में कोई भी जगह छूटी न हो। इससे दिमाग़ खाली होता जाता है। नुकसान यह है कि बाद में अन्दर कुछ नहीं रहता। उसका कोई सारयुक्त कारण नहीं होता। मेरा मतलब है कि इसमें फ़र्क होता है कि तू किस चीज़ से कब उत्तेजित हो उठती है, क्योंकि तू अपनी बेटी को ठीक से शिक्षा नहीं दे पायी, या कुछ खास कर नहीं पायी या अपने सम्बन्ध तूने आवेगहीन नहीं रखे, या सिर्फ़ इसलिए कि तू रंगीन शहतीरों पर नियंत्रण नहीं रख पायी। तेत्रीस में यह फ़ायदा है कि हमेशा सिफ़र से फिर शुरुआत की जा सकती है, सफल होने की सही उम्मीदें खोये बिना

---

1. रूसी प्रोग्रामर अलेक्सी पाशिलनोव द्वारा बनायी गयी एक कंप्यूटरगेम।

(इस बार मैं शत प्रतिशत का रिकॉर्ड बनाऊँगी) इसके विपरीत लिखने का यह नुकसान है कि तूने अगर ग़लत शुरू किया, और सिर्फ़ ऐसे दिन ही नहीं, जब तू हर चीज़ ग़लत शुरू करती है, तो पूरी परियोजना गयी। एक वाक्य से उत्पन्न होने वाले घातक परिणामों की बात कर रही हूँ मैं। बच्चों और आदमियों में भी ऐसे ही होता है। एक गलत दिशा में ज़्यादा देर चलो तो ग़लती सुधारना मुश्किल से मुश्किल होता जाता है। किन्हीं दिनों मैं ऐसे एक आतंक में पड़ जाती हूँ (गरम हवा हो दक्षिण से या ठंड या गर्मी का दौर हो)। वैसे इसे भी मैं स्पष्ट जानती हूँ कि बिल्लियाँ, पटलिका का पर्दा, मेरी बेटी के दोस्त, यह तथ्य कि ब्रूनो शादीशुदा है (हालांकि अब इतना ज़्यादा नहीं है) और रजो-निवृति-काल भी इस संदर्भ में एक महत्वपूर्ण भूमिका निभाते हैं।

वैसे मैं गत दिनों में समझ गयी हूँ कि क्यों हमेशा बहुत ज्यादा बूढ़े माता-पिता के बारे में चेतावनी दी जाती है (बहुत देर से मैं सोच रही थी कि किस लिए?) एक तरफ़ से यौवनारम्भ का समय और दूसरी तरफ़ रजोनिवृत्ति, यह मेल बहुत घातक होता है। यहाँ मैं ऐसे दो मनुष्यों की बात कर रही हूँ (सबसे बुरा तब होता है जब वे माँ-बेटी हों), जो अपना चैन चाहते हैं। दूसरे की कीमत पर! दोनों समझते हैं कि उनका निरन्तर शोषण किया जा रहा है। इसके अलावा यौवनारम्भ की दहलीज़ पर जो खड़ी है वह समझती है कि उसे विश्वास में नहीं लिया जाता, रजोनिवृत्ति के बारे में भी नहीं। दोनों संवेदनशील, बेसब्र और मूडी हैं। सोचा जा सकता है कि अक्सर क्या गड़बड़ होती है। ब्रूनो खुद को बाहर रखता है, यौवनारम्भ के दरवाज़े पर खड़ी लड़की और रजोनिवृत्ति के दरवाज़े पर खड़ी औरत के मोर्चे के बीच पड़ने का उसे कोई शौक नहीं है। यौवनारम्भ वाली को कोई फ़र्क नहीं पड़ता, हर आम चीज़ पर उसकी यही प्रतिक्रिया होती है। शुक्र है कि ब्रूनो का अपना .फ्लैट एक मंजिल नीचे है। जब यूलिया का दोस्त मेरे .फ़्लैट में बैठक की बाल्कनी पर व्यायाम करता है तो पूरी छत हिल रही होती है। (वह अढ़ाई मीटर ऊँची कूद लगा सकता है)। कभी-कभी मुझे परेशानी होती है। ख़ासकर जब मैं लिखना चाहती हूँ। लिखने का दिल नहीं करता। यह संकोच तब भी कम नहीं होता, जब मैं यूलिया के दोस्त द्वारा छड़ से लटक कर ऊँचा होने की कसरत के समय लिखना छोड़कर अख़बार खोल लेती हूँ।

.

हर दिन, विशेषकर सप्ताहांतों को, मैं समाचारपत्रों के साहित्य वाले परिशिष्टों में दूसरे लेखकों की पुस्तकों के बारे में क्षोभपूर्वक पढ़ती हूँ। सभी बहुत ज़्यादा अनुत्पादक और आत्मविश्वास से भरपूर। हर लेखक अपने अटल विश्वास पर दृढ़ होता है कि उसकी रचना एक उत्कृष्ट कलाकृति है। तुझे भी आज की तारीख़ में ऐसा ही बनना चाहिए

क्योंकि व्यक्तित्व में निखार लाने के हर घटिया प्रशिक्षण में यही सिखाया जाता है कि तुम्हारी चीज़ को तब तक कोई भाव नहीं देगा, जब तक तुम उसमें विश्वास नहीं जताओगे। लेकिन इससे उलट भी हमेशा सही नहीं होता। मेरा कोई भी सहयोगी अगर शराब के बारे में अपने विचारों से संतुष्ट है तो इससे वह मुझे उस पर यक़ीन नहीं दिला सकता। मैं जल्दी ही दस्तकारी की इन किताबों से उकता जाती हूँ, जो आजकल लाइन लगा कर प्रकाशित हो रही हैं और जिनकी तारीफ़ों के पुल बाँधे जा रहे हैं, जिन्हें सुनकर कानों में दर्द होने लगता है। और फिर ये लड़के एक-दूसरे की तारीफ़ में लिखते हैं। एक-दूसरे की न जाने किस बात की भूरी-भूरी प्रशंसा करते हैं और भीतरी दायरे में सब जानते हैं कि वे पक्के दोस्त हैं। पक्के दोस्त ही नहीं मिलते, जगह-जगह सर्वश्रेष्ठ लेखक भी मिल जाते हैं। और शायद यह एक अच्छा एहसास है जब कोई स्वयं निर्णय लेता है कि वह क्या है। लॉबी एक जैसे विचार रखने वाले व्यक्तियों के समूह को कहते हैं, बेहतर यूँ कहना होगा : ऐसे व्यक्तियों का समूह, जिनके हित एक हैं। सचमुच के एक लेखक की कोई लॉबी नहीं होती, क्योंकि कोई उसकी तरह नहीं सोचता। और उसके कोई हित भी नहीं हैं। इसी वजह से तो वह लेखक बना है। हितहीन संतोष! इमान्यूअल कांट[1] को देख लो। झुंड से अलग रहने पर भी सस्ती भावुकता तथा दस्तकारी से छुटकारा नहीं मिलता। अनगिनत उदाहरण हैं। झुंड से अलग रहने वाला सोचता है कि वह कमाल का झुंड से अलग रहने वाला है, लेकिन वास्तव में वह कमाल का समझौतावादी है, हाथ पीठ पर बाँधे है और नाक बड़ी ऊँची है। दिखावटी विनयशीलता और भीतरी मिथ्याभिमान, दोनों एक-दूसरे से सटकर बैठे होते हैं। परन्तु मैं इनके वशीभूत नहीं होने वाली। सिर्फ़ संकेत दे रही हूँ कि ये साहित्यिक परिशिष्ट कितने निराशाजनक हो सकते हैं। लेकिन इससे बिल्कुल उलट भी हो सकता है।

तुम एक समाचारपत्र के साहित्यिक परिशिष्ट में अपने किसी नजदीकी की किताब के बारे में पढ़ते हो और उत्साहित होते हो। आलेख पढ़ने के दौरान ही तुम उत्तेजित हो जाते हो। उठ खड़े होते हो, फट से अपने टाइपराइटर पर चले जाते हो, कुछ टिप्पणियाँ उतारने के लिए, और अचानक कहीं अवरोध आ जाता है। लोहे सा सख़्त, जिससे तुम पार नहीं पा सकते। तुम अब नहीं जानते कि अभी जिसने तुम्हें उत्साहित किया, विषयवस्तु, सार, ढाँचा, वे दिमाग़ में चीनी के लच्छे की तरह क्यों घुल गये हैं। ज़ुबान पर बचा है तो एक मीठा स्वाद और मतली। यह समझ का एक आम संकट होगा, जो सब मुश्किल बना देता है। ख़ासतौर से लिखना। सब कुछ हजारों बार तो लिखा जा चुका है, इस संकट में लेखक कहता है, इसमें मैं और क्या

1. सुप्रसिद्ध जर्मन दार्शनिक।

जोड़ूँगा? वह ढाँचे के बारे में लिखने की सोचता है, क्योंकि वहाँ उसे कुछ नया लिख सकने की ज़्यादा उम्मीद है। लेकिन अधिकतर लेखक जिसे नवीनतम समझते हैं, वह घिसा-पिटा बन चुका होता है। स्वच्छन्दतावादी हर चीज़ की थाह ले चुके हैं। बाकी बस पैकिंग बची है। उसी को घुमा-फिरा लो। विज्ञापनों से हमें मालूम पड़ता है कि इसे कैसे किया जाता है; वहाँ मतलब की बात नहीं करनी, न ही ढांचे की। फिर भी किसी तरह, यूँ ही कहा जा सकता है कि उत्पाद को ऐसे चमकाओ कि उसे हर कोई ख़रीदना चाहे। लेकिन जैसा कि मैंने तीस साल पहले वर्क्स चैम्बर के बॉस को (इस बीच वह रिटायर हो चुका है, मैं नहीं) तब कहा था, जब वह साहित्य-प्रतियोगिता में भाग लेने के लिए मेरी रचना को औपचारिक कारणों से स्वीकार नहीं कर रहा था : मैं साहित्य का उत्पादन कर रही हूँ, संडास में लगी चिलमची के ढक्कन का नहीं। इसलिए मैं किसी उत्पाद का विज्ञापन नहीं लिखती। और अभी तक मेरा यह अटल इरादा है (लेकिन यह तो कहना पड़ेगा कि साहित्य की तुलना में ऐसे ढक्कन का कोई इस्तेमाल तो होता है)। स्वभावतः अब यह कहा जा सकता है कि हमेशा ऐसे ही तो होता था। ज़रा साहित्यिक गोष्ठियों के बारे में सोचिए कि वहाँ क्या बकवास की जाती है। या फिर साहित्यिक पत्रिकाएँ, 'गार्टनलाउबे' आदि। इसमें हैरानी की कोई बात नहीं कि अब भी वही सब होता है। लेकिन किसी और रूप में। क्योंकि जर्मन और आस्ट्रियाई अब तक जान चुके हैं कि दूसरे देशों के लेखक कहीं अधिक विनोदपूर्ण तथा मनोरंजक पुस्तकें लिखते हैं। सिर्फ़ एक बात कि सफलता हमेशा नहीं मिलती। जो सम्भवतः अंग्रेजों के साम्राज्यवादी लहू में है, वह जर्मनों में अभी तक कुछ राष्ट्रों के एक गुट का नेता होने से तो नहीं आ जाएगा।

स्वभावतः आस्ट्रिया में सनसनीखेज गद्य पहले नम्बर पर है। सिर्फ़ देश के लहुलूहान अतीत की वजह से। क़त्ल और क़ातिल हमलों से इसकी पुरानी जान-पहचान है। दोनों को दबाने-छुपाने से भी। तो ज़ाहिर है कि ऐसे उपन्यास पाठक को आनंद देंगे। अगर लेखक सब कुछ दबाने-छुपाने और अनगिनत भेद सम्भाल कर रखे तो और अच्छा है। इस बीच तथाकथित साहित्यिक सनसनीखेज उपन्यासों पर कई तरह की सनसनियों को पेश किया जा रहा है, फ़ासी-विरोधी, ऐतिहासिक, प्रोफ़ेसरों से जुड़ी, नारीवादी, पर्यटन-संदर्शिका, ख़ास भयंकर रोमांचकारी, और ख़ास पर्दा डालने वाली सनसनियाँ, फिर प्रगतिवादी, लज़ीज ख़ानों वाली और ऐसी ही अन्य सनसनियाँ हैं। तुम आज साहित्य में अलग-थलग पड़ गयी हो, क्योंकि तुम्हारी किताब में कोई क़त्ल नहीं है। सिर्फ कहने भर की ज़रूरत हैं: नहीं; कोई क़त्ल नहीं, और तुरन्त ही तुम्हारी पुस्तक उठाकर एक तरफ़ रख दी जाती है। लेकिन

कोई यह नहीं कहता कि ऐसी रचनाएँ तो आख़िर मनोरंजन करने वाला साहित्य ही तो हैं, और कुछ भी नहीं। लो हो गया, देखा आपने! काट लिया मैंने खुद को ही। इसका कारण मेरी कर्त्तव्यपरायणता है। बजाय इसके कि मैं बाहर छत पर धूप सेकूँ, मैं अपने लैपटॉप पर बैठी दनादन काम करने की कोशिश कर रही हूँ।

कसूर स्पष्टतः ब्रूनो का है। वह दिन में कई बार मेरे पास यह देखने आता है कि मैं तेत्रीस खेल रही हूँ कि काम कर रही हूँ। फ़िक्र तो है उसे। इन दिनों मैं रातों को पसीने में भीगी हुई जाग जाती हूँ और रोती रहती हूँ घंटों। मुझे लगता है कि मैं चीनी के लच्छे की तरह घुल जाऊँगी, सड़े हुए पत्तों और कागज़ पर लफ़्ज़ों की तरह। ब्रूनो उम्मीद करता है कि लिखते समय खुद पर इतना ग़ुस्सा सवार हो जाए कि मैं घुलूं न, बल्कि फिर से सँभल जाऊँ। लेकिन मुझे डर है कि ऐसा नहीं होगा। गुस्सा पर्याप्त ज़्यादा नहीं है। कोई फ़ायदा भी नहीं, अगर आप समझ रहे हैं कि मैं क्या कह रही हूँ। एक तरह से स्वभावतः इसमें भी कोई लाभ नहीं कि मैं धूप सेकूँ, छत पर पड़ी रहूँ, टहलने जाऊँ या साइकिल चलाऊँ। प्रवृति में जो जादू कभी होता था, गत कुछ वर्षों में मुरझा गया है। लगता है कि मैंने उसे इतना ज़्यादा चाटा है कि बस उसकी निष्प्रभ, कटी-फटी रूपरेखा ही बाकी बची है। और फिर घटनाओं और चूकों की लपसी से घटनाएँ और चूकें बाहर निकल कर मुझे धमकाती हैं। मेरे एक नज़दीकी का विद्वेष, मेरी बेटी के हाथ पर एक छोटे से चीर का ज़ख्म, बिल्लियों की मियाऊँ-मियाऊँ। रात को मैं ब्रूनो से लिपटी रहती हूँ। हाँ, मैं जानती हूं रजोनिवृत्ति के वर्ष और परिणामस्वरूप कभी भी पसीने-पसीने हो जाना, भय के क्षण, आतंक में पड़ जाना, टूँगने की लालसा और देह में लालसा न होना। ब्रूनो कहता है कि यह सब एकदम सामान्य है। पर ब्रूनो को तो यह भी सामान्य लगता है जब कोई आठ साल तक तलाक नहीं लेता और उसके पैसे का भुगतान करता है, जहाँ उसकी भूतपूर्व अपने यार के साथ रहती है। कई बार मैं सोचती हूँ कि मैं पागल हो जाऊँगी। लेकिन इससे कुछ होगा नहीं। हमेशा कितने ही कवि और कलाकार और दार्शनिक पागल होते रहे हैं कि मैं भी हो जाऊँ तो कुछ फ़र्क नहीं पड़ेगा। लेकिन मुझे यूलिया की भी तो फ़िक्र है।

मेरी माँ मेरा पीछा नहीं छोड़ती। रातों को। वह मचान के एक अंधेरे कोने में तब तक घात लगाये बैठी होती है, जब तक कि उसे नहीं लगता कि मैं सो गयी हूँ या तकरीबन सो गयी हूँ, मतलब निस्सहाय हूँ, और फिर वह अपने अंधेरे कोने से बाहर निकल कर तुरन्त हमला करती है। मैंने हमेशा तेरी तरफ़ दोस्ती का हाथ बढ़ाया है, वह नीचे मुझे देखते हुए कहती है। मगर तूने मुझे कभी कुछ नहीं बताया। तब

भी नहीं, जब तू प्रेम में पड़ी, न ही जब तू अलग हुई, अपनी सहेली तक के बारे में तूने मुझे नहीं बताया, न ही स्कूल के बारे में। जो कुछ भी मैं तेरे बारे में जानती हूँ वह मैंने ज़बरदस्ती तुझसे निकलवाया है। और आज तू मुझसे यही शिकायत करती है। तू क्या समझती है कि मैं नहीं जानती कि छुट्टियों में सप्ताहांतों में जितनी देर मैं बैठक में होती थी तू तब तक बिस्तर से बाहर नहीं निकलती थी, जब तक कि तू अंदाज़ा नहीं लगा लेती थी कि मैं बैठक में सुबह का नाश्ता नहीं कर रही, ताकि अपने कमरे में गुसलख़ाने जाते हुए तुझे मेरे सामने से होकर न निकलना पड़े। तंग मत कर मुझे, तू कहा करती थी, मुझे चैन से गुसलख़ाने जाने दे, चैन से दाँत साफ़ करने दे, चैन से नाश्ता करने दे, चैन से पढ़ने दे, चैन से खेलने दे। लेकिन अगर मैं तुझे सचमुच चैन से रहने देती तो तेरी ज़िन्दगी के बारे में कुछ भी न जान पाती। और हमेशा यही कहा जाता है कि माता-पिता बच्चों के समझदार दोस्त और सलाहकार होने चाहिए। हाँ, तो मैं क्या समझूं और क्या परमर्श दूँ, अगर मुझे कुछ पता ही न हो? मैं बल्कि तेरे से ज़्यादा अनगिनत अभिनेत्रियों के बारे में जानती हूँ। तू तो मुझे यह भी नहीं बताना चाहती थी कि तू कब स्विमिंग-पूल गयी थी। तेरे लिए तो मेरा इससे कुछ लेना-देना नहीं था लेकिन जो तू करती है या नहीं करती है, उससे मेरा कुछ लेना-देना है। मैं तेरी माँ हूँ। तेरी, तेरे भविष्य की मैं ज़िम्मेदार हूँ। अगर तुझे कुछ हो जाता है तो मेरा दोष है, अगर तू जीवन में दुखी है तो मेरा दोष है। अगर तू बीमार हो जाती है या मर जाती है तो मेरा दोष है। अगर तू अपने आप को कुछ कर लेती है तो मैं फिर कभी सुखी नहीं रह सकती।

हर जगह यही कुछ। मसलन मैं अपने फ़िज़ियोथेरापिस्ट के पास जाती हूँ तो देखती हूँ: मेरा फ़िज़ियोथेरापिस्ट बहुत दुखी है। ज़ाहिर है कि अपनी प्रेमिका की वजह से, जो कि खुद भी दुखी है। जबकि यह औरत पहलवान है। बड़ी अच्छी निभ रही है, बाहर से देखो तो। लेकिन वास्तविकता में मानसिक और शारीरिक स्तर पर उसका बेड़ा गर्क़ है। मेरा फ़िज़ियोथेरापिस्ट मुझे बताता है। शायद इसकी वजह ख़ुराक और बदहज़्मी है। मेरे विचार से शायद ट्रेनिंग भी है : रीढ़ की गुरियों की चक्रिका ख़राब, कंधों में दर्द, लकवे के आसार। परिणामस्वरुप : बाईं बाँह पर मांसपेशियों में ह्रास। एक बॉडी-बिल्डर के लिए एक भारी विपत्ति। मैं हमेशा कहती हूँ : सचमुच के सुखी इंसान तो होते ही नहीं। हर कोई अपना बोझ ढोये फिरता है : कोई कम कोई ज़्यादा। अब मेरा फ़िज़ियोथेरापिस्ट सोच रहा है कि क्या वह प्रेमिका को छोड़ दे। इससे पहले कि देर हो जाए। मैं तो उसे बल्कि यही सलाह दूँगी। तजुर्बे से जानती हूँ मैं कि किसी को छोड़ना कितना मुश्किल होता है। जितनी देर होती जाती है। क्योंकि वक्त

के साथ-साथ हर चीज़ की आदत पड़ जाती है। नताशा काम्पूश को देख लो, जिसे आठ साल बिना खिड़कियों वाले एक कमरे में कैद रखा गया था। या फिर सद्दाम हुसैन और गुफ़ाओं को, अमरीकियों द्वारा उसे पकड़कर लटका दिये जाने से पहले। बिना सीधे-सीधे तुलना करने के इरादे के बिना। ख़ैर, मेरे फ़िजियोथेरापिस्ट के मामले में ऐसा है : उसकी प्रेमिका दिन पर दिन आक्रामक होती जा रही है। वह कुछ कहता है, उसकी प्रेमिका तुरन्त समझती है कि उस पर वार किया गया है और वह उस पर चिल्लाना शुरू कर देती है। मेरी निजी राय यह हैः उसकी नसें तनाव से भरी पड़ी हैं। मैं जानती हूँ कि मैं क्या कह रही हूँ। क्योंकि कुछ समय से मेरे साथ ऐसे हो रहा है कि ब्रूनो कुछ कहता है या नहीं कहता, और मैं भी जल्दी से कुछ बोल देती हूँ, और जल्दी ही हम आक्रामकता पर उतर आते हैं। लेकिन वास्तव में यह तनाव ही है। दोनों तरफ़ से। अब स्वभावतः फर्क इतना है कि आक्रामक कौन होता है, ब्रूनो या पहलवान औरत, यह भेद मुझ पर स्पष्ट है। लेकिन जहाँ तक मैं समझ पायी हूँ, मेरे फ़िजियोथेरापिस्ट की पहलवान पीटने वाली नहीं है। बल्कि इसके विपरीत एक इंसानी रूह रखती है। परन्तु दूसरी तरफ़ अक्सर ऐसी ही इंसानी रूहें होती हैं, जो एक सप्ताहांत को जाकर अपने पूरे ख़ानदान का काम तमाम कर देती हैं। उदाहरण के तौर पर जैसा मेरे साथ हुआ था। किसी एक दिन मेरे भूतपूर्व ने मुझे एक *चांटा मार दिया था,* ये शब्द उसी के हैं। मेरे वकील ने बाद में कहा : *जड़ दिया था*। मेरे वकील ने यह भी कहा कि किसी औरत को चांटा जड़ना उसे मारने से बिल्कुल अलग होता है। एक बहुत भारी अंतर होता है, उसका कहना था। कानूनी तौर पर देखें तो। बहरहाल अगर मुझसे पूछें तो ईमानदारी की बात है, मुझे अंतर कोई ऐसा निर्णायक नहीं नज़र आता, और दूसरी तरफ़, मेरे फ़िजियोथेरापिस्ट के मामले में बात आदमी की नहीं, औरत की हो रही है, और *वर्स्ट केस* में, मेरे फ़िजियोथेरापिस्ट के दृष्टिकोण से एक ऐसी औरत की, जो एक मर्द को चाँटा जड़ती है या मारती है, और कोई नहीं जानता कि क्या कानून इस केस में तारीख भी देगा। मैं यह पूरा किस्सा इसलिए सुना रही हूँ, क्योंकि मैं अपने फ़िजियोथेरापिस्ट को अपनी प्रेमिका को कल की बजाय आज ही छोड़ने के लिए मनाना चाहती हूँ। मगर ज़ाहिर है कि ऐसी चीज़ सीधे-सीधे नहीं कही जा सकती। एकदम असम्भव है। मेरा मतलब है कि ऐसी बात तुम अपनी सबसे अच्छी सहेली से भी नहीं कह सकती। क्योंकि दूसरों के सम्बन्धों के भीतर नहीं झांका जाता। और ऐसी सलाह बाद में अक्सर ग़लत भी निकल सकती है। मसलन बॉडी-बिल्डर इतनी आक्रामक बिल्कुल नहीं थी, जितना उसके बारे में बताया गया था, या फिर उसकी आक्रमकता में औचित्य था। आख़िरकार होता तो ऐसा है : फ़िजियोथेरापिस्ट ज़्यादा सयाना है और पहलवान को हमेशा कुछ न कुछ सिखाता रहता है और ट्रेनिंग के दौरान लगातार

टोका-टाकी करता है। देखा आपने, मसलन ब्रूनो भी जैसे मुझे डाँटता रहता है : तू मुझे मौका ही नहीं देती, ब्रूनो कहता है, बल्कि हर चीज़ में बीच में बोल रही होती है। लेकिन मैं, ब्रूनो कहता है, खुद जानता हूँ कि किसी का नाम या फोन नम्बर कैसे बताना है, या गाड़ी खड़ी करने के लिए ख़ाली जगह कहाँ है। ठीक है, ठीक है, मैं कहती हूँ, लेकिन ऐसी ख़तरनाक हालत में क्या करूँ मैं : अगर मैं ब्रूनो को नहीं कहती कि बाईं तरफ से ट्राम आ रही है तो 5 सेकंड में मैं तो लाश बन जाऊँगी। आजकल सड़कों पर यातायात में ऐसी स्थितियाँ बराबर आती रहती हैं। दूसरी तरफ़ मुझे गुस्सा भी आता है जब मारिया हंस के साथ कार में बैठी होती है। (क्लच दबा!!!), और हँस उसे बार-बार नज़रअंदाज़ करता है और गाड़ी वैसे ही चलाता जाता है। देखा आपने, मेरा मतलब यह था कहने का : कोई भी किसी रिश्ते के भीतर सचमुच झाँक नहीं सकता। बहरहाल; ज़्यादातर मामले नसों में तनाव के होते हैं, मेरे ख़याल में। अब ज़माना ही ऐसा है। जहाँ देखो : माँगें, दिन-प्रतिदिन जो घटता है, उस सब पर नियंत्रण नहीं रखा जा सकता। मुझे देखो, मेरा मामला अब तक सही है : मेरा धंधा स्वतंत्र है, लेखिका हूँ, कोई बॉस नहीं, कोई दफ्तर नहीं, कोई वक्त नहीं दफ्तर का। यूलिया जब भी स्कूल जाती है (07.15 बजे) तो मैं जब चाहूँ बेधड़क लेट सकती हूँ। जब तक वह स्कूल से घर आती है (13.40 बजे) मैं अपनी नींद पूरी कर सकती हूँ, जब भी चाहूँ। मगर करती नहीं हूँ। क्योंकि मैं जब अभी लेटती ही हूँ कि फ़ोन की घंटी बज जाती है। या फिर डाकिया दरवाज़े की घंटी बजा देता है या कोई हरकारा। या कोई फ़ैक्स आ जाएगा। हम आजकल गतिशीलता के युग में जी रहे हैं, तो दोपहर पहले बिस्तर पर लेटने का मौक़ा ही नहीं मिलता। लेखकों तक को नहीं। शायद इसी वजह से वे बहुत ज़्यादा लिखते हैं, मेरे ख़याल से : क्योंकि वे वैसे भी जगे होते हैं और चैन से सो भी नहीं सकते। मेरे ख़याल से आज लेखकों में लिखने का जितना माद्दा है, वे उससे ज़्यादा जाग रहे होते हैं। क्योंकि दिमाग़ में कुछ आना भी तो चाहिए, जिसे तुम रोज़ाना कंप्यूटर में खट-खट करके डाल सको। और सबसे बढ़ कर : तुम्हारे पास तजुर्बे हासिल करने का वक्त ही नहीं होता, जिन पर तुम लिख सको। या तो तुम अपने बचपन में लौट जाते हो, और उससे भी बुरी बात अपनी फंतासी पर निर्भर करते हो। और उसमें से ज़्यादातर जो निकलता है, वह हर सप्ताह हम साहित्यिक परिशिष्टों में पढ़ते हैं। या यूलिया को ही ले लें; अभी स्कूल में है और वक्त नहीं है। पूरा दिन इंटरनेट पर चैट[1] करने में ही बीत जाता है। अगर इसके बाद शौक़ भी रख लो, जैसे संगीत, नाव चलाना, समूहगान, फिर अगर तुम जवानी में पागलखाने नहीं पहुँचे तो बड़े सौभाग्य का विषय होगा। कई बार मैं अपनी लिखने की मेज़ पर बैठकर काम करने की

1. गप मारने।

कोशिश कर रही होती हूँ और अन्त में यूलिया के अपने उन फ़ोनों से थक कर चूर हो कर उठती हूँ, जिन्हें पहले मैं सुनती हूँ और आगे यूलिया को देती हूँ। इन दिनों हमेशा लेखन के या तेत्रीस खेलने के दौरान कम्प्यूटर में पीं-पीं होती है, और मुझे सूचना दी जाती है कि सोफ़िया या जान-कार्लो लाइन पर हैं। इसका कारण यह है कि मेरा और यूलिया का कम्प्यूटर किसी तरह आपस में जुड़े हैं। यूलिया ने कई बार मेरा नाम अपने चैट-पार्टनरों की सूची से काटने की कोशिश की है, क्योंकि वह नहीं चाहती कि मैं भी वह पढ़ लूँ, जो उसे लिखा गया है, लेकिन उसे कामयाबी नहीं मिली। कामयाबी तब मिलती है जब मेरे पर्दे पर कोई नयी विंडो खुलती है और कोई एनी और कोई मार्क मुझसे पूछते हैं कि क्या वे मुझे अपनी गपशप सूची में ले सकते हैं, जिस पर मैं 'नहीं' पर क्लिक करती हूँ। ठीक है, लेकिन एक परेशानी तो रहती ही है, जब एनी और मार्क बार-बार पूछते हैं कि क्या मैं उनकी सूची में शामिल नहीं होना चाहूँगी और मुझे हर बार 'नहीं' पर क्लिक करना पड़ता है, लेकिन फिर भी मेरी जानकारी के अनुसार मुझे अब तक एनी या मार्क की इस गपशप-सूची में शामिल नहीं किया गया, वर्ना जिसका परिणाम होता कि इस सूची के सभी सदस्य मेरे ऑनलाइन होने पर मुझसे बात करते। बहरहाल! जब यूलिया घर पर होती है तो मैं अक्सर काम नहीं कर सकती, क्योंकि या तो फ़ोन लगातार बजता रहता है या फिर प्यानो पर अभ्यास चल रहा होता है या रेडियो ज़ोर से बज रहा होता है, जब वह घर पर नहीं होती तो भी मैं काम नहीं कर सकती, क्योंकि मुझे फ़िक्र लगी होती है कि वह घर पर क्यों नहीं है, और मैं सोचती रहती हूँ कि वह घर कब लौटेगी। दोपहर पहले का समय अपने आप में लिखने का सबसे बढ़िया समय होता है, जब यूलिया स्कूल में होती है, मगर तब मैं अक्सर चूर हुई पड़ी होती हूँ क्योंकि रात को डर के दौरे पड़ते हैं और नींद नहीं आयी होती या फिर मैं ठीक सोई होती हूँ, पर कमर में दर्द होता है, या मुझे ज़ुकाम सा लग रहा होता है या मैं वैसे ही ढीली होती हूँ। तब भी मैं कुछ करने लायक़ नहीं रहती, जब ब्रूनो यह पूछने के लिए फ़ोन करता है कि जो बीस लाइनें, जो उसने मुझसे लिखने के लिए कही थीं, क्या मैं लिख बैठी हूँ। क्योंकि ब्रूनो और प्रकाशक सहित सभी लोग यह सोचते हैं कि मैं ज़रूर एक दिन एक अपरम्परागत और रोमहर्षक सनसनीखेज उपन्यास लिखूँगी। लेकिन जैसा मैंने बताया है, उनकी सोच सही नहीं है।

मैं सनसनीखेज उपन्यास तो बिल्कुल लिख ही नहीं सकती। क्योंकि ऐसी रचना इतनी अपरम्परागत तो हो ही नहीं सकती कि वह किसी परम्परागत माध्यम के केंद्र में न रही हो। यही सच है। क्योंकि : आज हर जगह यह जो आम राय बनी हुई है उसका क्या स्पष्टीकरण दिया जा सकता है। वैसे जो, यह मैं कहना चाहूँगी, मूलत: 'साहित्य में हास्यजनक एवं दुखद' विषय पर विएना में मुझ मेरे द्वारा दिये

गये एक व्याख्यान पर आधारित है, कि सिर्फ़ सनसनीखेज रचनाओं के माध्यम से समाज की आलोचना सम्भव है? परम्परागत कारणों से नहीं तो और किस वजह से? ऐसी रचनाओं में कथानक कमोबेश यथार्थवादी होता है, विवरण में स्थितियाँ कमोबेश निश्चित होती हैं, कथा कमोबेश अपने ढर्रे पर चल रही होती है (या तो वे हत्या को पीछे से या आगे से रोकते हैं)। तिस पर ऐसी पुस्तकों में से 50% वैसे भी उबाऊ होती हैं। जब कभी समाज की आलोचना होती है तो पाठक बहुत खुश होते हैं, लेकिन उकताहट फिर छा जाती है, जब पूरी रक्तरंजित कथा को आगे से या पीछे से लगाम लगाई जाती है। सनसनीखेज कहानियों में बस यही होता है। इसलिए मैं ये नहीं लिख सकती।

मैं ब्रेत्स सोफ़े पर लेटी आँखें मूँदती हूँ, अभी मूँदती ही हूँ कि आतंकित हो जाती हूँ, क्योंकि दोपहर पहले मैं *ब्रेत्स* सोफ़े पर लेटी हूँ और मैंने आंखें मूँद ली है। सिर्फ़ यही नहीं कि मुझे वक्त की बरबादी का डर है, बल्कि यह डर भी है कि मैं अपने और यूलिया के जीवन-निर्वाह के लिए पैसा कमाने में अक्षम हूँ। जबकि मेरे बचत खाते में पर्याप्त धन है। मुद्दा यह नहीं है। मुद्दा यह है कि न मैं लिखना चाहती हूँ, न टहलने, न ख़रीदारी करने जाना चाहती हूँ। मैं *ब्रेत्स* सोफ़े पर लेटकर आँखें भी नहीं मूँदना चाहती। यह तो बिल्कुल नहीं करना चाहती। इससे ज़्यादा मुझे किसी और चीज़ से नफ़रत नहीं है कि मैं दस बजे सुबह एक *ब्रेत्स* सोफ़े पर आँखें मूँदे पड़ी हूँ। अगर मैं करती हूँ तो सिर्फ़ इसलिए कि मेज़ पर बैठकर लिखने की मेरी हिम्मत ही नहीं पड़ती। मतलब लेखन में अवरोध। परिणाम : खुद से नफ़रत। खुद से नफ़रत का फिर नतीजा होता है भूख के ज़ोरदार दौरे। मैं फ्रिज़ की तरफ़ दौड़ पड़ती हूँ और सोचने लगती हूँ कि क्या खाऊँ। कल्पना करती हूँ कि खाकर मुझमें ताकत आएगी। इतनी ताकत आ जाएगी कि मैं *ब्रेत्स* सोफ़े से उठकर, मेज़ पर बैठकर वो बीस पंक्तियाँ लिख सकूँगी, जिनकी अपेक्षा ब्रूनो मुझसे कर रहा है। भीतर से मैं जानती हूँ कि ठूँगने के दौरे ने मुझे कभी ताकत नहीं दी, बल्कि कमज़ोर ही कर दिया है। फिर भी, यह लिखने के बाद भी, मैंने फ्रिज़ में से खड़े-खड़े चार पॉलिश केक, किशमिश-बादाम वाले, निकाल कर खा लिये हैं। अब मैं फिर उठूँगी और चार केक और निकालूँगी, जिससे मुझे मतली लगने लगेगी। वैसे सब जानते हैं कि मीठा खाने से विटामिन-बी की कमी होती है, जिससे धीरे-धीरे स्नायुतंत्र में कमज़ोरी आ जाती है। मतलब तुम पहले आठ केक खाते हो और सोचते हो कि तुम्हारा स्नायुतंत्र इस्पात जैसा मजबूत हो जाएगा, लेकिन दस मिनटों में ही पता चल जाता है तुमने उसे कमज़ोर बना दिया है। यही कुछ पनीर और लंगोचे-बंद खाने से होता है। सिर्फ़ यही है कि वहाँ कमज़ोरी दिमाग में उपजती है। क्योंकि तुम वज़न नहीं बढ़ाना चाहते। तुमने महिलाओं की एक पत्रिका में पढ़ा है कि अगर तुम रजोनिवृत्ति वर्षों

में हो तो तुम्हें उससे 30% कम खाना चाहिए, जितना तुम पहले खाते थे, इससे वज़न उतना ही रहेगा, जितना है। पाचन-क्रिया में परिवर्तन इत्यादि। अब तुमने तो रजोनिवृत्ति का समय आरम्भ होने से पूर्व ही पहले से कम खाने का अनुशासन अपनाया था, और अगर तुम्हें अब 30% कम खाना पड़े तो इसका सीधा मतलब होगा : भूखा मरना। अब मुझे यह मत बताइएगा आपने हर तरह की कोशिश करके देखी है : भोजन बदला है वगैरह वगैरह! क्या सोचते हैं आप? मैं जैविक-*फ़ार्म अखलाइटनर से हर हफ्ते* जैविक खाद्य-पदार्थ लाती हूँ, जिनमें से अपना खाना, सब्जियाँ बनाती हूँ, मेरे पास एक प्रेशर कुकर है, जिसमें मैं अपनी सब्जियाँ बनाती हूँ और मैं ताज़ी पकड़ी गयी अट्टर झील की मछली खाती हूँ और कच्चा दूध पीती हूँ, और उसके बावजूद : दौरे! हमेशा नहीं। बीच-बीच में तो बिल्कुल नहीं पड़ते। इस समय ज़बरदस्त पड़ रहे हैं। हाँ, हो सकता है कि मैं एक तरह के *बर्न-आउट सिंड्रोम* से ग्रस्त हूँ। आजकल जगह-जगह इसी की चर्चा है। मसलन मेरे फ़िजियोथेरापिस्ट की प्रेमिका : *बर्न-आउट*। और अभी वह इकत्तीस की है। लेकिन शायद होता ऐसे हैः जब तुम बॉडी-बिल्डिंग के लिए बहु ज्यादा ट्रेनिंग में रहते हो और अचानक बाईं बाँह पर माँसपेशियों का ह्रास होता है तो समझो कि मारे गये। फिर उस पर *सेक्यूरिटी* के यहाँ उसकी नौकरी में पारियाँ हैं। तीसरी पारी सुबह 4 बजे शुरू होती है, उसके लिए 3 बजे घर से निकलना पड़ता है। पर हमेशा नहीं, क्योंकि तीन अलग-अलग पारियाँ बदलती हैं। इससे नींद में गड़बड़ी आती है, और और..., बाकी हम जानते हैं। स्नायुतंत्र। और मेरे बचपन में स्वभावतः सभी पिता पारियाँ करते थे। फ़ोएस्ट कम्पनी में ऐसा ही था। हम फ़ोएस्ट कालोनी में रहते थे। फ़ोएस्ट के तकरीबन सभी कामगार पारियाँ करते थे, लेकिन फिर भी *बर्न-आउट-सिन्ड्रोम* उनमें न के बराबर था। बस एक मिस्टर वोंदराछेक कभी-कभी दिन-दहाड़े अपनी चिकें उठाकर अहाते में चिल्लाया करते थे कि अगर हम खेलते हुए इतना शोर मचायेंगे तो वह सोयेंगे कैसे! लेकिन तब हम मि. वोंदराछेक की हँसी उड़ाया करते थे, क्योंकि तब कोई तनाव में आकर गुस्सा करे तो इसे हास्यास्पद समझा जाता था। और मि. वोंदराछेक हमेशा तनाव में नहीं रहते थे, बल्कि ज़्यादातर जब उनकी नींद पूरी नहीं हुई होती थी तो वह बनियान पहने अपने बगीचे में खड़े होकर आराम से अपनी नाखून काटने वाली कैंची से घास को छांट कर छोटी कर रहे होते थे। और अब भी *बर्न-आउट* के कई इक्के-दुक्के मामले सामने आ जाते हैं। हाज़लिंगर को ही ले लो। वह रसोई को घरों में फ़िट करता है, 100 किलो से ज़्यादा उसका वज़न है और अपनी छुट्टियों में वह पुर्तगाल जाता है, जहाँ वह अपना एक घर बना रहा है। उसके लिए जो ज़्यादा पैसा चाहिए, उसके लिए वह, जब भी हो सके, अपनी नियमित नौकरी के अलावा

चोरी-छुपे ऊपर से काम कर लेता है। उसके बाद वह तीन या चार 'कार्डीनल कट्स'[1] खाता है। इसके बाजवूद मैंने कभी नहीं देखा कि वह तैश में आया हो। परन्तु : यह एक अपवाद है। क्योंकि शायद उसका बचपन ख़ास ही सुखी था, किसे पता। बाकी सब : क्रोध के पुतले।

जब मेरी आमेली से नयी-नयी दोस्ती हुई थी, तो उसका भी *बर्न-आउट* हुआ था। वह ऐसे हुआ : दो बार रीढ़ की गुरिया की चक्रिका खिसकी, हमेशा पादती रहती थी और वज़न बढ़ गया था। बीस साल वह 1200 यूरो के वेतन पर भिन्न-भिन्न वृद्धाश्रमों में काम करती रही। ज़ाहिर है कि पारियाँ करती रही। इसके अलावा बच्ची को अकेली पालने वाली। गेर्लिंडे का भी *बर्न-आउट* हुआ था। (पहले गलग्रंथि ज़रूरत से ज़्यादा सक्रिय थी, बाद में कम सक्रिय थी), क्योंकि वह जहाँ काम करती थी, वहाँ उस पर रूआब जमाया जाता था। और वैसे भी वह 15 सालों से अपने बच्चे को अकेली पाल रही थी। लेकिन आजकल यह आम बात है। जहाँ भी देखो थकी-हारी अकेली माँएँ। पहले तुम सोचते हो, अच्छा हुआ साला चला गया तो यह रोज़-रोज़ की चिक-चिक से तो छुटकारा मिला, बच्चे को पालने में कोई टोका-टाकी नहीं होगी, तू अपने दिन और काम का सही बंटवारा कर सकती है, खाने के लिए घंटों इन्तज़ार नहीं करना पड़ता, आराम करने को बहुत समय होता है, और बाद में क्या होता है : तुम टूट जाती हो और *बर्न-आउट*। स्पष्टत : उस ज़िम्मेदारी की वज़ह से, जो तुम बच्चे को अकेले पालने की वजह से उठा रही हो : कम्प्यूटर गेम : हाँ या न, शाम का सीरियल हाँ या न, फ़ीचर-फ़िल्म : हाँ या न, डिस्को जाना : हाँ या न, और ये तो बड़े आसान से फ़ैसले हैं। ज़्यादा मुश्किल फ़ैसले ये हैं कि क्या तुम्हारा दोस्त रात तुम्हारे यहाँ बिता सकता है, क्या यौवनारम्भ के द्वार पर खड़ी बेटी को नियमित भोजन लेने और पर्याप्त पानी वगैरह पीने के लिए मजबूर किया जा सकता है, फिर आता है कि गर्भनिरोध की गोली खाये या नहीं, दोस्त के साथ छुट्टियाँ बिताये या नहीं, तीन अलग-अलग डांस-कोर्स करे या नहीं, कपड़ों की मॉडलिंग करे या नहीं। बहुत मुश्किल होती है जब तुम यह सोचती हो कि यह सब ज़बरदस्ती करवाया जा सकता है : कम्प्यूटर की तार दस बजे रात निकाल ली जाये, ताकि बच्ची पर्याप्त नींद ले सके, मॉडलिंग न करने दी जाए, क्योंकि कहीं भूख लगनी बन्द न हो जाए, और क्योंकि वह मॉडलिंग के लिए पहले ही बहुत कमज़ोर है, सहेली को सप्ताह भर घर में न सोने दिया जाए। उफ़्फ़, क्या सोच रहे हैं आप कि यह हो क्या रहा है? मुसीबत, दहशत, अतिवादी ख़ामोशी, घर में एक नाकाबिलेबरदाश्त, मारक माहौल। और फिर कहा जाता है कि पालन-पोषण के तीन मुख्य स्तम्भ हैं :

---

1. एक तरह के केक के टुकड़े।

सहानुभूति, बात करना और सीमाएँ बाँधना। हाँ, मगर किसी को नज़र नहीं आता कि ये तीनों अभिवृत्तियाँ परस्पर-विरोधी हैं। एक बार उस जवान होती लड़की से बात करके देखिए, जिसे आपने अभी-अभी एक फ़िल्म में काम करने से मना किया है (तर्क : स्कूल ज़्यादा ज़रूरी है!), जबकि उसे विश्वास है कि यह उसकी ज़िन्दगी में मिला सबसे बड़ा मौक़ा है। मौक़ों की बात करती है? कौन से मौक़े और काहे को?

अब तुम स्वभावतः कह सकती हो कि मैं दख़लन्दाज़ी नहीं करूँगी, मुझे युवा पीढ़ी पर विश्वास है और मैं उन्हें खुद फ़ैसला लेने दूँगी, लेकिन तब तुम जल्दी में फ़ैसला ले रही हो और देखभाल के अभाव में बच्चे की जो बरबादी होने वाली है उसके बारे में तुमने नहीं सोचा। क्योंकि अर्धविकसित बच्चे यह तो जानते हैं कि वे क्या चाहते हैं, लेकिन यह नहीं जानते कि उनकी भलाई किसमें है। दूसरी तरफ़ : तुम कैसे दावा कर सकती हो कि तुम जानती हो कि उनकी भलाई किसमें है। क्योंकि जिस चीज़ में वैसे उनकी भलाई होती है, कभी-कभी उसमें बुराई भी हो जाती है। और उससे उलट भी हो सकता है। स्थिति निराशाजनक है, क्योंकि तुम सब तरफ़ से जो असर बच्चे पर पड़ रहे हैं, उन्हें रोक नहीं सकती। मेरा मतलब है कि तुम अकेली ही तो नहीं हो न जवान बच्चे के साथ, तुम्हारे अपने मूल्य होंगे और, लेकिन इनका तुम्हें कोई फ़ायदा नहीं, क्योंकि हर तरफ़ दूसरे मूल्यों का मोल लगाया जा रहा है या कोई मूल्य हैं ही नहीं, या हैं तो बहुत ही ज़्यादा हैं, निर्भर करता है। जवान बच्चे को अपने माँ-बाप से, या आजकल अधिकतर अपनी अकेली माँ से एक हदबंदी रखनी पड़ती है, यह कुदरत का कानून है। इस समय में तुम्हारा प्रभाव नहीं रहता। क्योंकि जवान बच्चे का अपना कोई प्राकृतिक मूल्य नहीं है, वर्ना वह बच्चा न होता, बल्कि सयाना बड़ा होता। इसका मतलब हुआ कि वह तुम से भाग कर आजमाता है कि उसे और क्या पेश किया जा रहा है। तो समस्या यही है। उसे ढेर सारी बेवकूफियाँ पेश की जाती हैं। अगर तुम अब बच्चे से ठीक से बैठकर इन बेवक़ूफ़ियों पर बात करो तो वह तुम से पूरा भाग नहीं सकता। मतलब कि वह अब तुम से तब भागेगा अगर खुद को बेवक़ूफ़ मान लेगा (जो इस उम्र में एक आम बात होती है)। दूसरी सम्भावना यह हो सकती है कि वह तुम्हारा यक़ीन कर लेता है कि ज़्यादातर चीज़ें बेवकूफी भरी हैं, लेकिन फिर वह तुमसे दूरी नहीं रख सकता। इसी वजह से जब मैं रेडियो और टीवी से सुनती हूँ कि परिवार में बातचीत ज़्यादा होनी चाहिए तो मुझे चिढ़ लगती है। क्योंकि आज भी बोलना चुप रहने से ज़्यादा ख़तरनाक होता है। बहरहाल जिन परिवारों को मैं जानती हूँ, उनमें से ज़्यादातर में बहुत ही ज़्यादा बोला जाता है, और युवा लोग आपस में इतना बोलते हैं कि उन्हें सोने का वक्त ही नहीं मिलता, क्योंकि वे रात को चैट-प्रोग्रामों में या सेलफ़ोन पर

बातें ही करते रहते हैं। और इस सारी बकबक का नतीजा : पढ़ाई का नुक़सान, भूख न लगना, बहुत ज़्यादा भूख लगना, खुद को चोट पहुँचाना, शराब की आदत लगना, कहीं भी नज़र मार लो, यही हो रहा है। इसलिए मैं तो चुप्पी की भक्त हूँ। लेकिन : लेखक को यह अभिवृत्ति नहीं सुहाती। वैसे अपवाद हो सकते हैं : कोई लेखक सालों चुप रहता, पूरी दुनिया में घूमता रहता है, ऊँचे पहाड़ों पर चढ़ता है, और घर में चुपचाप बैठकर अपनी उत्कृष्ट कृति लिखता है। लेकिन मैं आपसे कहती हूँ; यह लेखक नर है, नि : संतान है और सम्पन्न है। अगर उसके बच्चे हैं तो अधिक सम्भावना है कि बीवी भी होगी, और बोलने का काम वह करती है। कई बार मुझे ताज्जुब होता है कि कैसी किस्मत वाली औरतों को भले से भले, चुप्पे से चुप्पे लेखक मिल जाते हैं। जबकि दूसरी तरफ : हर चीज़ की कीमत चुकानी पड़ती है, मैं हमेशा कहती हूँ। अगर तुम नर लेखक होते हुए पूरी तरह अपनी पत्नी पर निर्भर हो जाते हो और ज़िन्दगी जो बवंडर पेश करती है, उससे बचने की कोशिश में रहते हो तो तुम ताज्जुब मत करना, जब तुम्हारी एक ऐसी हँसती-मुस्कराती बीवी होगी, जो तुम्हारी माँ की जगह ले लेगी। अक्सर ये हेंमिगवे-टाइप के नर-लेखक ही होते हैं, जो कभी भी शिकार पर निकल जाते हैं या इतनी पिये रखते हैं कि तुम उनकी जगह होती तो कब की मूर्छा की हालत में पड़ी होती, दूसरी ओर वे अंडे से भी कुछ खाने को नहीं बना सकते, जिससे वे अपने आप किसी तेज़-तर्रार औरत पर पूरे निर्भर हो जाते हैं। इधर मादा-लेखक होने के नाते तुम एक उकताऊ स्थिति में होती हो। क्योंकि तुम सोचती हो कि मैं घर का काम नहीं करूँगी, बस बच्चे संभालूँगी और कमाई करूँगी, तब मैं कम से कम संडास की चिलमची का ढक्कन या रसोई की अलमारी की मरम्मत तो नहीं करूँगी। पर जल्दी ही तुम्हारी दुर्दशा हो जाएगी। मसलन जैसे मेरी है। हाथ का काम मैं कोई नहीं कर सकती। मैं सब ब्रूनो पर छोड़ देती हूँ, और फिर स्थिति यहाँ तक आ जाती है कि मैं बिजली का बल्ब तक नहीं बदल सकती। या फिर हैलोजन का बल्ब, जिनके बारे में कहा जाता है कि अगर बिना दस्ताने पहने उन्हें पकड़ा जाए तो वे फट जाते हैं, या फिर गुसलखाने में या रसोई में लगी ट्यूब या उन खोज बत्तियों की रोशनी की लकीर, जो पहली मंजिल पर खाने की मेज़ पर रोशनी फेंकने के लिए लगायी गयी हैं; या फिर छत पर, जहाँ बल्ब तक हाथ पहुँचाने के लिए पहले तारों के कांच से बने कवर को खोलना पड़ता है। जबकि पता नहीं क्यों मैं अपनी माँ से गुस्सा करती रहती थी कि वह बिजली का बल्ब तक नहीं बदल सकती थी, या जब भी टमाटर निकलने के लिए डिब्बा खोलना होता था तो पिता को आवाज़ लगाती थी। उस समय ख़ैर सभी बल्ब एक जैसे होते थे, जबकि आजकल रोशनी करने वाली हर चीज़ के लिए बिल्कुल अलग-अलग हैलोजन लैम्पों, बल्बों वगैरह की ज़रूर पड़ती है (अलग-अलग सॉकेट, चूड़ियाँ, अतिरिक्त लैम्प और नियोन बत्तियाँ, सर्च-लाइट्स आदि)। फिर भी! आमेली

की संडास की फ़्लश जब ख़राब हो गयी थी तो वह जाकर एक नयी टंकी ले आयी थी, और उसे उसने खुद ही लगा लिया था। मुझे यह कमाल लगा था। मतलब मुझमें तो इतना कौशल भी नहीं है और न ही धीरज, फिर वही अपने पर काबू न रहने का सवाल उठ खड़ा होता है तो मैं वाइब्रेटर[1] पर बैठ जाती हूँ और उसे तनावमुक्ति के प्रोग्राम पर लगा देती हूँ। तब मैं पैरों को कँपाने का प्रोग्राम लगाती हूँ, जिससे न सिर्फ़ तनाव से मुक्ति मिलती है, बल्कि शरीर की प्रतिरक्षाशक्ति भी बढ़ती है। छोटी बिल्ली जब थरथराने का स्वर सुनती है तो वह भागी आती है और मुझ पर बैठ जाती है। मुझे लगता है कि उसे महसूस होता है कि वाइब्रेटर गुर्रा रहा है, और फिर वह भी घरघराती है। बूढ़े बिल्ले को घरघराने से नफ़रत है, और उसे अक्सर समझ नहीं आता कि अब वह वाइब्रेटर पर गुर्राये या छोटी बिल्ली पर।

आमेली मुझसे दस साल छोटी है। मसलन मारिया लकड़ी-वकड़ी का काम खुद कर लेती है। उसके पास वर्तनी है, रंदा है, आरी वगैरह हैं। उसने खुद एक किताबों का रैक बनाया है और अपने सप्ताहाँत में रहने वाले घर के बाथरूम का स्विमिंग डोर बनाया है। बल्कि मारिया तो बिजली की तारें भी खुद लगा लेती है। मैंने सोचा कि यह उसके काम के लिहाज़ से एक अच्छे संतुलन की भूमिका निभाता है। वह मनोविज्ञानी है। लेकिन इधर आमेली ने भी बिजली की तारें खुद लगायी हैं और मैं नहीं समझती कि यह वृद्धाश्रम में उसके काम को संतुलन देता है। पर उसका संतुलन शायद बौद्धमत था। एक मादा-लेखक को क्या काम संतुलन देगा : बौद्धमत तो किसी भी हालत में नहीं। शायद हाथ की कोई कारीगरी, मैं सोचती हूँ। और लेकिन, मैं तो किसी काम की नहीं। क्योंकि लेखक हो तो अपराध बोध होगा : स्वयं को न ख़त्म होने वाले उलाहने, लगातार किन्तु-परन्तु। और फिर मेरे साथ लेखक के साथ औरत का भी तो स्वभाव जुड़ा हुआ है। मतलब इतना क्या काफ़ी नहीं है कि तुम औरत हो और दिन-रात अपने मन में अपराधबोध पाले रखती हो... अगर मैं दस साल पहले.. तो मैं स्थिति में होती... घिन आती है। और बोझ महसूस होता है। पति और बच्चों के लिए ख़ास कर। क्योंकि : तू अतीत को तो बदल नहीं सकती। और, देखिए ज़रा, बीच में पेशा भी अटका हुआ है : बिल्कुल! ख़ैर मेरा यही तजुर्बा है। साहित्य सब कर सकता है। चलो, तुम बचपन में एक बहुत आम लड़की होती थी, शर्मीली, ज़्यादा खूबसूरत नहीं, बुज़दिल और समझौता करने वाली। हज़ामत ऐसी करवा रखी है, मानो सर पर हंडिया रखी हो, पपीते के रंग की कमीज़ के ऊपर ऐप्रन। ख़ासकर जब तुम पचास के दशक में बड़ी हुई हो, एकदम औसत लड़की। अब तुम जाकर एक कहानी लिख देती हो, जो तब सचमुच तुम्हारी थी, उन भावनाओं के पूरे

1. कँपाने वाली कुर्सी।

संसार सहित, जो तब तुम्हारी होती थीं, जिन्हें तुम्हारे सिवा और किसी ने भी महसूस नहीं किया था, उन चीज़ों सहित जिनका तुमने चेतन या अचेतन मन से अवलोकन किया था, और पल भर में वह फुंसीदार लड़की एक बागी बन जाती है। बाद में, सोच लेने के बाद। यही कारण है कि साहित्य में जो आत्मचरित वगैरह की बकवास की जाती है, उसे मैं सुन नहीं सकती। तुम बैठकर वह सब कुछ वैसा का वैसा लिख सकती हो कि तुम्हें कब क्या-क्या अनुभव हुए, परन्तु यह तुम्हारी कपोल-कल्पना रहती है। व्यावहारिक दृष्टि से देखें तो क्या फ़र्क पड़ता है कि तू लैला और हीर के बारे में लिख रही है या अपने बारे में। जैसे भूतपूर्व जर्मन चांसलर हेलमुट कोल ने कहा था, यह इस पर निर्भर करता है कि बाद में क्या निकलता है। उसका मतलब था : किसी चीज़ के क्या असर होते हैं कौन सा असर। राजनीति में कहना आसान है। निर्भर इस पर करता है कि नेता करता क्या है। लेकिन साहित्य में इस पर निर्भर करता है कि पाठक इसे कैसे लेता है। तो फिर से कह रही हूँ; लेखक पूरा असमर्थ होता है। क्योंकि : पाठक बड़ी से बड़ी बकवास में से कुछ न कुछ निकाल लेता है। फिर ऊपर से साहित्य में अपनी एक अकाट्यता भी होती है। और साथ ही राजनीति के साथ सदृश्यता भी। एक अकेले लेखक के लिए यह अकाट्यता ज़रूरी नहीं कि बुरी होती है, क्योंकि वह फिर भी मिथ्या गर्व कर सकता है कि उसने एक उत्कृष्ट कृति लिखी है, लेकिन पाठक को उत्कृष्ट कृति में कुछ नहीं मिलता। दूसरी तरफ़ ऐसा भी नहीं होता कि लेखक कल्पना करे कि उसने लिखी तो बकवास है, पर पाठक बकवास में कोई न कोई चीज़ ज़्यादा से ज़्यादा निकाल लेगा। हालाँकि पाठक के रूप में अपने अनुभव के आधार पर मैं कह सकती हूँ : मैंने अपनी ज़िन्दगी में बड़ी से बड़ी बकवास में कुछ न कुछ ढूँढ़ ही लिया है : *फेंग-शुई* को ही देख लो, *आयी एम ओके, यू आर ओके*। यह असल में इस पर निर्भर करता है कि किसी एक समय में तुम्हें किस से प्रेरणा मिलती है और तुम किस मनोस्थिति में हो। मेरा मतलब है, युवा लोग जल्दी ही प्रेरित हो जाते हैं किसी चीज़ से। मेरे ज़माने में यह हर्मन हेस्से[1] होते थे, आज पाउल कोएल्हो[2] हैं। कोई जवान आदमी न जाने कब कौन सी चीज़ से प्रभावित हो जाता है, और उसे महसूस होता है कि उसे समझा जा रहा है। यह चीज मैं रोज़ाना अपनी बिल्लियों में देख सकती हूँ। छोटी बिल्ली पूरे इलाके में धमाचौकड़ी मचाये रखती है और नहीं जानती कि पहले क्या देखे। हर चीज़ उसे सक्रिय होने को प्रेरित करती है : मक्खी, रबड़ बैंड, धूलकण, अपनी दुम। बूढ़ा बिल्ला अपनी कुर्सी पर थककर बैठा अपनी ब्राउन आँखें सिकोड़ कर देख रहा होता है अब

1. नोबल पुरस्कार विजेता, 'सिद्धार्थ' के लेखक सुप्रसिद्ध जर्मन साहित्यकार।
2. सुप्रसिद्ध ब्राज़ीली साहित्यकार।

कोई सस्ता सादृश्य ढूँढ लेगा और कहेगा : बूढ़ा प्राणी अपने आप में ही हताश है। और मैं उन्हें कहूँगी : कुछ वजह तो है। बूढ़े इंसान मे जवानों की तरह दिलचस्पी नहीं बची रहती। और ज़रा तसव्वुर कीजिए, सारे बूढ़े-बुढ़ियाँ इधर-उधर भागेंगे और सचमुच इतनी ही दिलचस्पी उनमें होगी, जिसकी रेडियो और टीवी में उनसे अपेक्षा की जाती है : खुद को जंग मत लगने देना। जिज्ञासु बने रहना आदि इत्यादि। और वे फिर भागा-दौड़ी लगाये रखते हैं और वाशिंग मशीन के चलने में उनकी गहरी दिलचस्पी होती है। हँसी आती है न, कि नहीं? और 150वां जासूसी उपन्यास भी यह नहीं कर सकता। तजुर्बे इकट्ठे करना हमेशा फ़ायदेमंद नहीं होता। शायद बिल्ला सही करता है : उसके सामने उसके खाने की प्लेट रख दी जाती है, और बस। वह लेट जाता है और सो जाता है। इंसानों के लिए स्वभावतः यह कोई सही विकल्प नहीं है। इंसान न सिर्फ़ रोटी के लिए जीता है, न ही वर्ग-पहेली के लिए और न ही शराब के लिए।

कुछ समय से मेरी माँ और मेरा भूतपूर्व रातों में मेरी जान खा रहे होते हैं। शायद मेरे सोने से पहले ही वे कुछ गिलास शराब पीने का प्रोग्राम बनाये बैठे होते हैं और फिर एक साथ मुझ पर टूट पड़ते हैं। विशेषकर एक विषय पर वे एकमत हैं कि अपनी बेटी को पालने-पोसने में मैं विफल हुई हूँ। तू फिर मेरे से खुलकर बात क्यों नहीं करती, मेरी माँ कहती है, और अपनी उलाहने भरी (हाँ हाँ) नज़र वर्गपहेली से उठाती है। उसे आधी रात तक फ़ोन नहीं करना चाहिए और इंटरनेट पर नहीं लगा रहना चाहिए। बच्ची चुप्पी बन गयी है, मेरा भूतपूर्व कहता है और अपनी नज़र, जो माँ से कम उलाहने भरी नहीं होती, मुझ पर डालता है। मैं तुझे हमेशा कहता रहा हूं, कहकर मेरा भूतपूर्व फट से शराब का एक और घूँट पीता है, कि तू एक बहुत ही घुन्नी औरत है। और इसके अलावा बुज़दिल भी है। और मेरी माँ हचक जाती है, क्योंकि वह ऐसा कभी सीधे-सीधे नहीं कहेगी। बुज़दिल और ठंडी, मेरा भूतपूर्व ऊपर से जोड़ता है। मेरी माँ मुस्कराती है। इसकी सोच बुरी नहीं होती, वह मेरे भूतपूर्व से कहती है, क्योंकि वही जानती है कि मेरे बिस्तर पर पड़ने से पहले वह कितनी शराब पी चुका है और कि वह उसके बाद फिर आक्रामक बन जाता है, लेकिन मेरा भूतपूर्व किसी से शांत नहीं होता, जब वह मेरे चरित्र का खुलासा दे रहा होता है, मेरी माँ से भी नहीं। बच्ची को इसकी आदत नहीं है, साफ़-साफ़ लफ्ज़, आधा मुझे आधा मेरी माँ को सुनाने के लिए, और न इसलिए वह अपनी सीमाएँ जानती है और न यह कि आज़ादी कितनी होनी चाहिए। मेरे भूतपूर्व को शिक्षा देने की अपनी क्षमता

पर बहुत गर्व है, क्योंकि एक बार वह मोज़ार्ट और बाख़[1] को दी गयी संगीत की शिक्षा के महत्व पर एक तुलनात्मक अध्ययन लिख चुका है, जिसमें विशेष ध्यान संगीत द्वारा चिकित्सा करने के पहलू पर दिया गया है।

कुछ समय पहले, उस दिन विश्व महिला दिवस था, यूलिया और मैं डाक्टर के यहाँ बैठे थे। यूलिया श्वसनी-शोथ की वजह से और मैं पीठपर एक खुजलाते मस्से की वजह से, जो काफ़ी समय से मुझे तकलीफ़ दे रहा था, क्योंकि मुझे डर था कि यह कहीं त्वचा का कैंसर न हो। मेरी उम्र में कुछ नहीं कहा जा सकता। ख़ैर, यूलिया और मैं अपनी नियमित डाक्टर के प्रतीक्षाकक्षा में बैठे पत्रिकाओं के पन्ने पलट रहे थे। विश्व महिला दिवस होने के कारण पत्रिकाएँ एक जैसे विषयों से भरी थीं। उनमें हमें मर्दाने और जनाने दिमागों की तुलना करते रेखाचित्र नज़र आये। दोनों रेखाचित्रों में स्पष्ट देखा जा सकता था कि मर्दों का जज़्बातों से सम्बन्धित हिस्सा औरतों के मुक़ाबले में हद से ज़्यादा छोटा था। सिर्फ़ भोगेच्छा और सहज बोध वाले उसके हिस्से का आकार और साइज़ छिपकली के बराबर था, जबकि औरतों में इसका आकार और साइज़ मेंढक की इल्ली जितना था। यह देख कर यूलिया और मैं पागलों की तरह हँसते रहे। यूलिया तो कुर्सी से ही गिरने लगी थी। बाद में उसे खाँसी का दौरा पड़ गया। हम दोनों अभी हँस रहे थे, और यूलिया खाँस भी रही थी, जब डाक्टर ने हमें बुलाया। उसने हमसे पूछा कि हम क्यों इतना हँस रहे थे। इस पर यूलिया ने तुरन्त उसे पत्रिका दिखाई, जिस पर डाक्टर को भी इतनी हँसी आयी कि आँसू उसके गालों पर बहने लगे।

आज फिर शनिवार है, और मैं विभिन्न समाचारपत्रों के सप्ताहाँत के परिशिष्टों को खोलकर लोमहर्षक समीक्षाएँ पढ़ रही हूँ। दूसरों से सयाने, पर ख़ुद से कुछ लिखा नहीं जाता। हाल ही में मैंने एक विद्वेषपूर्ण समीक्षा पढ़ी है, जिसमें लिखा है कि एक ख़ास लेखिका की पुस्तकों में बीमार पात्र बहुत होते हैं। तो मतलब कि क्या हमें अब साहित्य के योग्य बनने के लिए स्वस्थ भी रहना होगा, शायद समय के साथ-साथ स्वास्थ्य-बीमे की हमारी फ़ीस भी तब बढ़ा दी जाएगी, जब हम ख़ुद मोटे होंगे और धूम्रपान करते होंगे? हम पर अब टैक्स थोपने के लिए स्वास्थ्य की माँग की जा रही है, यह निश्चित है। लेकिन अब यह मानसिकता साहित्य में भी प्रवेश

---

1. सुप्रसिद्ध संगीतकार थे दोनों।

करती जा रही है, जो परेशानी का विषय है। विश्व-साहित्य के उपन्यासों में सैकड़ों वर्षों से बीमार व्यक्तियों के बारे में पढ़ने के बाद अब एकाएक विश्व-साहित्य के सब पात्रों को फ़िट रहना होगा, वर्ना कोई न कोई ऐसा समीक्षक, जिसका अपना कूल्हा लकवे का मारा होगा, नाक चढ़ाएगा। वैसे यह तो प्रमाणित हो ही चुका है कि इस पूरी फ़िटनेस का कोई फ़ायदा नहीं है और तुम एक दिन मरकर गिर पड़ोगे। भले ही तुमने कितनी भी जॉगिंग की हो। क्योंकि सब चीज़ें परस्पर जुड़ी हुई हैं। हवा और खुराक और वह गुस्सा, जो तुम्हें अख़बारों के साहित्यिक परिशिष्टों में प्रकाशित बहुत सारी समीक्षाओं को पढ़कर आता है, उससे भी तुम्हारी उम्र लम्बी नहीं होती। हर चीज़ की तह तक पहुँचने की एक सोच को बढ़ावा बल मिल रहा है, जो बहुत भयोत्पादक है। हाँ या न, इन दोनों के बीच कुछ नहीं है। अगर यहूदियों को ख़त्म करना है तो फिर सारे के सारे। और अगर सब को ख़त्म करना है तो गैस से ख़त्म करो। बीमार लोग भी और वे सब भी, जो ज़्यादा मोटे हैं या ज़्यादा आलसी हैं या सिगरेट पीते हैं और शराबी भी। और नशीली दवाइयाँ लेने वाले। और समाज-कल्याण विभाग से भत्ता लेने वाले। और समाज द्वारा ख़ारिज किये गये लोग। और निकम्मे लोग। और जिनकी आमदनी कम है। और टुकड़तोड़, विदेशी तो ख़ैर सूची में हैं ही, वो कुत्ते वाले भी, जो कुत्ते की टट्टी बेलचे से उठाकर थैली में नहीं रखते, और ऐसे मंदबुद्धि, जिन्हें टेलिबैंकिंग नहीं आती, और निम्न वर्ग के लोग, जिन्हें शेयरों की कोई समझ नहीं है। और भुलक्कड़ लोग, जो अपने अन्नदाताओं को भूल जाते हैं, और बूढ़ियाँ, जो अकेली जाकर बैंक से, ए.टी.एम. से अपने पैसे नहीं निकाल सकतीं, और बच्चे पालने वाली अकेली माँएँ, जो अपने बच्चों की परवरिश ठीक न करके उन्हें बिगाड़ देती हैं, और बिगड़े हुए बच्चे और उनके बिगड़े हुए कुत्ते-बिल्लियाँ। हम सब के सब आजकल गैस से मरने से बचने में इतने व्यस्त हैं कि कभी ऐसा समय आ गया तो बीमार होने का हमारे पास समय ही नहीं होगा।

अब ज़रा आप मेरी अब की स्थिति को देख लीजिए : यूलिया अभी स्कूल से घर आयी है। मैंने मनोवैज्ञानिक और शिक्षाशास्त्री, दोनों की सलाह के मुताबिक अपने नियंत्रण और अनुशासन रखने के ढंग के अंतर्गत उससे *नहीं* पूछा कि स्कूल में आज क्या कुछ हुआ है। वह जल्दी से मेरे पास से निकलती हुई पहली मंज़िल पर अपने कमरे में चली जाती है (ताकि उसे स्कूल के बाद अच्छा गरम भोजन न खाना पड़े और कुछ पीना न पड़े), जहाँ वह स्कूल से लौटकर प्यानो बजाकर विश्राम कर रही है। संगीत समीकरण के रूप में : वाह वाह, इतना मैं सिर्फ कह सकती हूँ, मनुष्य और माँ होने के नाते। दूसरी ओर : मेरे लिखने का प्रवाह इससे भटक गया है। अगर मैं अब छंद में लिखूँ तो पाठ की पूरी बरबादी होगी। लेकिन जो किया है शायद वही बेहतर है। वैसे ही मुझे महसूस होता है कि मैं पशु और मनुष्य के बीच की समानान्तर रेखा को कूदकर पार कर गयी हूँ। छिपकली का दिमाग़ वगैरह।

संयोगवश और एकदम निजी कारणों से मैं अल्बर्न डोर्फ़ में संस्कृति-दिवसों में उपस्थित थी, वहाँ एक जीवविज्ञानी ने दर्शकों के समक्ष प्रस्तुत विषय 'कला और प्रकृति' पर वार्तालाप में कहा था कि मनुष्य हमेशा भावनाओं के आधार पर निर्णय लेता है, जबकि प्रकृति प्रकृतिवश भावशून्य है। महापौर के सहायक ने सहमति में ज़ोर-ज़ोर से सर हिलाया था।

हाँ, वैसे ऐसे एक सहायक के भीतर झाँक कर तो नहीं देखा जा सकता। वैसे ही जैसे बिल्ले के भीतर। लेकिन फिर भी मैं यह कहने का साहस तो कर ही सकती हूँ कि वह भी स्वयं को यूलिया के महा-प्रशंसनीय प्यानो-वादन से परेशान महसूस करता है, क्योंकि वह बाहर बाल्कनी में लेटा होता है। और वह भी बेंच पर पीठ के बल धूप में। पंजों को सिकोड़ कर वह कानों पर रख लेता है। छोटी बिल्ली तो गायब ही हो जाती है। ऐसा अक्सर करती है वह। दुख यह है कि वह कपड़ों की अलमारी, रसोई की अलमारियों, बल्कि कपड़े धोने की मशीन के ड्रम में भी घुस जाती है। जब वह मुझे नहीं मिलती तो मुझे डर लगता है कि वह बर्तन या कपड़े धोने की मशीन में होगी, जबकि वे चल रही होंगी। क्योंकि अभी तो उसे शायद मियाऊँ करना भी नहीं आता। फिर भी ऐसी एक बिल्ली करके डर इतना ज़्यादा नहीं होता, जितना किसी छोटे बच्चे करके होता है। कई बार मैं सोचती हूँ कि जब यूलिया बच्ची होती थी तो उसकी वजह से मेरा तो स्नायुतंत्र ठप्प ही पड़ गया था। कल्पना नहीं की जा सकती कि एक गृहस्थी में क्या-क्या हो सकता है। और तुम ज़्यादा बड़-बड़ भी नहीं कर सकते। ऐसा एक छोटा बच्चा बहुत जिज्ञासु होता है, बिल्ली के बच्चों की तरह, और हर चीज़ को आज़मा कर देखता है। आज मैं खुद से शिकवा करती हूँ कि तब मैंने यूलिया की जिज्ञासा को काफ़ी हद तक दबा कर रखा था। मेरा मतलब है कि आज जब मैं सोचती हूँ कि आज मुझे किसी चीज़ में दिलचस्पी नहीं रही और बच्ची को दुनिया की खोज में निरन्तर आनंद आ रहा है तो फिर कोई भी नियंत्रण करना एक बहुत गलत बात होगी। अब शायद आप उस मुक़ाम पर आ पहुँचे हैं कि कहेंगे: कैसी शौदाई है, बिला वजह खुद से शिकवे किये जा रही है वगैरह-वगैरह, लेकिन ज़रा सोचिए कि मनुष्य जब सीखना शुरू करता है तो उसे कितनी मेहनत करनी पड़ती है। और अपने डर की वजह से हम बच्चे में कितना ज़बरदस्त डर भर देते हैं। तब मैंने आल्बेर्नडोर्फ़ में सोचा था कि शायद बिना जज़्बातों के गुज़ारा नहीं है इंसान का। अगर हम प्रकृति की मान लेंगे तो एक-दूसरे की जान ले लेंगे। क्योंकि प्रकृतिवश मनुष्य प्रकृति का अंश होता है और इस वजह से पूर्णरूपेण भावशून्य होता है। आल्बेर्नडोर्फ़ के सेमिनार से पहले मैंने ब्रूनो को कहा था कि मनुष्य इस स्थिति में नहीं है कि प्रकृति पर नियंत्रण पा सके। क्योंकि : या यह या वो। या तो वह उसका अंश है या नहीं है। यहाँ साइंस किसी काम नहीं आती। मेरे लिए यह भी एक पहेली बनी हुई है कि क्यों सारे वैज्ञानिक एक के बाद एक पागल नहीं हो जाते।

II

मैं हाज़लिंगर से कहूँगी कि वह श्रयोडर द्वितीय के साथ मिल के शहतीरों के बीच मेरे लिए किताबों के रैक बना दे। दुछत्ती होने के कारण वहाँ जो आड़ापन है, वहाँ तू किताबों के रैक नहीं बना सकती। इसलिए मेरे पास किताबें ढेरों में पड़ी हुई हैं। इसके अलावा कि यह अच्छा नहीं लगता और वातावरण बड़ा कोलाहलमय लगता है, मुझे किताबें मिलती भी नहीं। एक लेखक के लिए यह कोई अच्छी बात नहीं है। ब्रूनो शहतीरों के बीच ऊटपटाँग ढंग से ऊँची दीवारें बनाने के सख़्त ख़िलाफ़ है। छहः साल पहले उसने जब से वह घर छोड़ा है, जिसमें वह पाँच जनों के अपने परिवार के साथ रहता था, तबसे उसे सफ़ेद दीवारें पसन्द है। वह कहता है कि सफ़ेद दीवारें मन को शान्ति देती है। लोचा सिर्फ़ यह है कि शान्ति तुम सफ़ेद दीवारें देख-देख कर पाते हो। उसे ऊटपटाँग पड़े किताबों के ढेर को देख कर खो देते हो। सफेद दीवारें तो तब लगवा सकते हो तुम अगर घर बड़ा हो। क्योंकि कहीं तो इस कबाड़ को भी रखना है! इसलिए मैंने पड़ोस का फ्लैट भी खरीदने की सोच रखी है। एक ओर तो यह पागलपन होगा, क्योंकि यूलिया जब कुछ साल बाद अलग रहने लगेगी तो डेढ़ सौ वर्ग मीटर पर मैं अकेले रह रही हूँगी। उस पैसे की तो मैं बात ही नहीं कर रही, जो मैं इस पर फेंकूँगी, और जिसकी मुझे तब जरूरत होगी, जब लिखने का मेरा संकोच बना रहेगा। दूसरी ओर : एक ऐसी लेखिका के लिए जिसे लिखना मुसीबत लगता है, कोई भी जगह पर्याप्त नहीं हो सकती। पड़ोस के फ्लैट में, उसका मुआइना मैं कर आयी हूँ। अपना एक सोने का कमरा है, जिसके दरवाजे को मैं रात को बन्द कर सकती हूँ, ताकि रात को बिल्लियाँ अंदर आ कर मुझे जगाएँ न। वैसे हम बिल्लियों को बैठक में बन्द कर सकते हैं, बीच में काँच का एक दरवाज़ा है, लेकिन यूलिया का कहना है कि वे एक मंज़िल ऊपर आ कर सारी रात उसके दरवाज़े पर मियाऊँ-मियाऊँ करेंगी। और यूलिया की नींद ज़्यादा ज़रूरी हो गयी है, जब पिछले साल वह महीनों अनिद्रा की बीमारी से ग्रस्त रही है, जिससे वह दिन में कई बार बेहोश हो जाती थी, क्योंकि उसका रक्त परिसंचरण ठप्प सा ही हो गया था। जो मेरे विचार से अपने से ज़्यादती करने का ही नतीजा है, जो बच्चों पर आजकल स्कूलों में थोपी जाती है। इसका मतलब यह ज़रूरी नहीं कि सिर्फ़ स्कूल ही बच्चों पर ज़्यादा ज़ोर डालते हैं, उसकी वजह से उन्हें अनिंद्रा रोग हो जाता है

और वे पूरा दिन बेहोश होकर गिरते रहते हैं, वहाँ बाहर एक और दुनिया भी है और वे बच्चों को उपदेश देते रहते हैं कि जितनी जल्दी हो सके अर्हता प्राप्त कर लो। अधिकतर स्कूलों ने तो आज कल विशेषज्ञता का भी लेबल लगा लिया है, वर्ना वे दूसरों से प्रतिद्वन्द्विता कैसे कर पाएंगे। स्कूल के बाद अधिकांश बच्चे संगीत, चित्रकारी या कम्प्यूटर की क्लासों में जाते हैं या स्पोर्ट्स का प्रशिक्षण लेते हैं। जिस पर अगर उनके और भी कोई शौक हों या वे प्रेम में पड़ जाएँ तो बस हो गयी नैया पार। क्योंकि प्रेम में पड़ना भी एक बहुत महँगी प्रक्रिया है। जिन्दगी में अलग-अलग तरह के बन्दे और उनके जीवन-सिद्धान्त मिलते है। कोई गाता हैं। कोई आर्दश वाला है, कोई और ऐसा है कि उसे खेल के अलावा और कुछ पसन्द ही नहीं है, चौथा ऐसा है कि होम-वर्क नहीं करता, पाँचवाँ तीन बार फ़ेल हो चुका है। जिन्दगी के ये नमूने हैं, जिनसे तुम्हें युवावस्था में दो दो हाथ होना पड़ता है, और जिससे जीवन गड़बड़ा जाता है। नया स्थिति-निर्धारण आदि इत्यादि। वक्त तो खराब होता ही है। और वह भी ऐसे समय में जब स्कूल का बहुत काम होता है और हर हफ्ते एक टेस्ट होता है। कई बार मैं मेज़ पर बैठी हुई यूलिया के हर सत्र के उन स्कूल के कामों और टेस्टों के बारे में सोच सोच कर थक रही होती हूँ, जो इस सत्र में अभी होंगे।

मारिया कहती है, मैं हस्तक्षेप बहुत करती हूँ, जो बच्चों के लिए बुरा है। शायद सबसे बुरा। मारिया शत प्रतिशत सही कहती है। ब्रूनों कहता है, जो करते हैं करने दो। दूसरी तरफ़ उसने अपने बच्चों को इतना खुला छोड़ दिया था कि कभी कभी वह जानता ही नहीं था कि उसके बच्चे स्कूल जा रहे हैं या नहीं। फिर मैं शिक्षा के अन्तर्निहित विरोधाभासों पर लौटती हूँ; बोलें, चुप रहें, बतायें, खुला छोड़ दें, सीमाएँ लगाएँ वगैरह। यहाँ पर यह बेवकूफी भरा मुहावरा भी काम नहीं आता : बहुत ज़्यादा और बहुत कम हासिल करना गधों का ही लक्ष्य होता है। क्योंकि : बहुत कम क्या है और बहुत ज़्यादा क्या है? मारिया कहती है कि बच्चों के भीतर घुस के उनके साथ सोचना शुरू नहीं कर देना चाहिए। बोलने में क्या जाता है मारिया का। पहले तो उसका अपना सामना तलाक से हुआ है, जिसके परिणामस्वरूप उसे बच्चों से अच्छा बरताव नहीं मिलता और वे उसकी कोई बात नहीं मानते। बच्चों के भीतर तो झांककर देखना ही पड़ता है। लेकिन वह तो शाम को घर जाती है और उसकी समस्याएँ खत्म, जबकि मैं यहाँ पूरा दिन समस्याओं से घिरी जी रही हूँ। इसलिए मुझे पड़ोस वाला फ्लैट खरीदने का ख़याल आया है। आदमी को रास्ता तो बनाना ही होता है न, नहीं तो यह फ्लैट छोड़ दूँ। इस बारे में भी मैं हाज़लिंगर से बात करूँगी, जिसने लिंडे के घर में तब तक कई दीवारें तोड़ कर अलग कर दी हैं, जब तक बच्चे घर छोड़ कर चले नहीं गये और फिर अपने जीवनसाथी के साथ लौट नहीं आये और

उन्होंने घर को पुनः रहने योग्य नहीं बनाया। वैसे लिंडे का भी अभी स्लिप-डिस्क हुआ था। वह लगभग बीस साल अकेली माँ बनी रही है, उसका पति तीस साल की उम्र में टेनिस खेलते हुए गिर कर मर गया था। लिंडे अकेली ने तीन बच्चे पाले हैं और अपनी थोड़ी आमदनी में उनका पेट पाला है। लिंडे के जरिये मेरी हाज़लिंगर और श्रयोड़र द्वितीय से जान पहचान हुई है। भली सी नयी सफ़ाई वाली के बारे में भी मुझे लिंडे ने बताया था। लिंडे कहती है कि एक ऐसा समय था, जब उसे कार चलाना नहीं आता था, क्योंकि उसे डर लगता था कि कार चलाते हुए बेहोश हो जाएगी। इसके विपरीत मेरी एक पुरानी सहेली को बहुत देर डर रहा था कि वह कभी बेहोश *नहीं* हो सकती थी। इसे मैं तब काफी अतिशयोक्तिपूर्ण और पागलपन की बात समझती थी (तब मैं जवान थी और जल्दी से दूसरों पर राय बना लेती थी लेकिन जबसे वह बाद वाले पति और उसके तीन बच्चों के साथ इज़रायल-प्रवास कर गयी थी और वहाँ तीन साल पहले अपने पति से पहली शादी से पैदा हुए सबसे छोटे बेटे द्वारा, जो एक समस्यात्मक लड़का था और नशीली दवाइयाँ लेता था, उसके पति और उसके अपने साथी बच्चों के सामने चाकू मार कर कत्ल कर दी गयी थी, तब से मैं कभी कभी सोचती हूँ कि उसे शायद इसका पूर्वबोध था। लेकिन यहाँ भी मुझे सावधानी बरतनी होगी। मेरी यह आदत है कि अपने डर को मैं पूर्वाभास को नाम दे देती हूँ। अक्सर मैं सोचती हूँ कि मेरे भीतर कोई जानलेवा बीमारी है। दूसरी तरफ़ः हम सबके भीतर कबसे कोई जानलेवा बीमारी है।

आमेली ने अपने गूढ़ बौद्ध धर्म के सिद्धान्तों के आधार पर यह मान लिया है कि हिसा का हर कृत्य कोई न कोई कारण लिये होता है। मतलब यह कोई संयोग नहीं होता जब तुम किसी को जानते हो, जिसकी मृत्यु हिसक तरीके से हुई है, बल्कि यह और कुछ नहीं, सिर्फ़ कर्म होता है। और मुझे कहना पड़ेगा : इस कर्म वाली बात पर मुझे ज्यादा से ज्यादा चिढ़ होने लगी है खासतौर से जब से सोलांगे ने मुझसे कहा है कि तू तेरे बुरे कर्मों के कारण अफ्रीका में हब्शी लड़के के रूप में पैदा होगी। तब मुझे और भी बुरा लगा था मनोविश्लेषण की आड़ में जब नाबोकोव[1] ने लिखा था कि भ्रूण अपनी माँ के पेट में अपने सुरक्षित गुप्त स्थान में अपने माता पिता के सेक्स जीवन की जासूसी करता है। मेरा मतलब है : यह वैश्विक स्तर पर जन्मपूर्व की जासूसी है, जिसकी पृष्ठभूमि है नस्लवाद। मुझे अने मारी के प्रति भी यह अनुचित लगा कि सिर्फ इसलिए कि उसे कभी बेहोश न होने का डर होता था, हिसा ने अपना शिकार बना लिया। सोलांगे आमेली की बेटी है। पहले तो आमेली ने उसे बौद्धमत के पास फटकने नहीं दिया था, लेकिन बाद में वह सोलांगे को ज्यादा से

1. रूसी लेखक।

ज्यादा बौद्धमत के सम्मेलनों में ले जाने लगी थी, और मेरे ख्याल से सोलांगे को इससे नुकसान पहुँचा है। क्योंकि सोलांगे ने बचपन में साथ-साथ टीवी भी बहुत देखा है, और तुम अगर ये सारे ऊटपटाँग सीरियल देखते हो और साथ में बौद्ध भी हो, तो फिर समय के साथ साथ तुम पागल होते जाओगे। मुझे लगता है कि आमेली तथा सोलांगे के साथ बिताये सालों ने मुझ पर भी बहुत असर डाला है। मेरे दिमाग पर। शुरू शुरू में ऐसा कुछ बुरा नहीं लगा था मुझे बौद्धमत, बल्कि मैं सोचती थी : कितना विवेकशील धर्म है! मेरा मतलब अगर आदमी धर्मपरायण हो। मुझे यह धर्म जीवन के लिए बहुत व्यावहारिक लगा था, कम से कम यूँ ही जो मैं समझ पाई थी। काम के बाद आमेली घर पर हमेशा शिर नमन किया करती थी, जो मेरे विचार से रीढ़ की हड्डी के लिए एक अच्छी ट्रेनिंग थी और बौद्धिसत्व वाला किस्सा भी बुरा नहीं था। जब किसी को कोई समस्या होती है तो आमेली अपने सारे काम छोड़ छाड़ कर मदद करने को तैयार होती है। बहुत ज्यादा परोपकारी है। स्वभावतः यह एक बोझ भी बन सकता है। खास तौर से जब तुम्हें कोई मदद नहीं चाहिए होती। तब तुम हक्के-बक्के खड़े रह जाते हो। चार साल पहले मुझे स्लिप डिस्क हुई थी तो कई बार मैं फोन नहीं उठाती थी या दरवाज़ा नहीं खोलती थी, क्योंकि मुझे डर लगता था कि आमेली आकर मुझमें पुनः ऊर्जा-संचारण न करे। इसे वह उमड़ना कहती है, जो इलाज का एक तरीका है, ऊर्जा प्रवाह के माध्यम से। प्रवाह करने वाला शरीर के कुछ निश्चित अंग कस कर पकड़ लेता है, जैसे दायाँ हाथ गले पर और बायाँ हाथ तलवे पर और तुम्हारी मदद करने के लिए वह कई घंटे इसी मुद्रा में खड़ा रहता है। तुम खुद कुछ बेआराम सी वहाँ पड़ी रहती हो, और अगर तुम ऐसी नहीं हो जो घंटों तक एक व्यक्ति का साथ पसन्द करती हो तो ऐसी एक चिकित्सा के बाद तुम थक कर चूर हो चुकी होती हो। यह मैं आमेली को किसी तरह ठीक से समझा नहीं सकती। खासकर इसलिए कि उसकी सहायता लेने से मना करना कृतघ्नता का संकेत होता। ब्रूनो हमेशा कहता है कि मुझे हदबन्दी में रहना चाहिए। लेकिन यहीं पर मेरी सच्चाई सामने आती है कि मैं एक औरत हूँ, साथ ही लेखिका भी हूँ। औरत होने के नाते तुम किसी हद तक हर मामले में खुद को भीतर से महसूस करती हो और स्वभावतः लेखिका होने के नाते भी। और मुझे मानना पड़ेगा कि यह एक मंत्रमुग्ध करने वाला दृष्य था, जब आमेली द्वारा कहानी सुनाने के बाद मनन चिंतन के माध्यम से उसने अपना पूरा शरीर, सिर तक, लुप्त कर दिया था। मैंने इसे अपनी आँखों से होते देखा है। सिर्फ यह कि आमेली ने इसे चित्र रूप में प्रस्तुत करने का इरादा करके नहीं किया था। वह देहहीन बुद्ध को प्रस्तुत कर रही थी। और मैं फिर वहाँ खड़ी थी, किसी हठधर्मी, मंदबुद्धि मनुष्य की तरह जो केवल उसी पर विश्वास करता है, जो वह देखता है। और सब लोग जानते है कि इस दुनिया में ऐसी चीजें

हैं, जो नजर नहीं आतीं। लेकिन यक़ीन करने में मैं हमेशा कमज़ोर रही हूँ। ख़ास तौर से धर्म पर से सम्बन्ध रखने वाली चीज़ों पर। यूलिया को यह गुण मुझसे विरासत में मिला है।

प्रायमरी स्कूल की पहली कक्षा यूलिया को इटली में एक गाँव-कस्बे में करनी पड़ी थी, क्योंकि जब वह वहाँ रहने गयी थी तो उसे इतालवी नहीं आती थी। वहाँ जब कैथोलिक शिक्षिका ने बच्चों को संत बेनेडिक्ट की एक कहानी सुनाई थी कि कैसे उसे एक संत ने कौवे के रूप में विषाक्त होने से बचा लिया था तो पहले तो यूलिया आह्लदित हुई थी, परन्तु बाद में क्रोधित हुई थी। कहानी सुनाने के बाद शिक्षिका सुनाने लगी कि यह "हेंज़ल और ग्रेटल"[1] जैसी कोई मनगढ़ंत कहानी नहीं थी, बल्कि सच्चाई थी। शाम को यूलिया घर आयी तो बड़े गुस्से में थी। वह बोली कि प्रायमरी स्कूल की टीचर सुन्दर कथा सुना सकती है, वह स्वयं भी विश्वास कर सकती है कि संत स्वयं को कौवे का रूप दे सकता है, लेकिन उसे यह नहीं कहना चाहिए कि यह सच्चाई है। वह सिर्फ़ यह कह सकती है, यूलिया ने अश्रूपूरित नेत्रों से कहा कि वह स्वयं इस पर विश्वास करती है। और आमेली भी बौद्धमत के मामले में ज़रा सी वैसी ही थी जैसी यूलिया की टीचर थी। तब इटली में वह साल भी नरक बराबर था। वहाँ दक्षिण में मैं अपने भूतपूर्व पति से एकदम पृथक हो कर रहती थी। कोई सोच भी नहीं सकता कि वहाँ क्या-क्या हो रहा था। किसी तरह मुझे पता चल गया था। मैं इटली जाकर नहीं रहना चाहती थी। लेकिन मेरे भूतपूर्व ने कहा था कि हम बर्लिन में, जहाँ हम पहले रहा करते थे, रहने का भार लगातार नहीं उठा सकते, और वैसे भी इतालवी गाँव मेरे फेफड़ों के लिए बेहतर रहेगा। अब इसके विरोध में तो कुछ कहा नहीं जा सकता। तब मुझे बार-बार निमोनिया हो रहा था, जिसका सम्बन्ध अवश्य मेरे भूतपूर्व से मेरे सम्बन्धों से होगा, जो बर्लिन में नाकाम रहा था। और फिर इटली में देहाती माहौल में। मैं किसी को नहीं जानती, जो वहाँ दक्षिण में पृथक रहता हो या तलाकशुदा हो। मेरे भूतपूर्व पति ने स्वभावतः मुझे सब्जबाग दिखाये। वह वहाँ ऊपर अपनी दाख़बारी में रहना चाहता था, और यूलिया और मैं नीचे नगर के एक फ्लैट में रहते थे। लेकिन बाद में मालूम पड़ा कि सर्दियों में उसका घर रहने लायक नहीं था और सीलन भरा था। बार-बार उसे जुकाम होता था, और उसे हमारे फ्लैट में आकर रहना पड़ता था, जिसमें तीन छोटे कमरे थे जिनमें से एक बिना खिड़की का कमरा था, जो दोनों कमरों को मिलाता था। फिर वह अपना जुकाम लेकर वहाँ सोफ़े पर पड़ा रहता था और पड़े-पड़े ही लिखता रहता था, शोर से परेशान, जो वह वैसे भी हमेशा होता था। हमें घर में, जब हमें रसोई में या संडास जाना होता था,

1. एक जर्मन परीकथा

दबे पाँव चलना पड़ता था। अगर ऐसी शादी टूट जाए तो इसमें कोई हैरत की बात नहीं।

खुदगर्ज़ कहीं की, मेरा भूतपूर्व रातों को मेरे बिस्तर की बगल में खड़ा होकर दाँत पीसता हुआ बोल रहा होता है। तू सिर्फ़ एक बार ही मेरा यक़ीन करके देख ले तो, उसके पास खड़ी मेरी माँ कुड़कुड़ा रही होती है। सिर्फ़ एक बार ही मान लेती कि गलती तेरी है, मेरा भूतपूर्व जोड़ता है। एक बार कोशिश तो करती मुझे समझने की, हाँफ़ती हुई मेरी माँ कहती है।

मेरा भूतपूर्व : सिर्फ़ एक बार! कि मुझे माफ़ कर दो! मुझसे ग़लती हो गयी है।

मेरी माँ : एक बार कभी खुल के बोलती!

मेरा भूतपूर्व : हाँ कहना, हाँ मुझसे गलती हो गयी है ...

मेरी माँ : या सिर्फ रो पड़ना ...

मेरा भूतपूर्व : सॉरी कहना ...

मेरी माँ : मुझे माँ कहना, हमेशा मामा नहीं ...

मेरा भूतपूर्व : सॉरी... और बात खत्म हो जाती।

मेरी माँ : सिर्फ एक बार मामा की जगह माँ...

मेरा भूतपूर्व : क्योंकि जब मैं किसी के जज़्बातों पर चोट पहुँचाता हूँ तो...

मेरी माँ : मामा बहुत अपमानजनक लगता है...

मेरा भूतपूर्व : मैं कसूर उसके सिर पर नहीं डालता, जिसे मैंने चोट पहुँचाई है...

मेरी माँ : मामा... में कितनी दूरी होती है...

मेरा भूतपूर्व : ...बल्कि तब मैं कहता हूँ...

मेरी माँ : माँ...

मेरा भूतपूर्व : सॉरी...

ठीक से बताऊँ तो मुझे निमोनिया होना तब शुरू हुआ था जब मेरे पिता को अल्त्सहाइमर की बीमारी हो गयी थी और वह लिंत्स के वृद्धाश्रम में पड़ा हमेशा साँस लेते हुए घरघराता था। तब हम बर्लिन में रहते थे और वहाँ से आने के बारे में हमने नहीं सोचा था। अन्ततः मैं हफ्ते में दो बार बर्लिन से लिंत्स आया-जाया करती थी। तभी यह मुसीबत शुरू हुई थी। जब मेरा पति मेरे पीछे-पीछे कमरे में दाखिल होता था या अचानक मेरे कमरे में प्रकट हो जाता था तो मैं हमेशा हचक जाती थी। ज़्यादातर

तब भी, जब वह अपने विचार प्रकट करता था। बहुत समय से उसका मत था कि उसके बगैर मैं किसी काम की नहीं रहूँगी, और फिर वह इसी तरह की टिप्पणियाँ कर-कर के मुझे सताया करता था। जाहिर है कि मैं तभी उसे छोड़ देना चाहती थी, लेकिन मैं कहती थी कि हाँ, हर चीज़ की आदत भी तो पड़ जाती है, और फिर अनदेखे भविष्य की बजाय डर ही बेहतर लगता है, जो-जाना पहचाना तो होता है। नताशा कम्पूश[1] को देख लो! या मेरे फ़िज़ियोथेरापिस्ट को! मेरे पिता की मृत्यु के दो साल बाद मेरी माँ की लम्बी बीमारी शुरू हुई थी। तब फिर से वही: बर्लिन, लिंत्स, बर्लिन, लिंत्स। यूलिया तब बर्लिन में प्राथमिक स्कूल की पहली कक्षा में जा रही थी। और इस स्थिति में मेरे भूतपूर्व को यकीन हो गया : हम हमेशा के लिए बर्लिन का खर्च नहीं उठा सकते। अब बाद में मैं कह सकती हूँ : वह हमेशा के लिए बर्लिन का खर्च नहीं उठा सकता था। लेकिन तब मुझ पर यह स्पष्ट नहीं हुआ था। मूलतः मुझ पर तब भी यह स्पष्ट नहीं हुआ था, जब मैं तब एक साल बाद यूलिया के साथ आस्ट्रिया वापस गयी थी। मुझे अब भी याद है कि जब मैं छुट्टियों में छुप-छुपा के आस्ट्रिया में एक फ्लैट ढूँढ़ रही थी, तो मैंने ट्रेन के सफर के दौरान सोचा था कि मैं अपनी उस उम्र में (तब 44) क्या कर सकती थी, अगर.... मैं लेखन से अपना गुज़ारा न कर पाई तो। ये सोचकर मैं डर गयी कि मुझे सम्भवत : किसी स्टूडेंट कैफ़े या ऐसी ही किसी जगह वेटर का काम करना पड़ेगा। बहुत सोचने के बाद भी मुझे और कोई धंधा नहीं सूझा। बहुत हुआ तो मैं प्रकाशन-संस्कर्ता का काम कर सकती थी, पर मुझे देगा कौन यह काम? और देखिये ज़रा, यह भी आश्चर्य का विषय है, ज्यों ही कभी कोई किसी गम्भीर स्थिति में पड़ता है तो ऐसी-ऐसी स्थितियाँ खोज निकालता है, जिनका वह पहले कभी सपना भी न लेता। यही मैंने अपने फ़िजियोथेरापिस्ट से भी कहा है, शुरू-शुरू में सब उससे ज्यादा निराशाजनक लगता है, जितना वह होता है। आदमी सोचता है कि वह अकेला अपने घर बैठा होगा और बेमर्जी से काम करने जाएगा। और फिर होता उलट ही है, राहत का एहसास होता है! एक बार फिर आदमी चैन से साँस लेता है। हालांकि मेरे मामले में ऐसा नहीं हुआ। इससे उलट ही हुआ। आस्ट्रिया में हमारे नये जीवन की शुरुआत के साथ-साथ ही मुझे फिर से निमोनिया हो गया। फिर जुएँ पड़ गयीं (पता नहीं कहाँ से) और पिस्सू (यह तो अवश्य बिल्ली से आये थे, जिसे वैसे तुरन्त ही केंचुए और टेप वार्म पड़ गये थे, डाक्टर का कहना था कि यहाँ की संस्कृति को वह अचानक सहन नहीं कर पायी। लेकिन उसने हमारी बिल्ली को “आज़ाद बिल्ली” का नाम भी दिया था, क्योंकि उसे

---

1. नताश कम्पूश का 1998 में 10 साल की आयु में विएना में अपहरण कर लिया गया था, और 2006 में वह अपहरणकर्त्ता की क़ैद से निकल भागने में सफल हुई थी।

बगीचे में जाने की इजाज़त थी)। बहरहाल, जुएँ, केंचुए और टेप वॉर्म। और वह भी स्कूल शुरू होते ही। जबकि अभी कपड़े धोने की मशीन नहीं थी हमारे पास। हम सत्र शुरू होने से एक सप्ताह पहले इटली से पहुँचे थे। तब निचली मंजिल के एक फ़्लैट में। सामने सड़क पर शोर का माहौल था, पीछे खूबसूरत बाग था, और दैन्यूब नदी एकदम नज़दीक थी। नुक्कड़ पर ही प्राथमिक स्कूल था, शिशु-सदन के साथ। बड़ा भारी तनाव था यह। नतीजा; अनिद्रा, डर। फिर भीः कुछ ताक़त बची हुई थी। उसके अलावाः किस्मत बहुत अच्छी थी।

तो पहले ही दिन यूलिया की स्कूल में सोलांगे से जान-पहचान हो गयी। और वस्त्रागार में मेरी जान-पहचान अलग से सोलांगे की माँ से हो गयी। मैं अपना परिचय देती हूँ, कुछ बातें करती हूँ, हम यहाँ नये आये हैं, इटली से आये ही हैं, तभी आमेली बोलीः सोलांगे का पिता भी अभी-अभी इटली रहने गया है। और वह वृद्धाश्रम में नर्स है और व्यायाम करवाता है। वह भी नहीं समझ पा रही थी कि अकेली वह सब कुछ कैसे करेगी। मुझे साहित्य-पाठ के लिए यात्राएँ करनी होती थीं। हमने परस्पर मिल कर एक-दूसरे के बच्चों का ध्यान रखने का फ़ैसला लिया। अब तक बौद्धमत वगैरह के बारे में हमारी कोई ज्यादा बातचीत नहीं हुई थी, हम तो खुशी से फूले नहीं समा रहे थे कि हम एक-दूसरे से मिल गये हैं। मैंने इसका श्रेय संयोग को दिया और आमेली ने कर्म को। यूलिया को नया शहर अच्छा लग रहा थाः दैन्यूब के तट पर साइकलिंग, रोलर-स्केटिंग, स्विमिंग-पूल और झीलें, थियेटर, सिनेमा, यह सब एक इतालवी गाँव में सम्भव नहीं था। बिल्ले को भी अच्छा लगा था, तब वह बाहर जाया करता था। दुछत्ती वाले फ़्लैट में आने के बाद वह हमारा पालतू बिल्ला बन गया था। दो साल वह फ़्लैट के दरवाजे के सामने पड़ा मियाऊँ-मियाऊँ करता रहता था, हताश सा। इसलिए हमने छोटी बिल्ली का इंतज़ाम किया था। ताकि बिल्ले के पास कुछ करने को हो। लेकिन अब वह खुद को हमेशा बेइज़्ज़त महसूस करता है। पर जो मैं कहना चाहती थी : तब संकटपूर्ण स्थिति थी, सेहत के लिहाज़ से और वैसे भी, पर फिर भी मैं बैठी और मैंने एक उपन्यास लिख लिया। कुछ कुछ बुखार में। निमोनिया, जैसा मैं बता चुकी हूँ। कहना क्या चाहती हूँ मैं : उपन्यास पूरा हुआ, छपा और सप्लाई किया ही गया कि तत्कालीन प्रकाशक का दीवाला निकल गया। यह मुझे दंतचिकित्सक के यहाँ मालूम पड़ा। तब मेरे दाँतों में समस्या थी, क्योंकि जब तनाव की स्थिति हद से बढ़ जाती है तो सबसे पहले दाँतों में दर्द होता है। तो मैं दन्तचिकित्सक की कुर्सी पर अधलेटी थी, और डाक्टर खुदाई कर रहा था तो तभी मैंने रेडियो में प्रकाशक का दीवाला निकलने की ख़बर सुनी। जब मैंने डाक्टर को बताया कि यह ख़बर मेरे ही प्रकाशन की थी तो वह द्रवित हुआ। एक बात मैं तुरन्त समझ गयी : मुझे अपने नये उपन्यास के सर्वाधिकार वापस लेने होंगे, क्योंकि

टीवी के 'साहित्यिक चार' कार्यक्रम में उसकी समीक्षा की जाने वाली थी। लेकिन वे तब तक समीक्षा नहीं करेंगे जब तक किताब मार्किट में नहीं आएगी। तब फिर मेरे नये प्रकाशक और ब्रूनो ने मेरी बहुत मदद की थी। मेरे नये प्रकाशक ने तुरन्त कहा था : हो जाएगा काम। मुझे मानना पड़ेगा कि शुरू-शुरू में मुझे भी शंका थी। इसकी कल्पना नहीं की जा सकती कि दीवाले के ज़ारी मुकद्दमे में कुछ कर पाना कितना मुश्किल होता है। यह मुझे 'लेखकों के हितों की रक्षा करने वाली सोसाइटी' के कार्यकारी अध्यक्ष ने कहा था, मुझ द्वारा फ़ोन करने पर उसके पहले शब्द थे : चलते हुए मुकद्दमे में तुम दख़ल नहीं दे सकती। फिर भी मैंने अपने नये प्रकाशक तथा ब्रूनो की मदद से कोशिश की और आख़िरकार मुझे कामयाबी मिली। लेकिन पूछिए मत कि कैसे : रातों को फ़ोन पर वार्तालाप, फ़ैक्सों और पत्रों का आदान-प्रदान, वकीलों से सलाह, दिवाला-प्रबंधक को ई-मेल, अख़बारों को खुले पत्र, और न जाने क्या-क्या। मामला कमाल का बिगड़ा, क्योंकि अन्त में पता चला कि मेरे तत्कालीन प्रकाशक ने अपने लेखकों के सर्वाधिकार एक कम्पनी के सलाहकार को बेच दिये थे और फिर बाद में उससे पट्टे पर ले लिये थे। प्रकाशन के क्षेत्र में एकमात्र ऐसा मामला। मेरे सर्वाधिकार कम्पनी के सलाहकार के पास थे, लेकिन वह किसी प्रकाशनघर का मालिक नहीं था। मेरे नये प्रबन्धक ने रात-दिन के हर सम्भव समय में कम्पनी के सलाहकार, दिवाला-प्रबन्धक और उसके वकील से सम्पर्क बनाये रखा, जबकि ब्रूनो ने मुझ पर दबाव बनाये रखा कि थकान से चूर होने के बावजूद मैं देर रात तक खुले पत्र और फ़ैक्स भेजती रहूँ। दीवानापन था यह : तो अब, जब मैं यह सब लिख रही हूँ तो मुझे बिल्कुल हैरानी नहीं होती कि मैं अब इतनी उत्तेजनशील क्यों हूँ। रजोनिवृत्ति तथा यौवनारम्भ के वर्ष तो चलते रहते हैं, ऐसा कुछ इन्सान को उसके जीवन में खा जाता है। अगर आप लेखक होते और मैं पाठक, तब मैं शायद आपको कहती; इस पर आप एक उपन्यास लिख सकते हैं। कई पाठकों ने मुझसे यह कहा है। कुछ ने तो ठोस प्रस्ताव रखे हैं : मैं आपको अपनी कहानी सुनाता हूँ और आप उपन्यास लिखिए। कहना आसान हैः दूसरी तरफ़ : यह दिखाता है कि सबको अपना बोझ खुद ही उठाना होता है, किसी को कम, किसी को ज़्यादा। ज़िन्दगी ऐसे भी इन्सान को हिला कर रख देती है और वैसे भी। अगर आप में दम ब्रूनो जैसा न हो। ब्रूनो सिर्फ़ एक चीज़ से विचलित होता है, जब तुम उसे टोकती हो। नहीं तो इस्पात का स्नायु-तंत्र है ब्रूनों का, सबसे ज़्यादा गुस्सा उसे पार्किंग के लिए जगह ढूढ़ते समय आता है। तब वह ऐसा संवेदनशील होता है, जैसे यौवनारम्भ के द्वार खड़े किशोर या रजोनिवृत्ति करती औरतें। अगर उसे तुमने पार्किंग की ख़ाली जगह दिखाई और उसने वह स्वयं नहीं ढूँढ़ी तो वह सीधा आगे निकल जाएगा। तब नज़र आता है कि आदमियों और औरतों में कितना बुनियादी फ़र्क होता है। मेरा

मतलब है : मैं खुश दूंगी अगर कोई मुझे बतायेगा : वह रही पार्किंग की खाली जगह! मैं बिल्कुल इस चीज़ का इन्तज़ार करती हूँ कि कोई मुझसे यह कहे। मगर ब्रूनो नहीं! वह हमेशा यही कहता है कि जब वह पार्किंग हो सकने वाली जगह से आगे निकल जाता है तो उसे बताया जाता है, "वह रही पार्किंग की खाली जगह!" हाँ, मैं कहती हूँ, ठीक कह रहे हो। लेकिन इसकी वजह यह है कि पार्किंग की जगह ढूँढ़ते हुए ब्रूनो बहुत तेज़ गाड़ी चलाता है। मेरा मतलब है कि मैं तेज़ी से चलाते हुए यह उम्मीद नहीं कर सकती कि मुझे पार्किंग की जगह मिल जाये। अगर मैं एक खाली जगह ढूँढ़ना चाहती हूँ तो मुझे कुछ धीरे गाड़ी चलानी होगी। ब्रूनो कहता है कि उसे यातायात के प्रवाह में चलना होता है। वर्ना पूरा यातायात ठप्प हो जाएगा। देखा आपने, इस कथन में थोड़ी आक्रामकता भी है। क्योंकि उसे पार्किंग की खाली जगहों के सामने से तेज़ी से निकलना पड़ता है। अब यहाँ बहस तो नहीं हो सकती। वर्ना कोई और वहाँ गाड़ी लगा देगा। लेकिन इस चीज़ को छोड़ दो तो उसके दिमाग़ में फ़ौलाद है। बहुत हुआ तो वह तब घबरा जाता है जब वह कुछ पका रहा हो और कोई उसे टोक दे। मेरे ख़याल से यह भी एक अवश्यभावी प्रतिक्रिया है। और फिर तुम अगर इस किस्म के बन्दे हो जो सब कुछ गटक जाता हो, चाहे चीज़ कैसी भी बनी हो। मगर मैं इस किस्म की हूँ, जो सलाद छोटा-छोटा नुचा खाती है, जबकि ब्रूनो सलाद के पत्ते खाता है। अब तुम कहोगे : क्या फ़र्क पड़ता है। लेकिन मैं कहती हूँ: पड़ता है। क्योंकि सलाद के बड़े पत्तों की बड़ी समस्या है कि उन्हें मुँह में पूरा ठूँसना पड़ता है, जिससे सलाद का रसेदार मसाला तुम्हारी ठोड़ी पर बह रहा होता है और फिर उसके कपड़ों पर हमेशा धब्बे डालता है, जबकि मैं न के बराबर डालती हूँ। ब्रूनो भोजन की सामग्री फूहड़ता से काटता है, जबकि मैं परिष्कृत ढंग से उसके टुकड़े करती हूँ। अब यह एक आरोप तो होगा जब मैं कहूँगी कि वह इतना आलसी है कि परिष्कृत ढंग से काटने की मुसीबत नहीं लेता। वह सिखाने लायक भी नहीं है कि हाथ से काम करे। जब मैं प्याज़ को काट कर गोल लच्छे बनाती हूँ तो स्वभावतः काम ज़्यादा होता है। इसलिए ब्रूनो कुछ समय पहले रसोई में इस्तेमाल की एक मशीन ले आया है। वह उसी के पास नीचे रहती है, क्योंकि मेरे पास जगह नहीं है। यह मशीन तक़रीबन सब कुछ कर सकती है। आटा मिलाती है, गूँधती है और मसलन प्याज भी बढ़िया छोटे-छोटे काट देती है। मुझे ऐसे उपकरण पसन्द नहीं हैं। क्योंकि जो बचत काम की एक तरफ़ होती है वह दूसरी तरफ़ से बराबर हो जाती है। इस्तेमाल करने के बाद यह मशीन एकदम गंदी हो जाती है, और बर्तन धोने की मशीन में इसे धोया नहीं जा सकता। मतलब, बाद में तुम खड़े हुए इसके अंजर-पंजर अलग कर रहे होते हो और बहते पानी के नीचे रगड़ कर धो रहे होते हो। जो काम ब्रूनो बड़ी ईमानदारी से करता है। इससे तो मैं दो प्याज़ खुद ही काट

लूं। उफ़्फ़, आलस भी एक सापेक्ष परिकल्पना है।

ब्रूनो का खुद का ख़याल है कि उसकी मानसिक शक्ति पाल-नाव चलाने और लहरों पर गतिमान होने से आती है। क्योंकि, ब्रूनो कहता है, पानी और हवा से मुख़ातिब होने पर तुम ज़िन्दगी में दो चीज़ें सीखते हों : अवलोकन और सामंजस्य! कभी हवा के ख़िलाफ़ मत चलो, हमेशा उसके साथ चलो। ख़ैर, मुझे नहीं पता। तब मैं अपनी पोत वाली दुर्घटना के बारे में सोचती हूँ। ब्रूनो ने नौका चलाने के अनगिनत पाठ्यक्रम किये हैं, एडवांस कोर्स, ऐ-सर्टिफ़िकेट, खैर पहले बी-सर्टिफ़िकेट तो किया ही था, लेकिन फिर उसके बाद ख़राब मौसम में चलाने, रात को चलाने और दो पतवारों वाली नाव चलाने, बड़े पाल वाला जहाज़ चलाने और न जाने कितने कोर्स किये हैं ... शुरू-शुरू में जो प्राथमिक कोर्स किये थे, उनकी तो बात ही क्या, जो उसने बाद में सिखाये भी थे। अपने परिवार या हमारे साथ सप्ताहाँत बिताने की बजाय। या अपने कागज़ात सही करने के बजाय। या फिर, चूँकि वह अपने परिवार से अलग हो चुका था, अपने नये .फ़्लैट में फ़र्नीचर वगैरह लगाने की बजाय। या फिर तलाक़ लेने की बजाय। लेकिन नहीं। वह बस अभ्यास ही करता रहा। लेकिन दूसरी तरफ़ मुझे मानना पड़ेगा कि उसके मानसिक बल पर शक़ नहीं किया जा सकता। मेरे ख़याल से इन्सान को शायद कोई शौक़ पालने की जरूरत होती है। मसलन मेरा कोई शौक़ नहीं है। तेत्रीस खेलने के अलावा, और मैं नहीं जानती कि क्या इससे मेरा स्नायुतंत्र धीरे-धीरे मज़बूत होगा। पाल-नौका चलाने का तो मेरे लिए सवाल ही नहीं उठता। वो भी सिर्फ़ इसलिए कि मुझे पाल-नौकाएँ पसन्द ही नहीं हैं। ऐसी नौका में मुझे हमेशा तंग होकर बैठना पड़ता है। अगर तुम कहीं आराम से बैठती हो तो गारंटी है कि वह जगह कप्तान के सामने होगी, जहाँ से उसे अपनी शिम्बियाँ और जाल खींचने होते हैं, या तुम बहुत ऊँची बैठी होती हो, जिससे कि जब भी तुम घूमती हो तो ख़तरा रहता है कि कोई बड़ा पेड़ तुम्हारी खोपड़ी पर आकर लगेगा। या तुम चप्पू के रास्ते मैं बैठी होती हो। सबसे बुरा तो तब होता है जब तुम्हें नाव में रात गुज़ारनी होती है। उसके मुकाबले में तो मेरी मचान एक कैथीड्रल है।

ऐसी नाव के कैबिन में तुम सपाट होकर रेंगती हुई किसी चपटी .फ़्लांउडर मछली की तरह घुसती हो। अधिकतर तो तुम बिस्तर पर बैठ ही नहीं सकती, बैठो तो सर फूटेगा, इसी वजह से मेरा और ब्रूनो का कैबिन इतना घृणात्मक लगता थाः कोई भी उसमें लेटे-लेटे सफ़ाई नहीं कर सकता! बाद में इसका नतीजा यह निकला था कि पोत-दुर्घटना के बाद हमें न हमारे पैसे और न ही मोबाइल फ़ोन वापस मिले थे, जबकि दीदी को, जो या तो लेटे-लेटे सफ़ाई कर लेता होगा या उसके कैबिन की छत हमसे ज़रा ऊँची होगी, उन पुलिस वालों से दोनों चीज़ें गीली हुई मिल गयी थीं, जिन्होंने हमारे पीठ-झोले और बैग डाकुओं से बचा लिये थे। नाव में तुम्हें सिर को हर जगह

सिकोड़ कर रखना होगा। अगर नाव में तुम्हारा दौरा एक हफ़्ते का हुआ तो तुम्हारी कमर टेढ़ी हो जाएगी और सिर पर कई गूमड़ पड़े होंगे। काउज़ा पाल-नौका की सवारी करने के बाद यूलिया और मैं शत प्रतिशत सहमत हैं कि इससे बुरा अनुभव तो हो ही नहीं सकता। यूलिया भी तो दुर्घटना में हमारे साथ ही थी। ख़ैर बाद में आमेली का तो कहना था कि या तो मैंने नाव-दुर्घटना को बुलावा दिया है या मुझे नाव-दुर्घटना का पूर्वाभास था और इसलिए मुझे पहले से ही नावों से और समुद्र से डर लगता था। दोनों बातें अगर ठीक हैं तो मुझे इस टूर पर जाना ही नहीं चाहिए था। उफ़्फ़, आदमी हमेशा बाद में सयाना बनता है। आमेली के संदर्भ में भी यह सही है। बाद में, जब मैंने काफ़ी समय से उससे दोस्ती ख़त्म कर ली थी तो मुझे ख़याल आया था कि मुझे यह दोस्ती उससे पहले ही ख़त्म कर देनी चाहिए थी। अब बौद्धमत वाले प्रश्न पर हम ध्यान न भी दें; आमेली का एक नियमित नौकरी का समय था और छुट्टियों का भी नियमित समय था। इसके विपरीत एक लेखक को हमेशा काम करना पड़ता है। या कभी काम बिल्कुल ही नहीं होता; निर्भर करता है। उसे कभी काम से बीच में फ़ुरसत मिल जाती थी, दोपहर का अन्तराल होता था, तो वह तुरन्त मुझे फ़ोन कर देती थी। उसे कोई फ़र्क नहीं पड़ता था कि मैंने लिखना शुरू भी किया है या नहीं। ईमानदारी से कहूँ तो वैसे भी मैं ज़्यादातर नहीं लिख रही होती थी, क्योंकि लेखिका होने के नाते तुम सारा दिन तो नहीं लिखती रहोगी न! ज़्यादातर तुम लेटी रहती हो या तेत्रीस खेलती हो। स्वभावतः तुम्हें उकताहट बहुत रहती है और तुम ध्यान बंटाने के हर मौके का इस्तेमाल करती हो। सिर्फ़ अगर तुम लेखक होने के नाते हर मौक़े का फायदा उठाती हो और सारा दिन अपनी सहेली से फ़ोन पर बातों में लगी रहती हो तो तुम तो जल्दी से लिखना ही छोड़ दोगी। मेरा मतलब, फ़ोन पर ऐसे बातें करने से ध्यान बँटता है। और इससे थकान भी होती है। ख़ास तौर से आमेली से बातें करके। आमेली की रुचि केवल अस्तित्ववादी विषयों में है। वैसे देखा जाए तो अच्छे विषय हैं। इसके विपरीत उसे साहित्य में कोई रुचि नहीं हैं। किसी तरह समझ में आने वाली बात है, अस्तित्ववादी दृष्टिकोण से भी। संक्षेप में : आमेली ने मेरी एक भी किताब नहीं पढ़ी। ऐसा कुछ स्वभावतः अवचेतन मन को बुरा लगता है। इसके अलावा वह ब्रूनो के ख़िलाफ़ थी। वैसे मैं उसे इसका उलाहना नहीं दे सकती, क्योंकि ब्रूनो के बारे में मैं खुद शिकायत करती रहती थी कि वह सलाद को फूहड़ तरीके से नोचता है, कि वह मेरी रुकी हुई फ़्लश की मरम्मत नहीं करता, कि वह तलाक नहीं ले रहा, वगैरह वगैरह। लेकिन जब हमेशा अस्तित्ववाद का ही राग अलापा जा रहा हो तो तुम अपनी सबसे अच्छी सहेली से और कौन सी बात कर सकती हो? लेकिन तब तो गुस्सा आता ही है न जब वह तुम्हें उसे छोड़ने को कहती है। ख़ासकर जब न जाने तुझे कितनी मेहनत करनी

पड़ रही है उसके प्रेमी को समझने के लिए। जब भी मैं माक्स के बारे में सोचती हूँ। वह हमेशा चिढ़ा रहता है, जब मसलन आमेली कोई पर्स उठाती है, जो उसे पसन्द नहीं है, या किसी से बात करती है, जिसे वह नहीं जानता या जब आमेली, उसके ख़याल से पैसे बरबाद करती है, क्योंकि वह होफ़र[1] से खरीदारी जो नहीं करती। लेकिन उससे पहले भी : दानियेल भी कम नहीं था। उसे पुलिस में नौकरी नहीं मिली, क्योंकि उनके लिहाज़ से वह बहुत आक्रामक था। फिर भी पुलिस-स्कूल में उसे ले लिया गया था, लेकिन तब वे वहाँ पर अभ्यास कर रहे थे। बैंक डकैती का अभिनय। दानियेल ने बैंक में डकैती डालने वाले को सचमुच गोली मार दी। गोलियों की जगह, ज़ाहिर है, छर्रे थे। पर पुलिस में उसे नौकरी नहीं दी गयी। उसकी आक्रामकता की वजह से। बाद में वह फ़ौज में भर्ती हुआ था, पर तब तक आमेली उससे अलग हो चुकी थी। वजह क्या थी, यह तो मैं नहीं जानती, लेकिन मेरे ख़याल से उनकी निभनी नहीं थी। सिर्फ़ उम्र में फ़र्क होने की वजह से ही। दानियेल आमेली से 12 साल छोटा था। लेकिन इस बारे में मैंने आमेली को कुछ नहीं कहा। और फिर माक्स आया। अगर मुझसे पूछें तो वह सचमुच कठोरता का एक नमूना था। बन्दा एक जीता-जागता बारूद का ढेर था। आमेली ने इस ओर ध्यान नहीं दिया था। इसकी वजह यह थी कि आमेली हमेशा एकदम निडर होती थी। आमेली रात को अपने घर के दरवाज़े की सांकल तक नहीं लगाती थी, इतनी निडर थी वह। इसका सम्बन्ध किसी तरह बौद्धमत से भी होगा, मेरा मानना है, कर्म से, अगर तुम हिसा से इसे जोड़ो तो, लेकिन थी काबिले-तारीफ़। माक्स का मगर ज़रा सी बात पर पारा चढ़ जाता था। बच्चों से व्यभिचार, बेघरबार लोग, विदेशियों और बेरोज़गारों जैसे विषयों पर तुम उससे बात नहीं कर सकती थी। आमेली और मैं इन विषयों पर विस्तार से बहस कर चुके थे : निजी तथा सामाजिक कारण इत्यादि। जैसा मैंने कहा है, औरत होने के नाते तुम दिलों के भीतर तक पहुँचती हो, और लेखिका होने के नाते भीतर ही भीतर तुम कुछ हद तक पेंसिल को घड़ रही होती हो। बहरहाल ये लम्बे-लम्बे वार्तालाप मुझ पर बहुत बोझ डाल रहे थे। कभी-कभी हम *टैरट*[2] के पत्ते भी लगाते थे। आठ या नौ घंटे तो हम कम से कम साथ होते थे। इससे तुम अपने बच्चों के और घर-गृहस्थी के प्रति लापरवाह हो जाते हो। घर के कामों में आमेली मुझसे अधिक क्षम थी। कई बार मेरे साथ *टैरट* बिछाने के बाद रात को 11 बजे वह .फ़्लैट से कबाड़ की सफ़ाई करने लगती है, और पाँच बजे तक करती रहती है। या बिना रुके नौ-नौ घंटे तक वैसे ही घर को साफ़ करती रहती है। मैं यह कभी

---

1. आस्ट्रिया में एक स्टोर, जहाँ चीज़ें सस्ती मिलती हैं।
2. तथाकथित भविष्यवाणी करने वाला तारा का एक खेल

न कर पाती। कभी नहीं। ठीक है, आदमी सोच सकता है : वह मुझसे दस साल छोटी है। हम अगर अलग हुए हैं तो उसकी वजह मैं हूँ। मुझमें सहनशक्ति कम है। मैं यह ज़्यादा नहीं कहना चाहती, क्योकि जैसा मैंने पहले भी कहा है, गत कुछ समय से मैं कुछ भी सहन नहीं कर सकती।

मसलन बिल्लियाँ कल रात। आठ साल पूरे मेरे बिस्तर में सोने के बाद बिल्ला एकदम अलग-थलग होकर बैठक में अपने कुत्ते वाले कम्बल पर सोता है। कभी-कभी बूढ़ा बिल्ला पटलिका के पर्दे से होकर मेरे बेड-रूम में सरक आता है, छोटी बिल्ली को मेरे पास पड़े देखता है और धीरे-धीरे वहाँ चला जाता है। आप विश्वास नहीं करेंगे, लेकिन यह मेरे दिमाग़ पर ज़ोर डालता है। वो इस वजह से कि मैं हर चीज़ में जज़्बातों के बस में आ जाती हूँ : एक बूढ़े बिल्ले के मामले में भी। मैं एक पूरी दख़लन्दाज़ी करने वाले किस्म की औरत हूँ। उसे हम इटली ले गये थे, क्योंकि बर्लिन छोड़ने के बाद यूलिया सब कुछ खो बैठी थी और उसने एक बिल्ली रखने की इच्छा प्रकट की थी। ज़ाहिर है कि तब बिल्ला अन्ततः मुझसे चिपका रहता था, क्योंकि यूलिया उसे न कुछ खिलाती थी और ना ही उसकी पेटी ख़ाली करती थी, तिस पर वह दिन भर स्कूल में रहती थी, और मैं घर में होती थी। लेकिन फिर भी वह मेरा और यूलिया का बिल्ला होता था। मैं माँ, और यूलिया छोटी बहन। उसकी नज़रों में। और आस्ट्रिया में शुरुआती सालों में, जब हम शाम को ब्रूनो के बिना खाने पर बैठते थे, क्योंकि वह तब अपने परिवार के साथ होता था, और जब बिल्ला डाइनिंग-टेबल पर तीसरी कुर्सी पर बैठता था तो यूलिया हमेशा कहती थी : बिल्ले के साथ हमारा अब एक पूरा परिवार बन गया है। नहीं तो हम दो ही होते! इसका श्रेय बिल्ले को जाता है। अब ऐसे होता है अक्सर कि जब रात को बिल्ला मेरे बिस्तर में मेरे साथ नहीं सो रहा होता, क्योंकि वहाँ पहले ही छोटी काली बिल्ली पड़ी होती है, तो मैं रात को उठकर छत पर चली जाती हूँ और रोती हुई सिगरेट पीती रहती हूँ, हालांकि अब काफ़ी देर से सिगरेट पीना मुझे रास नहीं आता। यह धूम्रपान का भी अपना एक अध्याय है : मैं इसे छोड़ नहीं सकती। मैंने दो-चार बार ज़िन्दगी में यह आदत छोड़ी है, लेकिन बाद में फिर कहीं शुरू हो गयी हूँ। जो कि आमतौर पर होता है लेकिन वास्तव में सिगरेट छोड़ना समस्यात्मक नहीं होता था। मैं छोड़ने का फ़ैसला करती थी और फिर सही समय का इन्तज़ार करती थी और फिर छोड़ देती थी। पिछले दो-तीन सालों से मैं फिर से सिगरेट छोड़ने की सोच रही हूँ, लेकिन सही समय आ ही नहीं रहा। हर बार तुम सोचती हो : सिगरेट छोड़ने का यही सही समय है, फिर तुम एक या दो दिन नहीं पीती, पक्के यक़ीन के साथ कि अब सिगरेट पीना हमेशा के लिए छूट गया, और फिर तुम देखती हो : फिर यह सही समय नहीं था। मेरे ख़याल से यह डर कि अब वैसे भी बहुत देर हो चुकी है, अपनी भूमिका निभाता

है। जो कोई इतनी बार निमोनिया होने के बाद भी धूम्रपान करता है, तुम सोचती हो, अपने भाग्य को चुनौती देता है, और तब तुम फिर इस डर से धूम्रपान करना शुरू कर देती हो कि तुम वैसे भी भाग्य को बहुत देर चुनौती दे चुकी हो।

गत कुछ समय से मेरा भूतपूर्व मचान पर छुप कर बैठा है। मेरे विचार से, मेरे बिस्तर पर जाने से पहले मेरी माँ ने घंटों उसके साथ पीने से मनाकर दिया है। मुझे रात की इन मुलाक़ातों से डर लगता है और इसलिए अब मैं देर से सोने जाती हूँ। ऐसी भी रातें बीती हैं, जब मैं सोने नहीं गयी। लेकिन यह मैं गर्मियों में ही कर सकती हूँ। तब मैं अपनी आरामकुर्सी में टांगें ऊपर करके छत पर बैठी रहती हूँ और वहीं पर ऊँघ लेती हूँ।

बीच-बीच में रोती रहती हूँ। अगले दिन मचान शराब की बदबू से भरी होती है। मगर पहली बात तो अब गर्मियाँ नहीं हैं, और दूसरी यह कि मैं नहीं चाहती कि मेरा भूतपूर्व छत पर कनेर की झाड़ियों के पीछे छुप कर मेरी घात में बैठा रहे। अब मैं उससे आख़िर पूरा छुटकारा चाहती हूँ। लेकिन अब तक उसने निर्णायक रूप से वह सब नहीं कहा, जो उसे कहना है। वह पीता है, वह कहता है, क्योंकि मैंने उसकी यह हालत बना दी है। यह तो मैं निश्चित जानती हूँ कि यह सच नहीं है। जब मेरी उससे जान-पहचान हुई थी तो वह पहले से पीता था। हाँ, मेरा भूतपूर्व कहता है, पर तब मुझे पच जाती थी। मैं उसे देखती हूँ। उसकी नज़र पहले जैसी चुभती हुई है। उसकी आँखों में लाल रेशे हैं, क्या पता वह कब से बिस्तर के बगल वाली कोठरी में सिकुड़ कर बैठा है, जहाँ मैं उसे मचान में प्रवेश करते हुए नहीं देख सकती। मेरा भूतपूर्व कहता है कि पहले, मुझसे मिलने से पहले जो भी पीता था, पचा लेता था, इसके अलावा वह, जो मैं सही से जानती हूँ–फिर से लाल रेशे भरी आँखों से एक चुभती नज़र – कभी इतनी ज़्यादा नहीं पीता था जितना उसे देखने से अब पता चलता है। मेरा भूतपूर्व, मुझे यहाँ मानना पड़ेगा, सचमुच सिर्फ़ तब पीता था, जब वह संगीत रचना नहीं कर रहा होता था या संगीत पर कोई शोध नहीं लिख रहा होता था। सब लोग सोचते हैं कि मैं इतनी कैसे पी लेता हूँ, अक्सर वह कहता था और हँसता था, मैं पीता सिर्फ़ तब हूँ, जब उसे देखता हूँ, उसका मतलब यहाँ निश्चित ही मुझसे नहीं था, क्योंकि मुझे तो वह रोज़ाना देखा करता था। जिसे कहते हैं दिन-रात। जब मैं अकेला होता हूँ, तब मेरा भूतपूर्व कहता था–इससे उसका मतलब होता था कि सिर्फ़ जब वह मेरे साथ होता था, क्योंकि हम वास्तव में वर्षों एक .फ़्लैट में एक साथ रहे हैं, जो हमें कभी नहीं करना चाहिए था, हमें कम-अज-कम अलग-अलग रहना चाहिए था या अलग-अलग काम तो करना ही

चाहिए था। जब मैं अकेला होता हूँ, मेरा भूतपूर्व हमेशा बेधड़क कहता रहा है, तब मैं बिल्कुल नहीं पीता। यह पूरी तरह सच नहीं है। मेरा भूतपूर्व जब मेरे साथ अकेला होता था तो तब भी पीता था। परन्तु सिर्फ़ तब, जब वह काम नहीं कर रहा होता था, अर्थात् संगीत-रचना में या लेखन में नहीं लगा होता था। वास्तव में मेरा भूतपूर्व अगले दिन जब संगीत-रचना करता था तो कुछ बरदाश्त नहीं कर पाता था। शाम को एक गिलास शराब पिया नहीं कि वह संगीत रचना नहीं कर सकता था। प्यानो बजाने की और कुछ लिख डालने की तो बात ही छोड़ो। वह स्वयं इसे एक सामान्य बात समझता था, हाँ, युक्तियुक्त समझता था। वह नहीं चाहता था कि कमज़ोरी में उसके मुँह से कोई ऐसी बात निकल जाए, जो वह बताना नहीं चाहता। वह भी शब्दाडम्बरपूर्वक। मेरा भूतपूर्व हमेशा ऐसा होता था, लहज़े में भी आडम्बर और शब्दों में भी आडम्बर, अपनी संगीत रचनाओं में और प्रकाशनों में, बल्कि संगीत-समीक्षक और अधिकतर धारावाहिक संगीत के प्रगतिवादी रचनाकार के रूप में भी वह इतना यथातथ्य होता था कि आदमी सुन और समझ ही नहीं पाता था कि क्या हो रहा है। और संगीत-रचना की तकनीक से जुड़ी ध्वनि के सिद्धान्त, संगीत-सौन्दर्य के शब्द तथा व्याकरण की हिंसा का भी, क्योंकि मेरा पति हमेशा अपने संगीत-सिद्धान्तों के शोधपत्रों में, अपनी संगीत-रचनाओं में जटिल से जटिल, अक्सर अलग ही रूपरेखा वाली समूहबद्ध चीज़ें पेश करता था, संगीत के सिद्धान्तों से जुड़े अपने शोधपत्रों में और अपनी रचनाओं में वह जटिल से जटिल वाक्य-संरचना इस्तेमाल करता था। साथ ही वह अन्त में सिम्फ़नी तथा सोनेट की प्रथम पंक्ति के लम्बे वाक्य बनाता था, जिसमें क्रियाएँ होती थीं, या मुख्य स्वर होता था, लम्बे अन्तराल होते थे, जो स्वयं नहीं जानते थे कि वे उस रचना में या शोधपत्रों में क्या कर रहे थे। स्पष्ट होता था मेरा भूतपूर्व संगीत की अपनी नकारात्मक समीक्षाओं में। मतलब जब ऐसा कुछ न हो, जिसे वह छिपाना चाहता हो। कुछ स्पष्ट न हो। खुद पर न हो। उसके अपने हीरो थे और एंटी-हीरो थे। अपने हीरो के बारे में लिखते हुए वह स्वयं को निरावृत कर देता था। संगीत के संदर्भ में वह प्रकृति तथा उसकी ध्वनियों का वर्णन शानदार कर सकता था। वैसा ही शानदार वह लिख सकता था, जब किसी पर न लिखना हो। कुछ ऐसा न लिखना हो, जिसे वह छुपाना चाहता है। कोई निश्चित व्यक्ति या वस्तु न हो। किसी हीरो या एँटी-हीरो पर न लिखना हो। तदनुसार अपने पर भी नहीं। पटरी से मत हटाकर, मेरा पति हर रात मेरे बिस्तर के पास खड़ा कहता है, तूने मुझे बरबाद कर दिया है, यह एक सच्चाई है। अपने रूखेपन से, अपनी असमर्थता से, अपने बेसुरेपन से, अपने ज़िद्दीपन से। और तेरी न मानने की नालायक़ी कि तुझसे गलती हो गयी है और सीखने की अयोग्यता से।

कभी शूमन[1] को नहीं सुना, ब्रह्मस[2] को, कम से कम शूबर्ट[3] को सुन लिया होता। कम से कम शूबर्ट के बाद वाले प्यानो-सोनाटों को सुन लिया होता। तुझे हमेशा आदर्श बनना होता है। तुझे हमेशा सब सही करना होता है। हमेशा सही होती है तू। सब की नज़रों में अच्छा होना होता है। और वह वो कहता है, जो वैसे भी वह हमेशा कहता रहा है, झल्लाने (मेरे झल्लाने) की हद तक, वह कहता है, सब ठीक-ठाक और ख़ूबसूरत हो सकता अगर तू एक बार कह देती, सिर्फ़ एक बार : हाँ, तू सही है, मुझसे ग़लती हो गयी है, सॉरी। हाँ, मुझे मेरे कानों का इलाज करवाना चाहिए। मैं नहीं जानती कि क्यों मेरा भूतपूर्व इस वाक्य को इतना महत्व देता रहा है और अब भी देता है। इसका मैं और कोई मतलब नहीं समझती कि यह वाक्य एक-प्रमाणित-हार बने, एक पूरी हार, एक वाक्य, जिसके बाद तू अपनी जान ले सकती है। उसके लिए यह कम से कम है। हर बार जब तू अपने भूतपूर्व के साथ होती है। ज़रा शीशा देख ले, मेरा भूतपूर्व कहता है, जो खुद सचमुच अपनी लाल रेशे वाली आँखों से गंदा लगता है, देख अपने को, कैसी लग रही है। अकड़ी हुई, कड़वी, बदमिजाज़। मुझसे तुझे अक्ल मिली है। जब मेरी तेरी जान-पहचान हुई थी तो हद से हद तू पीटर हाँडके और पाउल गेर्हाट की प्रशंसक थी। मेरे ज़रिये तेरा विश्व-साहित्य और सबसे महत्वपूर्ण संगीतकारों और संगीतज्ञों से परिचय हुआ : फाउल्कनर, हाउबनश्टॉक-रमाती, फ़ित्सगेराल्ड, ज़िबेलियुस, थोमास वोल्फ़े, लिगेती, हेंत्से, प्राउस्ट, तब तक तूने इनमें से किसी के बारे में न कुछ पढ़ा था, न सुना था। या फिर संगीत के व्याख्याकार आल्फ्रेड ब्रेंडल। ख़ासकर ब्रेंडल। अधिक लोकप्रिय गोउल्ड से बेहतर है वो। तुलना नहीं हो सकती। बल्कि मैं तुझे समकालीन संगीत के सर्वप्रथम शोज़ में घसीट कर ले जाता था, तेरा परिचय मैंने इलेक्ट्रोनिक विशेषज्ञों और रेडियो के लोगों से करवाया है और मेरे बग़ैर तू संस्कृति-निर्देशकों के नाम भी न जानती होती। तूने मेरा फ़ायदा उठाया है, साली चुहिया, मेरा भूतपूर्व कहता है और पुनः आक्रामक हो जाता है। यह तो वह ठीक कह रहा है। मेरा भूतपूर्व कुछ हद तक हमेशा सही होता है। और यह सिर्फ़ कैसे कहूँ मैं इसे, उसका कहने का ढंग है, जो इतना असहनीय है। क्योंकि तू सच को सहन नहीं कर सकती, वह कहता है, क्योंकि सच तो तूने पट्टे पर लिया हुआ है, मैं कहती हूँ। जो सच है, वह सच ही रहता है, भले ही इसे हमेशा मैं बोलूं और दूसरे हमेशा झूठ बोलें, मेरा भूतपूर्व कहता है। ठीक से कहूँ तो वह कहते हुए ज़रा सा तुतलाता है। फिर भी पूरे जलाल पर है। मैं किसी और ऐसे व्यक्ति को नहीं जानती जो हमेशा सही होता है, अपने को सही कहता है, और सही ही रहता है। मूलतः वह अपने आप को सही ही बताना चाहता है, सच्चाई वाली बात समय के साथ गुम हो जाती है। अगर तुम उसे सही

1., 2., 3. सुप्रसिद्ध जर्मन संगीतकार।

बात न करते पकड़ लो तो वह कहता है कि सब सापेक्ष होता है, और यहाँ भी वह सही ही कह रहा है। चूँकि वह हमेशा ठीक होता है, इसलिए मैं नहीं जानती कि दुबारा मैं कैसे उससे पिंड छुड़वाऊँ।

फिर से मैंने सप्ताहान्त के साहित्यिक परिशिष्ट में एक सनसनीखेज उपन्यास के बारे में पढ़ा है। सुखानुभूतिपूर्ण समीक्षा। ख़ासतौर से तारीफ़ में इस चीज़ को उठाया गया है कि इस सनसनीखेज उपन्यास में समाज की कैसे आलोचना की गयी है। मुझे भी नहीं पता कि इन दिनों जर्मनभाषी पाठकों को समाज की आलोचना में इतना आनन्द क्यों आने लगा है कि वे अब सिर्फ़ सनसनीखेज उपन्यास पढ़ना चाहते हैं, क्योंकि उनमें समाज की आलोचना हो सकती है। मैंने पहले भी कहा है कि दस साल पहले समाज की आलोचना को कोई वरीयता नहीं दी जाती थी। तब अगर किसी किताब में समाज की आलोचना होती थी तो उसे कोई नहीं पढ़ता था। और आज भी लोग समाज की आलोचना सिर्फ़ तब पढ़ते हैं, जब वह किसी सनसनीखेज उपन्यास में हो। एक पहेली है। मेरा मतलब है कि लगभग तीन-चौथाई जर्मन इसके ख़िलाफ़ हैं कि भूतपूर्व रेड-आर्मी फ्रैक्शन के आतंकवादियों को 24 साल बाद समयपूर्व जेल से रिहा कर दिया गया है। ये आतंकवादी क्रिस्टियान क्लार और ब्रिगिट्टे मोनहाउप्ट हैं। ख़ासकर मोनहाउप्ट के प्रति उनका रोष है, क्योंकि उसने पश्चात्ताप नहीं किया। उन्हे एक बार यह सोचकर देखना चाहिए कि हर आम सीरियल-हत्यारा, अगर वह पागलखाने में भर्ती नहीं होता, तो कानून की सामान्य प्रक्रिया के अन्तर्गत ज़्यादा से ज़्यादा 15 सालों में छूट जाता है। और इस सामान्य प्रक्रिया में ज़्यादातर बीवियों के क़ातिल फँसते हैं, क्योंकि कठोर विशेषज्ञ यह तसदीक करने की बजाय कि वे बीमार हैं, उनके लिए पूरी सज़ा की सिफ़ारिश करते हैं। वहाँ पर प्रश्न उठता है कि समाज की आलोचना के प्रति यह दिलचस्पी कहाँ से जाग गयीं। होगा ऐसे कि समाज की सतह पर जो दिखाई देता है, उसके अवचेतन मन में उसके विपरीत कुछ होता है। मेरा मतलब है कि सार्वजनिक मत जरूरी नहीं कि वह हो जो एक अकेले इन्सान का हो। शायद अकेले इन्सान का मत है कि हम सब ऐसी परिस्थितियों में फँस चुके हैं, जिनसे निकल नहीं सकते। उससे जो प्रश्न किये जाते हैं, वे गलत होते हैं। ऐसे प्रश्न उससे नहीं पूछे जाते, जो उसके वास्तविक मत को बाहर लाएँ। लेकिन ऐसा कुछ सम्भव हो सकता है।

III

और अब कानों की बात करूँ। तीन सप्ताह पहले ही ब्रूनो ने मुझे कहा है कि उसे लगता है कि मैं ठीक से सुन नहीं सकती। पर मैंने ब्रूनो का यक़ीन नहीं किया। चूँकि मेरे विचार से ब्रूनो बहुत तेज़ बोलता है। इसलिए किसी को भी समझ में नहीं आता कि वह कहना क्या चाहता है। और मैं सोचती थी कि मैं उसका मतलब नहीं समझती थी और उसका कहना था कि मेरे कानों में नुक़्स है। लेकिन बाद में अब मुझे मानना पड़ रहा है कि वह ठीक कह रहा था। फिर मुझे कम से कमतर सुनाई देना शुरू हो गया और समय के साथ-साथ में सिर्फ़ ब्रूनो को ही नहीं समझती थी, बल्कि यूलिया को भी नहीं समझती थी। ब्रूनो हमेशा मुझे कहता रहता था कि मुझे कानों के डाक्टर को दिखाना चाहिए, लेकिन आजकल अगर तुम कानों के डाक्टर के पास जाते हो और महीनों पहले तुमने अगर उसमें टाइम नहीं ले रखा तो फिर उसके यहाँ घंटों प्रतीक्षा-कक्ष में बैठे रहोगे, और इसके लिए न मेरे पास वक्त है न सब्र। और फिर नुक्कड़ वाला कानों का डाक्टर हर उस बंदे को, जो उसके पास जाता है, ऑपरेशन करवाने की सलाह देता है। लिंडा को भी वह कान को ऑपरेशन करवाने की सलाह दे चुका है और मारिया को भी। ख़ैर, मैंने केमिस्ट की दुकान से नाक में दवाई डालने का एक स्ट्रो ले लिया था, क्योंकि दुकान वाली का कहना था कि शायद कान को नाक से जोड़ने वाली नली बंद है। मेरी नाक हमेशा बंद रहती है। लेकिन एक हफ़्ता स्प्रे डालने के बाद मेरी नाक और भी खुश्क हो गयी और मैं रोजाना ठीक से नहीं सुन पाती थी। खैर, तो फिर अपने नियमित डाक्टर के पास जाऊँ। क्या कहूँ—डाक्टर मेरे कानों के भीतर तक देखती है और कहती है कि कान पूरे बंद हैं। तू सोचती है कि तुझे अपने कानों को बेहतर ढंग से साफ़ करना चाहिए। लेकिन मामला इससे उलट है। डाक्टर मुझे पूरा यक़ीन दिलाती है कि ऐसा नहीं कि कानों की सफ़ाई कम की जाती है, बल्कि शायद बहुत ज़्यादा की जाती है। किसी भी हालत में कान में डंडियाँ मत मारो, और कानों की अन्दर से धुलाई भी मत करवाओ। डाक्टर कहती है कि लोग कानों में डांडियाँ मार कर साफ़ करते रहते हैं और इस तरह वे उन्हें बंद कर देते हैं, डाक्टर कहती है, और कानों को और भी ख़राब कर देते हैं। कान, मेरी डाक्टर कहती है, खुद को साफ़ कर लेते हैं। मुझे ताज्जुब हुआ सुन कर,

क्योंकि किसी कारण से मैं अब तक समझती थी कि सिर्फ जापानियों के कान ऐसे होते हैं, जो खुद को साफ़ कर लेते हैं। आख़िर में उसने पानी की एक बड़ी पिचकारी मार कर मेरे कानों से मैल निकाल दी। अब मैं फिर से सब सुन सकती हूँ। कुछ ज़्यादा ही। तब मुझे अपने पिता की याद आयी, जो अस्सी की उम्र के आसपास बहरे-से हो गये थे। उनकी यह समस्या साठ के आसपास शुरू हुई थी, मेरे ख्याल से। या शायद उससे भी पहले। यह धीरे-धीरे बढ़ी थी। मेरे पिता भी पहले समझते थे कि मेरी माँ जो बोलती है, वह समझ में नहीं आता। बोलने में भी और मतलब से भी। क्योंकि मेरी माँ रूअर-क्षेत्र से थी और मेरे पिता को हमेशा रूअर की बोली से चिढ़ रही थी। और बोलने के ढंग से भी। और–ग़लत अनुमान पर आधारित थी उनकी यह राय–ग़लत व्याकरण से भी। हम *मेज़ पर* बैठते थे, मेरे पिता कहते थे, तुम लोग *मेज़ के ऊपर* बैठते थे। मैं भी हमेशा इस पर हँसती थी। जब तक कि बहुत बाद में, मेरे ख़याल से मैं तब तक लेखिका बन चुकी थी, मैं यह नहीं समझी कि पापा उलटी बात कर रहे थे। मेरी माँ सही *मेज़ पर* ही कहती थी, जब वह *आउफ़ देम टिश* को छोटा करके *अम टिश* कहती थी। वैसे दूसरी तरफ़ देखा जाए तो व्याकरण कहाँ गलत होती है और कहाँ सही होती है? सिर्फ़ इसलिए कि जर्मनी का किताबों का बाज़ार बड़ा है, क्या हम आस्ट्रियाई आवारगर्द या ख़ानाबदोश को "ज़ांडलर" की बजाय "लंटश्त्राइषर" कहना शुरू कर दें! क्या कहते हैं अ.प? वैसे मेरे पिता बहुत समय तक मेरे कहे को ठीक से और माँ के कहे को ठीक से नहीं सुनते रहे थे। जब तक, लगभग अस्सी साल की उम्र के आसपास, उन्होंने मुझे भी समझना बन्द कर दिया। बीस साल से भी पहले मेरे पिता ने कहा था कि सुनने में समस्या यह होती है कि या तो तुम बिल्कुल नहीं सुनते या फिर उसमें ऊँचे-ऊँचे दूसरे शोर आ रहे होते हैं। और अब मैं इस बात को बड़ी अच्छी तरह समझ सकती हूँ। अन्ततः बात वहीं पर जाकर टिकती है; सब कुछ या कुछ नहीं। और कौन जाने, शायद मेरे पिता का बहरापन 50 से ही शुरू हो गया था, और अब मैं इसे विरासत में पाकर, अपने आप तो कान मेरे पता नहीं बहरे होते हैं कि नहीं, धीरे-धीरे पूरे बहरेपन की अवस्था की ओर कूच कर चुकी हूँ।

शायद पचास वर्ष से शरीर के सारे काम ढीले पड़ने शुरू हो जाते हैं; खुद साफ़ करने की प्रक्रियाएँ, कामेच्छा, चयापचय, हड्डियों की सघनता। इसलिए मैं विचार कर रही हूँ कि हार्मोन लेना क्यों न शुरू कर दूँ। लिंडे ने मुझे कड़ी चेतावनी दी है। हार्मोन बिल्कुल मत लेना, अभी पिछले सप्ताह ही उसने मुझसे कहा है, और पहले आमेली भी हमेशा मुझसे कहती रही है; : हार्मोन मत लेना। लिंडे सोयाबीन के उत्पाद लेने के पक्ष में थी। आमेली परम्परागत थाई औषधियों के पक्ष में : और मीशा परम्परागत चीनी औषधियों के पक्ष में, लेकिन मैं इन सब को आज़मा कर देख चुकी

हूँ। सोयाबीन के उत्पादों या थाई या चीनी परम्परागत दवाइयों ने कामेच्छा, चयापचय और हड्डियों की सघनता ठीक करने में तो कोई मदद नहीं की, बल्कि रात को छूटने वाले पसीनों और सबसे बढ़ करन भय के दौरों और खिन्नता को भी ठीक नहीं किया, और ऊपर से परम्परागत थाई औषधियाँ खाने से मुझे पेट दर्द रहने लगा और बाद में परम्परागत थाई औषधियाँ खाने से मुझे दस्तों की बीमारी लग गयी, जो लगातार एक महीना चलती रही। कोई असर न होने के बावजूद भी मैंने वैसे सोयाबीन के उत्पादों का सेवन जारी रखा है, क्योंकि इनका स्वाद मुझे अच्छा लगता है। लिंडे को कभी-कभी एक रात में सात-सात बार पसीने छूटते हैं। लेकिन वह फिर भी किसी भी हालत में हार्मोन नहीं लेना चाहती, क्योंकि उसे डर है कि हार्मोनों से उसे सीने का कैंसर हो जाएगा। पसीने छूटने से ज़्यादा लिंडे को सीने के कैंसर से डर लगता है। आमेली को किसी चीज़ से डर नहीं लगता, सीने के कैंसर से भी नहीं। आमेली का मानना है कि अगर रोज़ाना चिंतन पर बैठा जाए तो हार्मोनों की ज़रूरत नहीं रहती। अब सोचने की बात तो यह है कि आमेली मुझसे दस साल छोटी है। मतलब : कहना आसान है। या ज़्यादा आसान। दूसरी तरफ़ आमेली का हमेशा यही मत रहा है कि अगर इन्सान किसी चीज को सचमुच चाहता है तो वह सब कुछ हासिल कर सकता है। इसलिए वह जब निकम्मेपन की एक लम्बी अवधि के बाद या बहुत लम्बी सुस्ती मारने के बाद स्थिति में परिवर्तन लाना चाहती है तो वह ज़रा सा टहलने नहीं जाती, बल्कि, अगर नौकरी से समय निकाल सके तो, पूरा या आधा दिन टहलती रहती है। वो भी आराम से नहीं, बल्कि घूमने को अपनी घड़ी साथ लेकर, और बन्दर की गति से चलती है। जब आमेली तैरने जाती है तो पूरी झील के कई चक्कर लगाती है, जब उठक-बैठक करती है तो कई सौ कर लेती है, फ़िटनेस-क्लब में जाती है तो घंटों कसरत करती रहती है। उसने मुझे अपने एक बौद्ध दोस्त की माँ के बारे में बताया है, जिसने 40 वर्ष की आयु में अपनी नाकामी की ज़िन्दगी को त्याग कर ट्रेनिंग शुरू की है, और 48 वर्ष की आयु में पाँच तरह की शारीरिक प्रतियोगिता में उसने ओलम्पिक पदक जीता है। मैं यह सब नहीं कर सकती। जब मैं घंटों सैर करती हूँ या हँस और मारिया के साथ पहाड़ पर चढ़ती हूँ तो बाद में मेरे पैरों पर छाले होते हैं और मैं इतना थक जाती हूँ कि मैं कम से कम एक सप्ताह तो सैर पर नहीं निकल सकती। मेरी इच्छा की यह थकान मैं मानसिक तौर पर भी सहन नहीं कर पाती। आमेली द्वारा ओलम्पिक जीतने की दिमाग़ में डाली गयी ये उम्मीदें!

ब्रूनो का कहना है कि मैं अपनी बची-खुची कामेच्छा बिल्ले पर व्यर्थ कर रही हूँ। और बिल्ला इसके लिए मेरा शुक्रगुज़ार भी नहीं है। जबसे छोटी बिल्ली हमारे घर

में आयी है तब से वह मुझे सहलाने भी नहीं देता। मतलब इसे सही से कहें तो वह सहलाने तो देता है, लेकिन सिर्फ़ तब, जब छोटी बिल्ली वहाँ न हो। पर छोटी बिल्ली अधिकतर वहीं होती है। जब वह देखती है कि मैं मचान पर लेटने वाली हूँ, मसलन कोई किताब पढ़ने के लिए, या फिर टांगें ऊपर करके वाइब्रेटर वाली कुर्सी पर बैठने वाली हूँ, ताकि पैरों को कम्पित करने वाला बटन दबा कर उनकी मालिश करवा लूँ, तो वह भागी-भागी आती है और आकर मुझ पर बैठ जाती है। बिल्ला, जो कभी-कभी ही तेज़ दौड़ता है, फिर बिस्तर या सोफे से पटलिका के पर्दे में से उदास होकर देखता रहता है कि मैं कैसे पाँव कम्पित करवा रही हूँ और गुँधवा रही हूँ, और फिर मुँह मोड़ लेता है। जब छोटी बिल्ली आनंद से घुरघुराने लगती है तो बिल्ला क्रोधित हो उठता है। फिर वह बिस्तर या उस कुर्सी के पास आता है और पंजों से उसे मारता है और भकभकाता है। उसे बिल्ली के घुरघुराने से नफ़रत है। मेरे विचार से, समय की परेशानी है। बिल्ला इतालवी है, काली नस्ल का है, जो हमारे यहाँ आम तौर से नहीं पाई जाती। नस्ल का नाम मुझे याद नहीं आ रहा है। लेकिन इटली में इसे एक खास नीच नस्ल समझा जाता है। बिल्ले की माँ के मालिक से जब हम बिल्ले को लेकर आये थे तो उसने हमें बार-बार आश्वासन दिया था कि उसका बिल्ला, जो अब हमारा है, इस नीच नस्ल का बिल्कुल नहीं है। उसने उसे ऊपर उठा कर रोशनी के सामने किया था, मुझे यक़ीन दिलाने के लिए कि उसकी खाल शुद्ध काली नहीं थी, बल्कि रोशनी में एक हल्की ब्राउन झलक मारती है। और बाद में पशुओं के इतालवी डाक्टर ने भी कहा था कि बिल्ला शुद्ध नस्ल वाला फ़लाँ-फ़लाँ नहीं है। सच यह है कि बिल्ला शुरू से ही नयी काली बिल्ली की तरह कभी जोर से नहीं घुरघुराता था। वह बहुत कम घुरघुराता है, और जब घुरघुराता है तो मुश्किल से उसकी आवाज़ निकलती है। घुरघुराने से ज़्यादा यह बस उसके शरीर के कांपने सा होता है। यह भी हो सकता है कि बिल्ला काली बिल्ली के घुरघुराने को ग़लती से आक्रामक घुरघुराना समझता है, जिस पर उसकी प्रतिक्रिया होती है भकभकाना और पंजे मारना। अतः मैं छोटी बिल्ली का ध्यान बँटाने की कोशिश करती हूँ। मसलन मैं शैम्पेन की बोतल का कार्क उसकी तरफ़ फेंकती हूँ, और फिर वह तुरन्त उसके पीछे भागी जाती है और उससे खेलने लगती है। इस बीच मैं बिल्ले को सहलाने और बिस्तर पर ले जाने की कोशिश करती हूँ। ज़्यादातर वह बिल्ली को खोंखियाता रहता है या मुझे। या वह मुझे नाखून मारने की या नाक पर काटने की कोशिश करता है। मैं ज्यादा वक्त किसी तरह बिल्ले को पकड़ने और उसे सहलाने में ही लगी रहती हूँ, मतलब ब्रूनो जो कह रहा है ठीक कह रहा है। और जहाँ तक मेरी कामेच्छा का प्रश्न है, इस पर मैंने बहुत सोचा है। ब्रूनो मेरा सबसे बड़ा प्यार है। बरसों, अब से कुछ समय पहले को छोड़ कर, मैं, कहा जाये तो, हमेशा

तैयार होती थी। अवचेतन मन में मुझे काफ़ी समय से डर रहा है कि यह एक दिन कम हो जाएगी, क्योंकि एक बार मैंने कहीं पढ़ा था कि कामेच्छा पूरे दो साल रहती है, और फिर खत्म हो जाती है। और कहना पड़ेगा कि ब्रूनो के साथ मेरे तजुर्बे से यह साबित हो गया है : दो साल। बचता क्या है : आदत और समझ। ब्रूनो के साथ ऐसा नहीं है। सात साल से उसकी कामेच्छा कम ही नहीं हो रही। बल्कि बढ़ रही है। और फिर अन्त में होता क्या है : बुनियादी तौर पर नहीं; मगर फिर भी! मैं स्वयं को इस तरह स्पष्ट करती हूँ : रजोनिवृति के वर्ष, *बर्न-आउट*, खिन्नता, और उससे जुड़ी संवेग की समस्याएँ, चयापचय की समस्याएँ, आम सी थकावट, अचानक पसीना छूटने लगना, अनिद्रा और शरीर में कमज़ोरी। इसके अलावा फिर कमर में दर्द, हमेशा थके रहना, रोजाना सुबह छह बजे उठना। सोने की बदलती आदतें। पहले मैं रात बारह बजे से पहले कभी नहीं थकती थी, अब मैं दस बजे सो जाती हूँ। अगले दिन भी इसके बावजूद मैं बुरी तरह थकी होती हूँ। तो हैरत की बात नहीं है कि ऐसे देखें तो काम कहाँ से जगेगा। पूरे दिन में, जब मैं स्वयं को थोड़ा सा चलायमान समझती हूँ तो ब्रूनों काम पर गया होता है। खैर, इसका बिल्ले से कोई ताल्लुक नहीं है। क्योंकि : लिखते समय भी यही हालत होती है मेरी। ऐसा नहीं कि मैं हमेशा खुशी से लिखती रही हूँ : मेरी सेक्स की दशा से इसका कोई सरोकार नहीं। वास्तव में मैंने खुश होकर कभी नहीं लिखा। वास्तव में मैं ऐसी हूँ कि ज़्यादा मेहनत से डरती हूँ। मगर दूसरी तरफ़ जो जानती हूँ, उसे आगे बताने की इच्छा, कल्पना, सुखाभास, हताशा। यह एहसास कि अगर तूने नहीं लिखा तो तेरा दम घुट जाएगा। परन्तु लिखने की प्रक्रिया अपने आप में विशेष सुखद नहीं होती। तुम्हारे पास अव्यवस्थित विचारों का एक ढेर होता है, अस्पष्ट प्रेरणाएँ होती हैं और व्याकुल करने वाली खूबसूरत तस्वीरे होती हैं। बैठकर अपनी आत्मिक तथा मानसिक अस्तव्यस्तता को काग़ज़ पर उतारने के लिए बहुत अधिक आत्मविश्वास चाहिए होता है। क्योंकि : ज़्योंही तुम अपनी आत्मिक और मानसिक अस्तव्यस्तता को काग़ज़ पर उतारना शुरू करती हो तो लिखने को कुछ नहीं होता। मेरा लिखने का तरीका कम से कम ऐसा नहीं है। इसलिए मुझे कारीगरों से हमेशा ईर्ष्या होती है, जो बैठ कर फलाँ-फलाँ समय छानबीन और वर्गीकरण में लगाते हैं और फिर कुछ रेखाएँ खींच कर रेखाचित्र बना लेते हैं, काम के क्रम को नोट कर लेते हैं और फिर आराम से युक्तियुक्त ढंग से काम निपटा देते हैं। दूसरी तरफ मुझे फिर कहना होगा : अधिकतर जो इस तरह सर्जित होता है, मेरी रुचि वैसे ही नहीं होती। हालांकि : मैं बेजा बात भी नहीं करना चाहूँगी : इस तरह से भी महान कृतियों का सृजन हो सकता है, विशेषकर जब लेखक इस योग्य है कि अपनी उत्तम व्यवस्था के बावजूद कल्पना, सुखाभास और हताशाओं की गुंजाइश अपने लेखन में रखे,

लेकिन इससे तो फिर व्यवस्था टूटती रहती है। पहले मुझे हमेशा ऐसे लगता था कि लिखना पर्वतारोहण जैसा है। ऊपर चढ़ते-चढ़ते तुम हमेशा खुद से पूछते रहते हो कि तुम यह कर किस लिए रहे हो। कभी न कभी तुम हर हालत में ऐसे बिंदु पर आ जाते हो, जहाँ यह प्रश्न चढ़ाई शुरू करने से पहले ही सामने आ कर खड़ा हो जाता है। सम्भावित पाठक लेखन को कैसे लेंगे, इसका तो कोई भरोसा नहीं होता। साल-दर-साल और हर दिन जितनी ज्यादा पुस्तकें प्रकाशित होती हैं, उससे तुम सोच सकते हो कि पाठक जो पुस्तकें ढूँढ़ेगा, उसमें तुम्हारी पुस्तक को होना जरूरी नहीं है। आमेली कहती है कि तुझे अधिक ऊर्जा की आवश्यकता है। और यहाँ उसकी बात एकदम सही है। सवाल सिर्फ यह है कि ऊर्जा का यह आधिक्य तू कहाँ से लाएगी, जबकि तेरी ज़िन्दगी ने तुझे पहले ही इतना थका रखा है कि तेरी कामेच्छा इसी में मर जाती है कि तू रोज़ाना अपने बिल्ले को सहलाये जाने के लिए उल्लू बना रही होती है। और समय के साथ-साथ चीजें मुश्किल होती जा रही हैं। जबसे मुझे याद है, मेरी माँ कहा करती थी : बूढ़ा होना कोई बढ़िया चीज नहीं है। मैं हमेशा हैरान होती थी कि वह यह क्यों कहती है, जबकि यह स्वतः स्पष्ट है। लेकिन मुझे यह इल्म नहीं था कि सच में इसका क्या मतलब होता है और बुढ़ापा 46 से शुरू हो जाता है। 46 की होने तक मैं हर तरह से एक जवान लड़की थी, और एक दिन से दूसरे दिन कहा जाए तो : एक बूढ़ी औरत। मेरे हाल को देखा जाए तो। अचानक ऊर्जा का बढ़ना शून्य पर आ गया। पहले ऐसा नहीं था। जब मैं 44 साल की उम्र में लिंत्स आकर एक फ्लैट खोज रही थी : तब ऊर्जा की बढ़ोतरी में कमी का कोई नामो- निशान नहीं था। मैंने फ्लैट ढूँढ़ा–एक अस्थायी निवास, तब मैंने सोचा था–और मुझे तुरन्त मिल भी गया, यूलिया के लिए स्कूल, शिशु-सदन इत्यादि। फ्लैट का फ़र्नीचर वगैरह, रोलर-स्केट्ज़-साइकिलें वगैरह ख़रीद लीं। और जैसे ही स्कूल शुरू हुआ तो आमेली और सोलांगे। पिकनिकें, एक साथ पकाना इत्यादि। हालाँकि सही से देखें तो यह बस बची-खुची ऊर्जा थी। बच्ची खुची उम्मीद, मान लिया जाए। मैं सोचती थी, अब सब बदल जाएगा। परेशानियाँ दूर हो जाएँगी, निमोनिया और स्लिप-डिस्क, खाँसी, पीठ का दर्द, सब हालात सही हो जाएँगे, मेरे भूतपूर्व से बिगड़ी बात बन जाएगी, और ब्रूनो जल्दी ही हमारे साथ रहने लगेगा। खैर, और फिर : निमोनिया फिर हुआ कई बार, और स्लिप-डिस्क भी। मेरे भूतपूर्व के साथ मामला आज तक नहीं निपटा, और ब्रूनो ने भी अब तक हमारे साथ रहना नहीं शुरू किया। मूलतः हम ही उसके पास जाकर रह रहे हैं, या क्यूँ कहिए कि उसके ऊपर रह रहे हैं। दुछत्ती वाले फ्लैट का मामला ऐसे था : मैं हमेशा पहले भी, अपनी युवावस्था में भी, जब मैं माता-पिता के साथ रहती थी, अखबारों में सम्पत्ति बेचने, किराये पर चढ़ाये जाने के कालम देखा करती थी। तब, यह पढ़ने के लिए

कि कोई कहाँ और कैसे रह सकता है, जब वह फ़ोएस्ट-कालोनी में नहीं रहेगा, जहाँ कि हम रहा करते थे। और बाद में मैं इसलिए पढ़ा करती थी कि ऐसे विज्ञापन पढ़ना मेरा शौक़ बन चुका था। मैं हमेशा सोचती थी कि अगर मेरे पास पैसा हुआ तो मैं उसे बैंक में नहीं रखूँगी, बल्कि उससे एक फ्लैट खरीदूँगी। पैसा निवेश करने का मेरे लिए यह सबसे बेहतर ढंग था। खासतौर से इसलिए भी कि मैं अपनी नौकरी खुद करती थी। मेरी सोच थी कि अपने फ्लैट का यह फायदा होता है कि अगर उसका पैसा एक बार चुका दिया जाए तो इन्सान सस्ते में रह सकता है, और फिर भी धन का निवेश बना रहता है। मैंने यह सोचा था कि आगे से अगर मेरे दिमाग़ में कोई प्लॉट नहीं आता और लेखन से मेरी कमाई बन्द हो जाती है तो मैं अपना फ्लैट बेच कर फिर एक फ्लैट किराये पर ले लूँगी। लेकिन यह सब कल्पना मात्र था, मतलब कि मैं हर हफ्ते सम्पति की मार्केट के विज्ञापन गौर से पढ़ती थी, पर मैंने आज तक एक भी फ्लैट देखा नहीं था। सिर्फ इस को छोड़ कर, जो मेरा है अब। दो मंजिलों के ऊपर एक दुछत्ती, छत्त के साथ! मेरा सपना! अधिकांश मनुष्यों की तरह मैं भी बाहर धूप में बैठना पसन्द करती हूँ, अगर बगीचा मुझे पसन्द नहीं है। पहली बात तो यह कि बगीचे को ज्यादातर बाहर से ही देखा जा सकता है, और दूसरी यह कि मुझे बागवानी करनी नहीं आती। अपने पौधों को या तो मैं बहुत ज्यादा या बहुत कम पानी दिया करती थी, जिससे वे या तो सड़ गये या गल गये हैं; और बगीचे की घास काटना मेरे बस की बात नहीं है। ऐसी छत को सिद्धांत रूप से हरियाली में नहीं बदलना चाहिए। या फिर बंदा उझ पर झाड़-झंखाड़ उगने दे, जिसमें प्रतिरोधशक्ति होती है। बहरहाल : ब्रूनो और मैं विएना जा रहे हैं। रास्ते में मैं मुख्य मार्ग को जाने वाली सड़क पर स्थानीय समाचार पत्र में सम्पति के क्रय-विक्रय के विज्ञापन देख रही हूँ, इस दुछत्ती का विज्ञापन देखती हूँ, और ब्रूनो से इसकी बात करती हूँ। ब्रूनो अपने मोबाइल फ़ोन पर नम्बर मिला कर मेरे लिए देखने का समय तय करता है। जब मैं उससे पूछती हूँ कि फ़्लैट कहाँ पर है तो वह मुझे सड़क का नाम और घर नम्बर बताता है, और कहता है कि उसे यह पता कुछ जाना-पहचाना सा लग रहा है। मुख्य सड़क से बाहर निकलने वाले अगले रास्ते से ब्रूनो अचानक गाड़ी शहर की ओर मोड़ लेता है। वह कहता है कि शायद यह उसका अपना पता है, और दुछत्ती वाला फ़्लैट उसके अपने फ़्लैट के ऊपर फ़्लैट हो सकता है। मुझे इस पर बताना पड़ेगा कि ब्रूनो जबसे अपने परिवार से अलग हुआ है, अधिकतर हमारे यहाँ रहा है। तभी अपना पता भी भूल गया है। उसका फ़्लैट कुँआरों के घर जैसा था। ऐसी चीज़ों का स्टोर, जो उसके हाथ में आ जाती थी; और जिनके बारे में वह यह भी नहीं जानता था कि उसे आगे उनकी ज़रूरत भी पड़ेगी या नहीं। कपड़ों का भी वही हाल : ढेर लगा कर रखे हुए थे। रसोई की मेज़ बिलों से भरी पड़ी थी। हैरत

की बात नहीं कि वहाँ उसका दिल नहीं लगता था। हालाँकि : दूसरी तरफ़ उसका दिल लगता भी था। यह मैं अपने इटली में बिताये समय से जानती हूँ। अपने भूतपूर्व के निरन्तर उलाहनों से : क्या अभी तक नहीं...? सचमुच तेरे से नहीं होता...? समझ में आने वाली बात है : सम्बन्धों में कड़वाहट आते ही घर-गृहस्थी की ज़िम्मेदारी कोई अपने ऊपर नहीं लेना चाहता। कुदरती बात है। दो में से जो इस बात को स्वीकार नहीं करना चाहता कि सम्बन्ध टूटने को हो रहा है, संयुक्त गृहस्थी में रुचि खो देता है, लेकिन अच्छी तरह महसूस करता है कि सम्बन्ध टूट ही चुका है, तो भी एक साथ मिल कर गृहस्थी चलाने में दिलचस्पी नहीं रखता, किन्तु विडम्बना यह है कि वह पार्टनर, जो टूट चुके सम्बन्धों का अन्त करना चाहता है, संयुक्त गृहस्थी को चलाने में दिलचस्पी दिखाता है। फिर ऐसे बुरे झगड़े होते हैं; जिनका अन्ततः ऐसा सत्यानाशी असर होता है कि दोनों में से कोई भी गृहस्थी चलाने में तनिक भी दिलचस्पी नहीं दिखाता। इटली-प्रवास के दौरान, जब मेरे भूतपूर्व और मेरे बीच कुछ नहीं रहा था, तो गृहस्थी के मामले में उसने सबसे पहले ओछापन दिखाना शुरू किया था। यह नहीं कहता था वह कि उसका क्या योगदान है इसमें, सिर्फ़ मेरे योगदान की बात करता था। जिसका नतीजा ऊपर से यह निकलता था कि मैं घर का काम बिल्कुल ही नहीं करती थी। मेरा मतलब है कि जब कोई दोपहर और शाम खाने की मेज़ पर बैठता है और खुद पत्ता तक नहीं हिलाता और लगातार तुम्हें ही ताने मारता रहता है कि तुम यह नहीं करती, वो नहीं करती, तो फिर तुम्हारी किसी चीज़ में दिलचस्पी नहीं रहती। इस लिहाज़ से मैं सही तसव्वुर कर सकती हूँ कि ब्रूनो का अपनी अस्तव्यस्तता में दिल लगता है। हालाँकि अगर वह ऐसा न होता तो यह मेरे अनुकूल होता। मतलब कि उन दिनों मुझ पर बोझ बहुत था। नयी गृहस्थी, फ़र्नीचर वगैरह, यूलिया नये प्रायमरी स्कूल में, निमोनिया, स्लिप-डिस्क और नयी किताब, फिर बाद में मेरे प्रकाशक का दिवाला, तब मुझे सच में ऐसा कोई चाहिए था, जो मेरे साथ एक संयुक्त गृहस्थी खड़ी करता, न कि हर हालत में घर का काम कम से कम करता। लेकिन कोई भी अपना भाग्य चुन नहीं सकता। अपना कर्म, आमेली कहती। खै़र, आमेली ने मेरी मदद की थी। कई बार जब वह सोलांगे के साथ आती थी तो अभिवादन के तुरन्त बाद मेरे बर्तन साफ़ करने या मेरी वाशिंग मशीन की मरम्मत करने में लग जाती थी। कमाल की थी सचमुच। दूसरी तरफ़, जैसा मैंने कहा है, बोझ भी थी।

अभी मैंने सोचा है कि मेरी माँ यह बरदाश्त नहीं करेगी। मेरे भूतपूर्व ने कुछ हद तक अपनी रात की रहने की जगह मेरे बिस्तर के पास बना ली है। अगर वह उसके

सामने नहीं पड़ना चाहेगी तो फिर वह व्यावहारिक रूप से किसी एक भी रात मेरे पास आकर मुझे ताने नहीं मार सकती। स्पष्टतः उसने अपने संकोच को तिलांजलि दे दी है और मेरे भूतपूर्व के साथ बैठकर वह दो-चार गिलास चढ़ा गयी है। अब वे दोनों फिर से वहीं बैठे हैं, और मैं खुश हूँगी अगर वे किसी और को भी बुलाकर अपने पास नहीं बैठा लेते। कल रात का मुद्दा था कि मैं शुरू से ही घर का काम करने से मना किया करती थी। मेरी माँ कहती है। मेरा भूतपूर्व भी कहता है, हालाँकि उसे कहाँ से पता चला। मेरा मतलब शुरू-शुरू में कैसा होता था। लेकिन वह कहता है कि यदि मेरी माँ यह कह रही है तो वह कल्पना कर सकता है कि कैसा था और वह उसके हर लफ़्ज पर यकीन करता है। मैं चाहा करती थी कि तेरे साथ केक पकाऊँ या बिस्कुट बनाऊँ, मेरी माँ कहती है, और मेरा भूतपूर्व कहता है कि मैंने कभी क्रिसमस पर भी उसके लिए केक-बिस्कुट नहीं बनाये। मेरी माँ को यह बुरा लगता है, क्योंकि वह कहना चाहती है कि जब तक एक नारी अच्छी गृहिणी नहीं बनती, तब तक कोई शादी कामयाब नहीं होती, लेकिन वह मेरे भूतपूर्व के सामने यह नहीं मानना चाहती। बस आम बात करना चाहती थी। वास्तव में उसकी भी मेरे भूतपूर्व से कभी नहीं बनी, क्योंकि अपनी प्रकृति के अनुसार मेरा भूतपूर्व उससे भी अपनी बात को हमेशा सही मनवाना चाहता था, और मेरी माँ को इस चीज़ की आदत नहीं है। वह उसे हमेशा सिखाता और डाँटता-फटकारता रहता था, और मुझे ईमानदारी से कहना पड़ रहा है कि कुछ समय यह मुझे बहुत अच्छा लगता रहा था कि मेरी माँ को भी कोई सीधा करने वाला मिला तो सही। बहरहाल, मेरी माँ का मत है कि एक सुखी विवाहित जीवन सिर्फ़ वहाँ होता है, जहाँ एक कुशल धर्मपत्नी होती है। लेकिन यह सही नहीं है। ब्रूनो की भूतपूर्व एक बहुत कुशल गृहिणी है, फिर भी शादी कामयाब नहीं हुई। स्पष्टतः इसका यह कारण है कि शादी तो कामयाब हो ही नहीं सकती। बुनियादी तौर पर।

बाद में अब मैं कई बार सोचती हूँ कि यूलिया और सोलांगे के लिए आमेली और मैं वक्त के साथ-साथ बाप और माँ बन गयी हैं। आमेली बाप, मैं माँ। क्योंकि मैं हमेशा घर पर होती थी, और आमेली हमेशा काम पर गयी होती थी। वह हर चीज़ की मरम्मत भी करती थी, और हम दोनों में से कम समझदार भी थी, जहाँ तक बच्चों का प्रश्न है। आमेली एक किसान-मज़दूर परिवार से है, अतः बच्चों को तमीज़ से रहना पड़ता था और बिल्लियाँ बाहर सोती थीं। एक दिन जब वह एक टैरट की भविष्यवाणी के आधार पर, जो हमने घंटों बैठ कर लगाया था, दो महीनों के लिए भारत चली गयी थी, वहाँ एक प्रेमी तलाश करने, और यह देखने कि क्या उसमें अब

भी दम है। सोलांगे इतनी देर हमारे यहाँ रही थी, और मैं अपने आप को एक ऐसी धर्मपत्नी की तरह महसूस कर रही थी, जिसका इंजीनियर पति किसी मशीन को फ़िट करने गया हो। ब्रूनो उन दिनों अपने परिवार के साथ था। मेरे बचपन में हमारी फ़ोएस्ट-कालोनी में हमेशा कोई न कोई होता था, जो मशीनें फ़िट करने भारत जाता था, या ईरान जाता था और फिर चीन जाता था। मेरी सबसे अच्छी सहेली का पिता बरसों अफ़्रीका में मशीनें लगाता रहा था। उसकी पत्नी, मेरी तब की सबसे अच्छी सहेली की माँ, शुरू से ही इसके खिलाफ़ थी। उसे वहाँ मिलने जाने से वह हमेशा मना करती थी। अन्त में उसकी एक अफ़्रीकी प्रेमिका थी, और इसे सब जानते थे। सिर्फ मेरी तब की सबसे अच्छी सहेली इसे नहीं मानती थी। आखिर वह फिर अफ़्रीका गयी थी, अपने पति से मिलने, और कहा जाता है कि उसे वहाँ एक महाराजिन ही मिली थी, एक युवा काली, जिसे पत्नी ने, उसके अपने कहे अनुसार, पोस्त के नूडल बनाना सिखाया था। सच यह है कि मेरी तब की सबसे अच्छी सहेली का पिता अपनी पत्नी की पहली और अन्तिम अफ़्रीका यात्रा के बाद अफ़्रीका से लौट आया था। उसके कुछ समय बाद कैंसर से उसकी मृत्यु हो गयी थी।

मेरी नयी सफ़ाई वाली का भी *बर्न-आउट* हुआ पड़ा है। मूलतः मैं जबसे उसे जानती हूँ, तब से उसकी हालत पूरी खराब है। पीली, अन्यमनस्क, डरी हुई, शुरू में मैंने सोचा कि शायद यह उस आदमी की वजह से है जिसके साथ वह रहती है। वही आम बात : दोनों काम करते हैं और घर का काम वह अकेली सँभालती है। काम के बाद वह भागी-भागी खरीदारी करने जाती है, भोजन पकाती है, जबकि वह सोफ़े पर पसरा हुआ अख़बार पढ़ता रहता है। और जब सब कुछ एकदम बढ़िया नहीं होता तो वह शिकायत भी करता है। मैंने उसे सलाह दी कि उसे घर से बाहर निकाल दे। फिर वह, मैंने उसे कहा, शाम को खुद आराम से सोफ़े पर लेट सकती है, और अगर दिल न करे तो खाना पकाने की भी छुट्टी कर सकती है। ज़रा सा अख़बार पढ़े, टीवी देखे, बाथ-टब में नहाये वगैरह वगैरह। चूँकि उसका बेटा भी अपनी बीवी और छोटे बच्चे के साथ काफ़ी समय से उसके साथ रह रहा था, तो बेबी की देखभाल भी उसे करनी पड़ती थी। फिर उसने अपने प्रेमी को सचमुच घर से निकाल बाहर किया, क्योंकि वह पीता था, लेकिन मेरी सफ़ाई वाली की हालत नहीं सुधरी। तब भी नहीं जब उसका बेटा भी काफ़ी दुविधा के बाद उसकी मदद से अपने लिए एक फ़्लैट खोज कर अपने बीवी-बच्चे को लेकर चला गया। वह और भी पीली, अन्यमनस्क और डरी हुई बन गयी है। जिस पर उसे और भी तरह-तरह की बीमारियाँ लग गयी हैं : रोगक्षमता में कमी, पीठ में दर्द, कंधों में अकड़न, जननांगों में

तकलीफ। उसका ऑपरेशन भी हुआ है, कोई ख़ास बीमारी नहीं, पर दस दिन हस्पताल में काटने पड़े हैं उसे। बेहतर तो वह दरअसल अब हुई है, जब उसका उस नमूने से फिर से मेल हो गया है। दोनों एक साथ छुट्टियाँ मनाने गये हैं : बाद में तो जनानी एकदम बदली हुई थी : रंग धूप से ब्राउन, पहले से छरहरी, बहुत खुश और तनावमुक्त। सब ज़्यादा देर नहीं चला, फिर भी। पिछले कुछ समय से उसे आधासीसी रहता है। शायद वह फिर से उसके साथ आकर रहने लगा है, मैं नहीं जानती। उससे पूछना भी नहीं चाहती। वैसे भी औरत 47 साल की है, और मेरे तजुर्बे की बिना पर, यही सबसे संगीन उम्र होती है। उसने रसोई की मेज़ पर पड़ी तारीख़ निकल चुकी रजोनिवृति की चीनी औषधियों में दिलचस्पी दिखाई है, मगर मैंने उसे ये न लेने की सलाह दी है। उनकी बजाय मैंने इसे त्वचा के लिए शुद्ध आलो वेरा, पेट दर्द के लिए ताज़ी अदरक और अपना संतुलन ठीक रखने के लिए जोहानिस की बूटी की चाय दे दी है. कुछ दिन पहले हम मेरे यहाँ रसोई की मेज़ पर बैठे शान्ति देने वाली चाय पी रहे थे और उसने मुझे अपने भय के दौरों के बारे में बताया। जब मैंने उसे बताया कि मुझे भी ऐसे दौरे पड़ते हैं तो उसे बड़ा चैन मिला। उसने मुझे बताया कि अपने जननांग के ऑपरेशन के बाद वह सोचने लगी थी कि उसे कैंसर है, और जब उसे पक्का पता चल गया कि यह कैंसर नहीं है तो वह तनावमुक्त तब भी नहीं हुई थी। आज रात तक उसे यही डर है कि उसे कैंसर है। मैने तभी एक सिगरेट सुलगाई। फिर हम दोनों ने बारी-बारी से एक-दूसरे को अपनी-अपनी तकलीफें सुनाई; कमज़ोरी, शरीर में बचाव की क्षमता में कमी, थकावट, रात को पसीने छूटना आदि। बीच-बीच में एकदम छूछा हो जाना। तू दोपहर बाद तीन बजे वहाँ रसोई में थकी हुई बैठी है, सफ़ाई वाली कब की अगले फ़्लैट में निकल गयी है जहाँ उसे सफ़ाई करनी है, तू अब नहीं जानती कि खुद को कैसे लिखने की मेज़ पर घसीट कर ले जाए, और फिर यूलिया स्कूल से लौटती है, और कई उन प्रतिभाशालियों के बारे में तुझे बताती है, जिन्हें वह जानती है।

प्रतिभावान कुछ समय से यूलिया का मनपसन्द शब्द बन चुका है। उसकी कक्षा की एक लड़की प्रतिभावान है, क्योंकि क्लास में जो पढ़ाया जाता है, वह सब याद रखती है, जिससे उसे घर में बिल्कुल नहीं पढ़ना पड़ता, जिसकी वजह से वह उकताई रहती है, एक सहेली प्रतिभावान है, क्योंकि एक तरफ तो वह इतना बढ़िया प्यानो बजाती है और दूसरी तरफ इंटरनेट चैट क्वेरी के प्रोग्राम में हर संकेत का गलत अर्थ लगाती है, एक दोस्त प्रतिभावान है, क्योंकि वह बुनियादी तौर पर कोई होमवर्क नहीं करता, और गणित के टेस्टों में अधिकतर फेल होने के लगभग अंक पाता है, फिर भी अध्यापक उसे कहता रहता है कि वह गणित के ओलम्पियाड में हिस्सा ले, आठवीं का एक लड़का प्रतिभावान है, क्योंकि वह हर टीचर को जो कहना होता है मुँह पर

कह देता है, हालाँकि वह पढ़ाई में कमज़ोर है, यूलिया के जानने वालों में प्रतिभावान समलैंगिक और पागल भी हैं। एक ही व्यक्ति, जो निश्चित रूप से प्रतिभावान नहीं है, वह हूँ मैं। माँ, यूलिया कहती है, जब मैं रसोई से बैठक तक अकड़ी हुई चलती हूँ, स्लिप-डिस्क से आज तक मरा कोई नहीं। देखें तो मैं भी अपनी माँ से सबसे ज़्यादा इस चीज़ की वजह से नफ़रत करती थी : उसके रोज़-रोज़ के दुख। बल्कि मैंने तो छुटपन में एक डायरी रखी हुई थी, जिसमें मैं उसकी रोज़ की तकलीफ़ें लिख लिया करती थी। सबसे ज़्यादा चिढ़ मुझे इस चीज़ की थी कि वह उनका कुछ करती भी तो नहीं थी : पीठ का कोई व्यायाम नहीं; कोई व्यायाम या तैराकी क्लब नहीं, साइकिल नहीं चलानी, पहाड़ पर नहीं चढ़ना। उसके बजाय : बहुत ज़्यादा चर्बी वाला खाना, दोपहर को सोना, टीवी देखने की कुर्सी पर बैठ कर वर्ग-पहेलियाँ भरना। बिल्कुल मेरी तरह। तकरीबन एक ही भिन्नता थी : वर्ग-पहेली की जगह तेत्रीस। कुछ समय से *सुकोड़्*। अब मैं कहूँगी कि मैं तकरीबन सब कुछ आज़मा चुकी हूँ : पीठ का व्यायाम, व्यायाम-क्लब, नियमित रूप से स्विमिंग-पुल जाना, गर्मियों में साइकिल पर सैर, सर्दियों में *होमट्रेनर*, हंस और मारिया के साथ पहाड़ों की सैर। पीठ के लिए व्यायाम करने वालें ग्रुप में मैं उम्र मे सबसे छोटी थी। ट्रेनिंग करवाने वाली मुझे पसन्द नहीं थी। लेनी रीज़्नश्टाल[1]-किस्म की थी, (कूल्हे ऊँचे खींचो, कूल्हे उठाओ), जब कूल्हों की कसरत चल रही होती थी तो वह मेरे पास आकर मेरे कूल्हे ऊपर उठाती थी और खींचती थी और फैलाती थी। मतलब : देखो तो, तू पूरा जीवन समाज में और परिवार में ज़रा शारीरिक स्वायत्तत्ता के लिए संघर्ष करती रही हो, और ज़रा सी तुम्हारी पीठ में दर्द हुई नहीं कि कोई भी लेनी रीज़्नश्टाल भागी आती है और तुम्हें अवांछित परामर्श देने लगती है और हाथ फेरने लगती है। इसे कहते हैं बुढ़ापा आना लेकिन यूलिया स्वभावतः इन चीज़ों के बारे में कुछ नहीं जानती। उसे व्यायाम-क्लब, क्रियाशील ऐरोबिक ग्रुप, बूढ़ों की पीठ की कसरत के प्रोग्राम के बारे में भी कुछ नहीं पता। पूछिये मत। ऐरोबिक में जनानियाँ कुछ निश्चित नियमों के अनुसार डेढ़ घंटा इधर-उधर कुदकती रहती है, जो स्वभावतः मुझे नहीं करना आता और शायद कभी करना सीख भी नहीं सकूँगी। मतलब इन कामों के लिए मैं बूढ़ी हो चुकी हूँ। मैं जानती हूँ कि मस्तिष्क का दायाँ और बायाँ हिस्सा क्या होता है। पर तब आपको दस लोगों के डांस ग्रुप में जाकर देखना चाहिए था, यूलिया की तरह, हिप-हॉप, डांस फ़ॉर फैंस वगैरह, वहाँ आप यह सीखेंगे : कैसे आप ग्रुप के साथ-साथ दायें और बायें कूदेंगे, फिर पीछे, बाँहें सर के ऊपर, वहाँ आप जटिल से जटिल ढंग से कदम रखने के संयोजन सीखेंगे और नृत्यकला सीखेंगे। पहले यूलिया भी शुरू

---

1. सुप्रसिद्ध जर्मन अभिनेत्री एवं नर्तकी।

में नहीं कर सकती थी। मैंने यही सोचा था कि नाचना इसके बस का नहीं है, और पूरा एक साल हिप-हॉप और डांस फॉर फैंस कर लेने के बाद अचानक मस्तिष्क के दोनों भाग उससे सहयोग करने लगे थे। पर पचास साल की औरत पन्द्रह की तो नहीं होती न। पचास बरस की हो जाने के बाद तुम बरसों कुदकती रहो, मस्तिष्क के हिस्से तुमसे सहयोग नहीं करेंगे। मतलब तुम बरसों यहाँ-वहाँ कुदकोगी भी नहीं, क्योंकि सेहत के लिहाज़ से तुम यह कर ही नहीं पाओगी। एक पागलपन है! चालीस साल की युवतियों का शरीर आजकल फ़ौलाद सा होता है! शायद उन्हें इसकी ज़रूरत है, नौकरी, परिवार, बच्चे वगैरह झेलने के लिए। लेकिन अन्त में जाकर लेनी रीफ़नस्टाल किस्म बनती है : कूल्हे भींचो, कूल्हे उठाओ। यह व्यायाम-क्लब मेरे बस की बात नहीं है। मैंने इसके अलावा एक फ़िटनेस-ग्रुप में भी कोशिश की है। और पहले ही घंटे में वह एकमात्र व्यक्ति, जो मुझसे एक साल बड़ा था, एक सेवानिवृत स्कूल-मास्टर, बेहोश होकर गिर गया। तब तुम कहोगे : ऐसा एक रिटायर्ड स्कूल-मास्टर ख़ैर किसी और दर्जे में आता है, सिर्फ इसलिए कि एक तो टीचर ऊपर से मर्द। फिर भी! उसे एम्बुलेंस से हस्पताल ले जाया गया, और फ़िटनेस-ग्रुप के बाकी सदस्य ट्रेनिंग लेते रहे। ऐसा नहीं कि मैं चाहती थी कि हम सब को तुरन्त ट्रेनिंग रोक देनी चाहिए थी, लेकिन बस आगे करते ही जाना ज़रा भोंडा लगता है। लेकिन होता ऐसा ही है : किसी व्यायाम-क्लब को सुरुचि-सम्पन्नता से क्या लेना! स्विमिंग पूलों में भी यही होता है। तब बर्लिन में भी यही हुआ था।

मैं तब चालीस से कुछ ऊपर थी। पतली सी, बाल मेंहदी से रंगे हुए। मेरी सहेली ज़ूज़े मुझे पटा कर ले गयी थी। जबकि उसको खुद को स्विमिंग-पूलों से बड़ी समस्या थी। जवानी के दिनों से ही उसे दमे की बीमारी थी! लेकिन ज़ूज़े एक तरह से आमेली की तरह ही निडर थी : तैराकी के काले चश्मे का इन्तज़ाम किया, स्विमिंग कॉस्ट्यूम का भी, और चलो जी ओलम्पिक पूल में। अच्छा मौसम था। ख़ासकर पतझड़ का, जब हम सुबह आठ बजे बच्चों को स्कूल भेजकर तैरने गये थे : पानी हवा से ज़्यादा गरम था, पूल के ऊपर कोहरे के टुकड़े, ओलम्पिक पूल का तख़्ता पतझड़ की सुबह की धुंध में धुँधला नज़र आ रहा था, पाँच पट्टियों वाले तरणताल में हम अकेली। और हमेशा तुम्हारे भीतर ये दो दुनियाएँ : ऊपर पतझड़ की धुंध और नीचे तुम्हारा जलथली अतीत, चमकती प्रकाशित टाइलों से ज़रा सा डर को कम करता हुआ, जिन पर धुंध को चीरती हुई सुबह की धूप पड़ रही थी। लेकिन बाद में सब वही का वही : नहाने के कैबिन, टाइलों वाली अंतहीन दीवारें, निकास-द्वार पर फ़ौलादी शरीरों की मूर्तियाँ। यहाँ भी लेनी रीफ़नश्टाल, मगर बाटली में। लिंत्स का हुम्मलहोफ़ स्विमिंग पूल 1936 का बर्लिन का ओलम्पिक स्टेडियम तो ख़ैर है नहीं। लेकिन इस बीच मैं भी 40 की नहीं रही। और अब तो बाल मेंहदी से भी नहीं रंगे, बल्कि वैसे ही

रंगे हैं, जिससे पानी में तो वह छूटेगा ही और कुछ हद तक मेरे ट्रैक में पीछे-पीछे मेरी निशानी छोड़ता जाएगा। इसके अलावा हुम्मलहोफ़ तरणताल की सज्जा में परिवर्तन किया जा रहा है। जब तैयार हो जाएगा तो *वेलनेस* का नख़लिस्तान बन जाएगा। बढ़िया है। देखते हैं, देखते हैं। अब तो मैं ख़ैर इसे भूल सकती हूँ। मैं ऐसे एक निर्माण-स्थल के बीच नहीं तैर सकती!

हंस और मारिया के साथ पर्वत-भ्रमण मुझे पूरा थका देते हैं। बाद में पूरा दिन अपनी मज्जा के भीतर तक यह थकान महसूस करती रहती हूँ। इसके अलावा पैरों पर छाले पड़ जाते हैं, पेशियों में जैसे शूल चुभते हैं और पीठ में भयानक दर्द रहता है। सुबह बिस्तर से निकलने में भी मेहनत करनी पड़ती है, लिखने की मेज़ पर बैठने की कोई भी मुद्रा सही नहीं बनती, मतलब एक हफ़्ता : कौन इतनी देर इसे सह सकता है? तिस पर, अब प्रकृति मुझे पहले की तरह द्रवित भी नहीं करती। न दोपहर बाद की धूप में गर्मी छोड़ती खड़ी चट्टानें, न पतझड़ के रंग-बिरंगे वन, न ही चीड़ के पेड़ों की गंध। दूसरी तरफ़ : सब हज़ारों बार महसूस किया है, देखा है, सूँघा है। बार-बार! यह एक सांत्वना हो सकती है, बोझ हो सकता है, या फिर यह बालूघड़ी बन सकती है, जिसमें से समय निरन्तर रिस कर निकलता रहता है। साइकिल पर सैरें शुरू में आनन्ददायक होती थीं : तुम जल्दी आगे पहुँचते हो, जो स्पष्टत : तुम्हारी बढ़ती हुई उम्र में ज़रूरी होता जा रहा है। ब्रूनों और मैं जल के किनारे-किनारे वन की सैर को गये थे, गाउन में दैन्यूब के तट पर, ऊअरफ़ार में बांगर के पास वाली झील तक। स्वभावतः पेशियों में शूल चुभे थे, जितनी ज़्यादा साइकिल चलाई उतने ज़्यादा, और स्वभावतः बाद में पीठ में दर्द भी जमकर हुआ था। क्योंकि ऐसी साइकिल पर तुम्हें झुक कर बैठना पड़ता है, ऐसा चालन-चक्का तो तुम बना ही नहीं सकते, जिस पर ज़रा भी सीधा होकर बैठा जा सके। वैसे आम तौर से साइकिल निकालनी भी तहख़ाने से पड़ती है। जिसका मतलब हुआ कि इसे सीढ़ियों पर से उठा कर ले जाना पड़ेगा। और अगर तुम्हारे पास रेसिंग साइकिल नहीं है, क्योंकि अब तुम पन्द्रह साल के नहीं हो, तो तुम्हारे पास *सिटी-बाइक* होती है या *माउंटेन बाइक* होती है, क्योंकि आजकल आम साइकिलें तो कहीं मिलती ही नहीं, और *सिटी-बाइक* तथा *माउंटेन बाइक* दोनों भारी होती हैं। तो मतलब सिर्फ तहखाने से साइकिल निकालना ही तुम्हारी पीठ में दर्द कर देता है। *होमट्रेनर* की तो ख़ैर बात ही छोड़ों। उसे तुम घर में नहीं उठाये घूमते, अगर चाहो तो भी, क्योंकि यह तो इतना भारी होता है कि उसे कुछ सेंटीमीटर खिसकाना भी मुश्किल होता है; ऐसे एक *होमट्रेनर* पर भी शरीर की भंगिमा एक आम साइकिल पर बैठने से बहुत ज़्यादा टेढ़ी होती है। मुझे नहीं पता कि इसकी वजह क्या है। शायद मेरा *होमट्रेनर* ही टेढ़ा बना

हुआ है। या शायद यूलिया जब उसे आमेली के साथ एक बहुत ही भारी-भरकम पैकेट में *होफ़र* से लेकर आयी थी, और इसे गलत जोड़ दिया था, जो वैसे हो ही नहीं सकता, क्योंकि यूलिया कारीगरी में माहिर है और अभी तक उसने कोई चीज़ ग़लत नहीं जोड़ी। सम्भवतः तकनीक में ही कुछ गड़बड़ है, जैसा अधिकतर होता है। कोई न कोई ऐसा अनिवार्य कारण होगा, जो सीट और चालन-चक्के में दूरी इतनी ज़्यादा होती है। अब आप कहेंगे : चालन-चक्का, वह क्यों, जबकि बात तो वैसे *होमट्रेनर* की हो रही है, जिस पर एक जगह पर बैठे-बैठे ही पैडल मारा जाता है, और उसे चलाने या घुमाने की जरूरत नहीं होती। तब मैं सिर्फ़ यही कह सकती हूँ : पकड़े गये! आप के पास कभी *होमट्रेनर* होता ही नहीं था और न आप कभी *होमट्रेनर* पर बैठे हैं, नहीं तो आपको मालूम होता कि आप को चालन-चक्के की ज़रूरत नाड़ी का स्पंदन मापने के लिए होती है। दोनों हैंडलों के बीच सामने चालन-चक्के पर एक सूचना-पट्टी होती है। उस पर आप कभी भी पढ़ सकते हैं कि कितने किलोमीटर आपने कितनी जल्दी पूरे किये हैं और आप कितनी दूर तक गये हैं, परिणामस्वरूप आपने कितनी किलो-कैलरीज़ और कितनी ऊर्जा खर्च की है (भयंकर बात है कि बहुत कम!) और आपकी नाड़ी के स्पंदन की गति कितनी रही है। सूचना-पट्टी अपरिहार्य है। क्योंकि कोई भी व्यक्ति आधा घंटा या उससे ज़्यादा बार-बार यह जाँचने के बिना *होमट्रेनर* की गद्दी पर बैठा पैडल मारता रहेगा कि अपने निजी ट्रेनिंग-प्रोग्राम के अंतर्गत वह कितनी जल्दी कितनी दूर पहुँचा है, वैसे जो कोई भी *होमट्रेनर* पर बैठ कर पैडल मारता है, नाड़ी तेज चलने के परिणामस्वरूप उसका क्या होता है? कोई दिल के दौरे से मरा है अभी तक? कोई नहीं। इससे ज़्यादा उबाऊ कोई चीज़ हो ही नहीं सकती कि *होमट्रेनर* पर बैठ कर पैडल मारे जाएँ। भले ही यह इतना थकाने वाला हो कि तुम्हारा चेहरा गहरा लाल हो जाए और तुम पसीने-पसीने हो जाओ। पसीने और उकताहट का तो जन्म-जन्म का नाता है। इसलिए मैं यह काम कभी नहीं करती। *होमट्रेनर* बिना इस्तेमाल हुए मेरी छत के दरवाज़े के पास पड़ा हुआ है और उसे खोलकर आराम से बाहर छत पर जाने से मुझे रोकता है। यूलिया बीच-बीच में इशारे देती रहती है, एक तरफ़ तो मेरी शरीर की हालत पर और दूसरी तरफ़ बिना इस्तेमाल हुए *होमट्रेनर* पर। वह नहीं जानती कि कमरदर्द की दवा उकताहट नहीं है और कि *होमट्रेनर* पर बैठ कर पैडल मारने से मैं बहुत उकता जाती हूँ।

समस्या ऐसे है : मेरी तरफ़ से कोई भी क्रियाशीलता मेरी हालत को और भी ख़राब कर देती है। सबसे ज़्यादा टिकाऊ मैं तब होती हूँ जब मैं कुछ नहीं करती। लेकिन अब हालत बदलेगी। मेरे पास अब यह कँपाने वाली कुर्सी जो है। यह मेरे

लिए सब करती है। मुझे उसमें सिर्फ़ बैठ कर प्रोग्रामों का बटन दबाना है और मेरी हालत बेहतर होनी शुरू हो जाती है। जब मैं इसे चुन कर लायी थी तो मैंने सोचा था कि यह नीली है, मगर यह जामुनी है। पर मतलब : तकरीबन नीली। यूलिया ने मुझे यह बताया है। वह रंगों में भेद करने को बहुत महत्त्व देती है। जब वह छोटी होती थी और कोई नीले, बैंगनी और जामुनी रंगों में फ़र्क नहीं कर पाता था तो वह गुस्सा हो जाती थी। यूलिया कहती है कि सिर्फ़ नीला रंग पूरा नीला होता है, इसके विपरीत बैंगनी में थोड़ी लाल की झलक होती है, और जामुनी में नीले की.ज्यादा होती है। ख़ैर, रंग को देखते हुए वह मेरी डाइनिंग-टेबल की आठ कुर्सियों से मेल खाता है, मगर वे पूरी नीली हैं। इस कुर्सी की मढ़ाई नरम असली चमड़े की है, जिसे बनाने के लिए 5-7 बढ़िया बैलों की खाल को संसाधित किया गया था।

कई बार मैं सोचती हूँ, रातों को, कि क्या मेरे भूतपूर्व पति द्वारा अपने को सर्वज्ञ समझने का ताल्लुक उसके जर्मन होने से तो नहीं है। मेरा मतलब है कि मैं एक देश की पूरी जनता पर अपने को सही ही मानने का आरोप नहीं लगा रही। लेकिन मेरी बात में कुछ तो दम है, मैं सोचती हूँ। यह कोई ऐसा अकेला जर्मन नहीं है। आख़िर यही तो वजह थी कि बर्लिन में मेरा दिल नहीं लगता था। सब जो अपने को सर्वज्ञ समझते थे! मेरा मतलब है कि विएना में कोई भी व्यक्ति यह सोच कर नहीं चलेगा कि जो वह कहेगा वही सही है। विएना में लोग ज़्यादा से ज़्यादा किसी की बेइज्ज़ती करने की या उसे पीटने की सोचेंगे। वैसे यह ठीक भी नहीं है कि जर्मनों की तुलना आस्ट्रियाइयों से ही की जाए, जिनके बारे में सभी जानते हैं कि ऐसे संदर्भों में उन्हें किसी बात का कोई फ़र्क नहीं पड़ता। लेकिन मेरा भूतपूर्व जब हर बार किसी बात पर अड़ जाता है कि उसने कई साल पहले फलाँ-फलाँ को यह नहीं कहा था या किसी के बारे में यह नहीं लिखा था, कि फलाँ-फलाँ कभी यह या वो कहेगा, और जब उसका मत होता है कि उसके अलावा बाकी सब इतने कायर या समझौतावादी या आलसी या मूर्ख होते हैं कि नये ढंग से लिख ही नहीं सकते या संगीत-रचना नहीं बना सकते, तो फिर मुझे सोचना पड़ता है कि यह प्रवृत्ति उसके जर्मन होने से सम्बन्ध रखती है। जर्मन अपने अन्दाज़ों को बहुत अहमियत देते हैं। मूलतः सब समीक्षाओं में यह देखा जा सकता है। समीक्षक किसी पुस्तक या उसके सी.डी. की समीक्षा करता है और फिर अपने लिखे पर डटा रहता है। बरसों तक, दशकों तक। बाकी जर्मनों की तरह मेरा भूतपूर्व भी यही करता है। तिस पर उसमें विनोदशीलता की भी कमी है। जर्मन साहित्यिक परिशिष्टों से बढ़ कर विनोदहीन और कुछ हो ही नहीं सकता। एक पाठ को तभी गम्भीरता से लिया जाता है, जब

साहित्य पाठ के दौरान श्रोता अपनी ज़ेस्सलों[1] पर सपाट सीधे बैठे होते हैं (माफ़ कीजिएगा श्टूयूलों पर : नीचे आगे देखिए)। हाँ, बर्लिन वाले भी। बर्लिन वाला अपने आप में सोचता है कि वह न जाने कितना मज़ाकिया है। लेकिन ग़लत सोचता है। बर्लिन वालों में विनोदशीलता बिल्कुल नहीं होती, भले ही वे फिर भी जितना चाहे बर्लीनर शनाउत्से[2] की डींग मारते रहें। यह जिसे बर्लिन बातों की थूथनी[3] कहते हैं न, वह और कुछ नहीं बल्कि बदतमीज़ी से खुद को हर बात में सही बताना है। अगर गम्भीर सही बात तुम्हें कहीं अपना मत सही से प्रकट करने का अवसर देती भी है, भले ही उसे कोई महत्त्व न दे, मतलब जिसका फ़ायदा कुछ नहीं होता, फिर भी बर्लीनर श्नाउत्से के आगे तुम्हारी कोई औक़ात नहीं है। तब तुम्हें जैसे एहसास सा करते हुए बता दिया जाता है क्या सही है और क्या ग़लत है। अगर तुम आस्ट्रियाई हो तो एक कृपालु मुस्कराहट के साथ। आस्ट्रियाई तो बर्लिन वालों के लिए आधा पागल होता है, बर्लिन वालों के अनुसार, जो आस्ट्रियाइयों की भाषा से ही पता चल जाता है, जो श्टूल और ज़ेस्स्ल[4] में भेद तक नहीं जानते या कास्टन[5] और शरांक में, या श्टीगे[6] और त्रेप्पे[7] में। यह सुन कर जर्मन, मतलब बर्लिन वाला भी, मुस्कराता है।

अब देखें तो ऐसा भी नहीं है कि मेरे भूतपूर्व की राय मुझसे भिन्न है। जर्मन खुद को सर्वज्ञ समझते हैं, मचान पर उसने इन्हीं दिनों मुझे और मेरी माँ को कहा है, वह भी मज़ाक में नहीं। सिर्फ़ः केवल उसे छोड़कर बाकी सब। क्योंकि उसके ख़याल में जर्मन सोचते हैं सिर्फ़ कि वे सही हैं, लेकिन वास्तविकता में वे सब ग़लत होते हैं, सिर्फ वह खुद सही होता है। मेरे भूतपूर्व में हँसी-विनोद का कीड़ा ही नहीं हैः तेरे लिए सब मैंने किया है। तेरी पांडुलिपियाँ मैंने पढ़कर सही हैं, तेरा बेसुरापन, तेरी कमजोरियाँ और ग़लतियाँ, तेरी अकड़ और रूखापन और तेरी बेवकूफ़ियाँ, सब मैंने सही हैं। तब फ़्लैट भी मैंने ढूँढा था और मकान बदलने का पूरा इन्तज़ाम मैंने किया था, और अंत में फ़्लैट में फ़र्नीचर वगैरह भी मैंने लगाया था। तब घर छोड़कर इटली में रहने का प्रबन्ध भी मैंने किया था, अकेले ने। तेरे सारे सम्पर्क मेरे ज़रिये

1. ज़ेस्सल : आस्ट्रियाई जर्मन में कुर्सी को ज़ेस्सल कहते हैं।
2. श्टूल : जर्मनी में कुर्सी को श्टूल कहते हैं। ज़ेस्स्ल आरामकुर्सी को कहते हैं।
3. बलीनर श्नाउत्से : बर्लिन वालों के बारे में कहा जाता है कि उनकी बात खरी-खरी, पर मज़ाकिया होती है।
4. जर्मन की पेटी।
5. जर्मन में अलमारी, आस्ट्रियाई जर्मन में अलमारी कास्टन को भी कहा जाता है।
6. जर्मन में जीना, आस्ट्रियाई में सीढ़ी को भी श्टीगे कहा जाता है।
7. जर्मन में सीढ़ी।

बने हैं। मैं तुझे पालेस्त्रीना के संगीत-समारोहों, और रात्रिभोजों और उत्सवों में ले के गया, जहाँ तू मेरे बग़ैर बिल्कुल न जाती। तुझे हर चीज़ से डर लगता था। और तूने मेरे लिए क्या किया है? कुछ भी नहीं। ठीक है, तूने हमारी बेटी की देखभाल की है। पर आख़िर माँ तो तू ही है न। यह तो तू देख ही सकती है न कि माँ मैं तो नहीं हूँ। लेकिन तू इतनी बेशर्म है कि मुझे सिखाती है कि बाप तो तू भी है। जानता हूँ मैं, मेरा यक़ीन कर, मैं जानता हूँ। और मैं अपनी ज़िम्मेदारी को जितनी गम्भीरता से लेता हूँ, वैसे तूने कभी नहीं ली। सिर्फ़ एक बात समझ ले, पिता के दूसरे काम भी होते हैं, जो माँ से अलग होते हैं। तेरी माँ भी यही कहती है। मौका मिले तो उससे पूछ के देख लियो। पहले तो तू अपनी माँ के प्रभाव से निकल नहीं सकती, और फिर आसान से आसान मसले पर उससे बात तक नहीं कर सकती। तेरी दूसरी बेशर्मी यह थी कि तूने मुझ पर इल्ज़ाम लगाया है कि यह मैं था, जो पहले बर्लिन और फिर इटली जा कर सब को रखना चाहता था। तो फिर? पहली बात तो मैंने यह तेरे लिए किया था, क्योंकि तू अगर तब आस्ट्रिया में रह जाती तो कुछ न बन सकती, और दूसरी बात यह कि वो इन्सान, जो सपने ले सकता है, और अधिक उद्यमशील होता है और योजनाएँ बनाता है, वह सारा काम भी खुद अकेला करेगा। तू तो अपनी मर्ज़ी से पत्ता भी नहीं हिलाती थी। हमेशा बीमार रहती थी तू। आधासीसी वजह, उल्टियाँ, पेट दर्द, मानसिक ढुलमुलपन, यह कोई नयी बात तो नहीं है। और इसी वजह से मैं इटली जाना चाहता था। तेरी खांसी आज तक बन्द नहीं हुई है। तो कुछ न कुछ तो करना था न! अगर तू इटली नहीं भी जाना चाहती थी तो भी तू मुझ पर खुदगर्जी का इल्ज़ाम नहीं लगा सकती। क्योंकि जो कुछ तू चाहती थी, वह ऐसा कुछ नहीं होता था, जो तेरे लिए अच्छा हो। हाँ, मुझे पता है, तू संगीत के सिद्धान्तों पर मेरे लेख पढ़ कर जहाँ तक हो सके उन्हें ठीक किया करती थी, लेकिन मुझे इसकी जरूरत नहीं थी। मेरे लेखों में ठीक करने को कुछ नहीं होता था। और ठीक करने को अगर तुझे कुछ मिल जाता था तो तू उसमें गलती ही करती थी। या तो तू लेख को संगीत के संदर्भ में समझ नहीं पाती थी या वाक्य-विन्यास को नहीं समझ पाती थी। पर तू इस सच्चाई को कभी नहीं मानी! तू तो ऐसे दिखाती थी कि ग़लतियाँ मैंने की थीं। संगीत के सिद्धान्त मैंने पढ़ रखे हैं या तूने? तूने एक बार भी कभी "सॉरी" नहीं कहा, जब-जब भी तूने मेरी बेइज़्ज़ती करी है। (मेरी माँ पूरी रात एक लफ्ज भी नहीं बोल पाती। वह बीच में बोलने की कोशिश करती है, मगर वह बोलने नहीं देता, और अन्त में मेरे बिस्तर के पास बैठी वह ऊँघने लगती है। जब मैं नहीं सो पाती तो मेरा भूतपूर्व पूरी रात बक-बक करता रहता है। अब आप को समझ आ रहा है कि मैं सोने बिल्कुल क्यों नहीं जाना चाहती?)

साहित्य के धंधे में ये मर्दाना दौर बड़े खराब होते हैं : यह *होमट्रेनर* से अपने भूतपूर्व पर होते हुए मर्दाना दौरों पर पहुँच गयी, और इन चीज़ों का आपस में क्या लेना-देना है, लेकिन मैं आप को बताती हूँ : पहले तो मैं लेखिका हूँ और मेरी सोच कहीं असम्बद्ध नहीं होती। और दूसरे यह कि मैं जब सोचती हूँ तो हमेशा एक साथ बहुत सारी चीजें सोचती हूँ: कि क्या मैं फिर से *होमट्रेनर* पर ट्रेनिंग शुरू करूँ या अन्ततः अपने भूतपूर्व को मार कर भगा दूँ और एक रात पूरी नींद करूँ, मैं एक बार फिर किसी महत्त्वपूर्ण वाद-विवाद गोष्ठी में जाऊँ, जो दर्शकों के समक्ष होती है, लेखकों के हितों की रक्षा करने वाले किसी संघ की महत्वपूर्ण बैठक में जाऊँ—ये सब चीज़े मैं एक साथ सोचा करती हूँ। तुम स्वभावतः हर वाद-विवाद गोष्ठी में लेखक संघों की बैठक में नहीं जा सकते। कम-अज-कम लेखक की हैसियत से तो नहीं। यह तुमसे हो नहीं सकता। तब तुम्हें घमंडी, नकचढ़ा, अहंवादी या असामाजिक समझा जाता है। ऐसा नहीं कि मर्दाना दौर पहले से ही चल रहे होते हैं। वैसे तो हर जगह औरतें ही औरतें होती हैं। सिर्फ़ ऊँचे-ऊँचे ओहदों पर मर्द ही बैठे होते हैं और अब आप अगर किसी आयोजन में जाते हैं, जहाँ एक से ज़्यादा मर्द बड़े पद पर होता है तो आप तुरन्त एक मर्दाना टोली बना लेते हो, तब भी जब दोनों मर्दों की खुद की यह राय है कि वे महत्त्वपूर्ण पदों पर बैठे हैं। दरअसल होता क्या है : मसलन जैसे आप किसी साहित्य-पाठ पर जाते हैं तो वहाँ वैसे भी आपका वास्ता किसी औरत से पड़ने वाला है। अधेड़ उम्र के लेखक आजकल अधिकांश लेखक हैं और उभरती प्रतिभाएँ लेखक-लेखिकाओं की हैं। अपवाद होते हैं। और आप भी जब एक बिल्कुल सामान्य लेखिका के एक बिल्कुल आम-पाठ पर जाएँगे तो औरतों के बीच बैठेंगे। मर्द आजकल आम साहित्य-पाठों पर जाते ही नहीं। आम मर्दाना लेखकों के भी नहीं। मगर एक ख़ास ही मशहूर लेखक के साहित्य-पाठ पर जाते हैं, जैसे बुर्ग थियेटर में हुआ या स्पोर्ट्स स्टेडियम में, तब आप 99% यह मान कर चल सकते हैं कि वे एक मर्दाना लेखक के साहित्य-पाठ में जाते हैं, किसी लेखिका के नहीं। अपवाद होते हैं, ख़ास कर जब किसी ने नोबेल-पुरस्कार पाया हो, जिसे मिलने के पीछे, जैसा कि हम सब जानते हैं, राजनीति होती है, वहाँ तो मर्दों का जाना बनता है। और अगर आप जनानी हैं तो आप आश्वस्त हो सकती हैं कि आप वहाँ 99% जनानियों के बीच एक जनानी नहीं होंगी, या फिर अगर आप मर्द हैं तो शायद जनानियों के बीच आप अकेले मर्द नहीं होंगे बल्कि आप 99% आश्वस्त हो सकते हैं कि वहाँ जनानियों की तादाद भी उतनी ही होगी, जितनी मर्दों की। मर्द अपनी बीवियों के साथ, सोचा जा सकता है, लेकिन उन लोगों के मामले में यह सही नहीं है, जो आजकल साहित्य-पाठों पर जाते हैं : मतलब टीचर वगैरह, लाइब्रेरियन, बैंकर, आजकल इस तरह के प्रबुद्ध, रंग-बिरंगे दायरे बने हुए हैं, जो साहित्य-पाठों पर जाते

हैं; विशेषकर प्रसिद्ध लेखकों के, जो जैसा कि कहा जा चुका है, अधिकतर मर्द होते हैं, और इन प्रबुद्ध रंग-बिरंगे समूहों में, जो प्रसिद्ध लेखकों के पाठों पर जाते हैं, अक्सर मामला बिल्कुल उलट होता है, वहाँ होता यह है कि पत्नी अपने पति को पाठ पर लेकर आती है, पति पत्नी को नहीं। क्योंकि उसने प्रसिद्ध लेखक की किताब बहुत पहले से पढ़ रखी है, जबकि पति के पास इसके लिए समय ही नहीं था, क्योंकि उसे स्कूल के बच्चों के निबन्ध सुधारने थे या लायब्रेरी में किताबें सही जगह पर लगानी थीं : या शेयरों की कीमत पर अटकलें लगानी थीं। लेकिन फिर भी देखने लायक बात है रेस्तराँ में, जहाँ कुछ लोग एक दायरे में इकट्ठे हो प्रसिद्ध लेखक के पाठ के बाद जाते हैं, सभी तक़रीबन जोड़ियाँ होती हैं, जिनमें सिर्फ़ औरतों ने प्रसिद्ध लेखक की किताब पढ़ी होती है, अचानक एक मर्दाना दौर शुरू हो जाता है। इससे पहले कि तुम्हें पता चले, त ह-तरह के मर्दाना लतीफ़े छोड़े जा चुके होते हैं, धर्मपत्नियाँ खुद को सजा रही होती हैं, जहीन मर्द ठकाठक बोल रहे होते हैं। तुम यह नहीं सोच सकती कि तुम एक लेखिका होने के नाते किसी जहीन मर्द से हाथ मिला सकती हो। वे हाथ मिलाते ही नहीं, और तुम सिगरेट भी नहीं सुलगा सकती, क्योंकि इनमें से किसी मर्द की औरत तुम्हें कहेगी : भक्क, और तुम बेवकूफ़ों की तरह खड़ी या बैठी रह जाओगी, क्योंकि तुम सिगरेट पी रही हो, जबकि बूढ़ा हो चुका प्रगतिवादी लेखक खाँसना शुरू कर चुका है। जब तुम इस मर्दाना दौर में कुछ बोलती हो तो तुम्हारी तरफ़ कोई ध्यान नहीं देता। बूढ़े हो चुके प्रगतिवादी के पाठ के दौरान तुम्हें कुछ याद आता है। और यह जानलेवा चीज़ है : मर्द, जिन्होंने लेखक की किताबें अपनी बीवियों से पढ़वा कर उनसे सुनी हैं, लेखक की नवीनतम पुस्तक के बारे में ऐसे बोल रहे होते हैं, मानो वह उन्होंने खुद पढ़ी हो। कई बार वे इतना तेज़ बोलते हैं कि अपने शब्द ही नहीं समझ पाते, जिस कारण कोई भी सच में लफ़्फ़ाज़ी का सार समझ नहीं पाता, खुद तो वे सबसे कम समझते ही हैं, उनका ज्ञान सेकिंड ट्रैंड होता है, मूल पुस्तक नहीं होता। बैठकों में भी ऐसे होता है। जितनी महत्त्वपूर्ण बैठक होगी, उतने ही ज़्यादा मर्द होंगे। यूँ ही होता है। इसी प्रकार एक से ज्यादा मर्द हुआ नहीं कि शेखी बघारना शुरू कर देता है। मर्द बड़े कपटी होते हैं, मैडम किसी की माशूका है, यह हैसियत देकर वे तुम्हें लटका कर रख देते हैं, क्योंकि उन्हें समझ नहीं आता कि यह कैसे हो सकता है कि तेरी पुस्तकें तो छप जाती हैं; पर उनकी नहीं। अब इसी चीज को आप दूसरे ढंग से सोचकर देखिए!

या क्या हुआ अभी हाल ही में हुए एक साहित्यपाठ में; वहाँ बूढ़ा हो चुका प्रगतिवादी अपने पाठ के शुरू में ही विषण्ण सा कहता है कि उसे "पाठ" शब्द पसन्द नहीं है, क्योंकि पाठों में आमतौर पर लेखक अपनी उबाऊ पुस्तकों से पढ़ कर सुनाते हैं। मेरा मतलब है कि क्या आप कल्पना कर सकते हैं कि कोई लेखिका अपने

साहित्य-पाठ से पहले ऐसी बात कहेगी? मैं तो कहूँगी; बहुत सारी बेहूदी औरतें भी हैं इस पेशे में। पर : जब यह बेहूदी गधी यह बात कहेगी तो आप खड़े होंगे और चले जाएँगे, झूठ कह रही हूँ क्या मैं? कोई बूढ़ा हो चुका या संगीत-समीक्षकों में से कोई स्टार ऐसा कुछ कहेगा तो आप बैठे रहेंगे, क्योंकि आप को न जाने कब से इसकी आदत पड़ चुकी है कि मर्दाने सयाने आपको फटकार लगाते रहते हैं। यह मुझे मेरे भूतपूर्व ने बताया था : मर्दाने सयाने शानदार होते हैं आत्माभिमानी, आत्मविश्वास से भरपूर, परम्पराविरोधी, छिद्रान्वेषी, सर्वशास्त्रपारंगत होते हैं, और कोई नहीं, कोई भी उन्हें जीवन के बारे में कुछ नहीं पढ़ा सकता। क्योंकि वे खुद सब जानते हैं। ग़लती से भी यह काम कर बैठा कोई तो अपने जोखिम पर करेगा : मर्दाना सयाना उसे वहाँ एकत्र पूरे लोगों के सामने नंगा कर देगा। लेकिन अगर आप किसी मर्दाने सयाने की खुशामद करते हैं, खासकर औरत होने पर तो वह बड़ा प्यारा बन जाता है, पहले आप इस बारे में सोच नहीं सकते होगेः कितना प्यारा इन्सान है। जैसा मैंने कहा है : खुशामद करो, तारीफ़ करो और झुक जाओ, और फिर देखो कि आप एक विषण्ण प्रतिभावान से सुशिष्ट प्रतिभावान बन जाओगे। ऐसा नहीं कि यह ज़्यादातर कम मशहूर और कम प्रतिभावान लेखक-लेखिकाएँ करते हैं, चाहे बूढ़े हों या नहीं। इतनी जल्दी तो तुम देख भी नहीं पाती और तुम पाठ के बाद औरतों की एक टोली में बैठी होती हो : वहाँ सिगरेट पी जा रही होती है और शराब पी जा रही होती है और मर्दों को इस तरह बिठा कर रखा होता है कि तुम उन्हें बस देख सकती हो। पाँच मिनट बाद पत्नियाँ पतियों से निपट कर प्रेमी के पास चली जाती हैं। सिर्फ़ यह है कि इससे किसी के दिल पर चोट नहीं पहुँचती, क्योंकि उन्हें कोई इतनी गम्भीरता से नहीं लेता, जितना मर्दों को लिया जाता है। ख़ासतौर से जब वह न तो मशहूर हो और न ही "ज़हीन" हो।

अब पाँच पृष्ठ पढ़ने के बाद मुझे सोच-सोच कर तकलीफ़ हो रही है, अब आप कहेंगेः यह तो साली नारीवादी है, जो अपने सिद्धान्त हम पर थोप रही है, आदि इत्यादि। लेकिन ऐसा बिल्कुल नहीं है, इस बारे में मैं यहाँ साफ़-साफ़ कहना चाहूँगी; मुझे औरतें खास पसन्द नहीं हैं। वे ज़्यादातर ओछी होती हैं और हँसी-मज़ाक तो उन्हें आता ही नहीं। इसके अलावा वे रोमाँटिक भी ज़्यादा होती हैं। या बहुत सावधान। बहुत महत्वाकांक्षी भी। अक्सर। हर औरत, जिनमें मैं भी शामिल हूँ, ऐसे दिखावा करती है कि किसी का वह कभी बाल भी बाँका नहीं कर सकती। लेकिन यही तो उनकी चालाकी है। हम युगों से स्वयं को मूर्ख बना कर पेश करती रही हैं। या मरी हुई। या सीधी-सादी।

इसीलिए कुछ विशेष स्थितियों में, मसलन जैसे तलाक़-वलाक़ लेने के लिए, हम एक बेहतर स्थिति में होती हैं। जो भी मर्द तलाक़ लेना चाहता है वह जज को

जाकर यह नहीं कहता कि उसका दिवाला पिट गया है। बल्कि वह यूँ दिखावा करता है कि उसके पास पैसा है और वह पैसे का मालिक है, जब कि न जाने वह कब से दिवालिया हो चुका होता है औ धेले का भी मालिक नहीं होता। लेकिन तलाक के लिए राज़ी धर्मपत्नी हर हाल में ऐसे दिखाएगी कि वह दिवालिया है या शादी करके अब दिवालियेपन के कगार पर खड़ी है। और उसका यक़ीन कर लिया जाएगा। उसे कोई सबूत पेश नहीं करना या आमदनी का कोई काग़ज नहीं दिखाना है, जबकि तलाक़ को तैयार पति को हमेशा अपनी आमदनी का सबूत देना होता है। सिर्फ़ उसे ही। अगर उसने कर्ज़ लिया हुआ है तो कोई उसमें चुकाने की क्षमता के बारे में नहीं पूछेगा। कर्ज़ सब लेते हैं। अगर धर्मपत्नी कर्ज़दार हो या कर्ज़दार होने वाली हो, जिससे वह परिवार की महँगी अचल सम्पत्ति को सुरक्षित कर सके, जो वह उन 500 यूरो से नहीं कर सकती, जिसे वह तलाक़ के समय अपनी सम्पूर्ण कमाई बताती है, तो आमतौर पर उसकी ज़िम्मेदारी पति पर डाल दी जाती है। वैसे भी उस ऋण के लिए बैंक में वही गारंटी देता है, जो परिवार के लिए महँगी अचल सम्पत्ति को ख़रीदने के लिए लिया गया था, और बैंक को ऐसे मामलों में कोई फ़र्क नहीं पड़ता कि दम्पति इकट्ठे रहेंगे या तलाक ले लेंगे, तलाक के काग़ज़ात में कुछ भी लिखा हो, लेकिन अगर पत्नी दिवालिया है, क्योंकि वह परिवार की महँगी अचल सम्पत्ति का ख़र्च नहीं उठा सकती या फिर महँगी अचल सम्पत्ति की किस्तें नहीं दे सकती, तो हर हाल में पति को उसकी भरपाई करनी पड़ती है। यहाँ भी कोई फ़र्क नहीं पड़ता कि उसके पास पैसा है या नहीं, क्योंकि उसका वेतन तो कुर्क कर ही लिया गया है, वहाँ भी गुज़ारे के लिए न्यूनतम के स्तर पर उसे कुछ दिया जाता है। इतना आसान है यह। अजीब किस्सा इसमें यह है कि सिर्फ़ पत्नी तलाक़ से अपने मामले सुव्यवस्थित रख सकती है और ढंग से अपने पति से अलग हो सकती है, जबकि पति, अकेला, हमेशा अपनी भूतपूर्व पत्नी पर निर्भर बना रहता है, क्योंकि वह बैंक के प्रति उत्तरदायी है, क्योंकि पहले उसने अपनी अभी तक उसकी पत्नी बनी हुई औरत के साथ मिल कर बैंक से ऋण लिया था, जिसे अब चुकाना सिर्फ़ उसे ही है, क्योंकि पत्नी की कोई आमदनी नहीं है, या है तो न के बराबर है। लेकिन वह अदालत के सामने ऐसे ढोंग करती है जैसे मामला इससे उलट है। तब क्या होगा, वह अदालत से कहती है, जब एक दिन मेरे सारे दाँत गिर जाएँगे?

अब मैं दाँतों पर आती हूँ, क्योंकि मैं स्वयं स्वभावगत लगातार सोचती रहती हूँ कि क्या होगा अगर एक दिन मेरे दाँत गिर जाएँगे? मतलब, अगर बिल्कुल सही से कहूँ तो : क्या होगा अगर एक दिन मेरी बायीं दाढ़ गिर जाएगी तो? उस पर मेरी तथाकथित आंशिक बत्तीसी टिकी हुई है, जिसे मैं "पुल"। कहती हूँ, क्योंकि कहने में "पुल" आंशिक बत्तीसी से बेहतर लगता है। आंशिक बत्तीसी बत्तीसी सी

लगती है, जबकि "पुल" स्वर्ण-युग की वास्तु निर्माण कला की याद दिलाता है। इसलिए मैं "पुल" कहती हूँ, हालांकि है यह आंशिक बत्तीसी, जो मेरी अट्ठारह साल से लगी हुई है। मुझे देख कर कोई अर्थव्यवस्था के चमत्कारी वर्षों के दाँतों पर अनर्थकारी परिणामों पर शोध कर सकता है। जब मैं अभी बच्ची होती थी तो मेरा पिता वेतन मिलने वाले दिन--तब, मतलब साठ के दशक में वेतन सचमुच काग़ज़ के एक लिफ़ाफ़े में रख कर नकद पकड़ाया जाता था--माँ के लिए मिठाइयाँ लेकर आया करते थे। और क्या-क्या लाते थे, वाहः बादाम के चूरे की मिठाई, और हाँ, बेंसड्राप नूगा-चाकलेट, एक-एक पैकेट चाकलेट की छोटी गोल रोटी सी का, और एक ट्यूब मीठे गाढ़े दूध की, जिसे मेरी माँ और मैं सीधे ट्यूब से ही चूस जाते थे, अक्सर सोने से ज़रा सा पहले, दाँत साफ़ करने के बाद टीवी देखते हुए। डेंटल-फ़्लॉस नाम की किसी चीज का मुझे पता ही नहीं होता था। और डाक्टर के पास जाने--से दरअसल यह एक महिला दंतचिकित्सक थी : श्रीमती राऊश!--मुझे इतना डर लगता था कि उसके पास जाने की बजाय मैं पूरी-पूरी रात जागती हुई बिस्तर में करवटें बदलती रहती थी। इसकी वजह सिर्फ़ मेरी बुज़दिली नहीं थी कि डॉक्टर ठीक से पढ़ी-लिखी नहीं होगी, बल्कि उस समय की तकनीक का स्तर था। श्रीमती राउश के पास तब ये शोर मचाने वाले, भोंडे से, हिचकोले खाते छेद करने वाले यंत्र होते थे, जिन्हें डाक्टर के बन्द कमरे से सुनकर उसके प्रतीक्षा-कक्ष में बैठे हुए ही दाँत में दर्द होने लगता था। इस तरह मैंने कुछ हद तक काफ़ी जल्दी ही अपने बहुत से दाँत गँवा दिये थे, लेकिन यह किसी को अब तक नज़र नहीं आया, क्योंकि कमाल यह था कि सिर्फ़ मेरे पीछे वाले सारे दाँत ख़राब हुए, सामने वाले सिर्फ़ खराब ही नहीं हुए, बल्कि बड़े सुन्दर दिखते थे : व्यवस्थित और सफ़ेद। "दाँत औरत की मोतियों की माला होते हैं," मेरे पिता हमेशा कहा करते थे मेरे सुन्दर दाँत देखकर, हालाँकि वह जानते थे कि मेरे पीछे वाले दाँत क्या हैं।

वैसे अब हर बन्दा अपने दाँतों की पचास तरह से फ़िक्र करता है। लेकिन अजीब बात यह है कि इस बारे में कोई बात नहीं करता, सिर्फ़ तलाक़ को राज़ी औरतें ही अदालत के सामने करती हैं। वैसे ही जैसे कोई अपने सपनों के खो जाने के बारे में बात नहीं करता। वैसे मुझे तो पहले से ही संदेह है कि तलाक़ भी बहुत हद तक बुढ़ापे और मौत जैसा होता है, गर्भावस्था और जन्म की तरह भी : इन हालातों में हर ज़रूरी चीज़ों पर चुप रहा जाता है।

तो फिर जहाँ तक दाँतों का प्रश्न है, तुम्हारे पास नया दाँत पेंचों से कसवाने का भी विकल्प होता है। क्योंकि : जैसे हर कोई अपने तजुर्बे से जानता है : नकली बत्तीसी नरक समान होती है। पहले तो वह बार-बार सरकती रहती है, क्योंकि लगता है कि मुखगुहा का आकार निरन्तर बदलता रहता है, कौन जाने कि बड़ा होता है

या छोटा, फैलता है कि सिकुड़ता है, जबकि एक नकली बत्तीसी साथ के साथ बदल नहीं सकती, बल्कि वैसे की वैसे रहती है। हर दूसरे बन्दे का पिता या दादा ऐसा होता है, जिसने अपने तहखाने या हॉबी-रूम में बत्तीसी को घिसा है, बार-बार घिसा है। दिलचस्प बात यह है कि पिता या दादा ने माँ या दादी ने कभी नहीं। इसकी वजह यह हो सकती है कि न माँओं और न दादियों को मशीन से घिसना आता होगा। तो फिर या पिता या दादा छुप-छुपा कर माँओं और दादियों की नकली बत्तीसियाँ तहखाने में या हॉबी-रूम में घिसते होंगे। तिस पर नकली मसूढ़े। यह तो सर्वविदित है कि स्वाद की अधिकांश नसें मसूढ़ों में होती हैं; और अब जब उनके ऊपर प्लास्टिक का एक हिस्सा होगा तो तुम तो किसी भी चीज़ का स्वाद तक नहीं ले सकोगे। खाते हुए तुम उस स्वाद को याद कर लोगे, जो पहले कभी कोई विशेष व्यंजन खाते हुए तुम्हारे मुँह में आया होगा। यह मुझे मेरी सौतेली बहन ने बताया है, जिसने पन्द्रह साल पहले नकली बत्तीसी उतरवाकर एक-एक कर के दाँत लगवाने शुरू किये थे। तब वह भाग्यशाली थी : तकनीक एकदम नयी थी और कुछ हद तक टेस्ट किये जाने के दौर में थी। तब किसी यूनिवर्सिटी के टेस्ट-ग्रुप में उसने अपना नाम लिखवा लिया था और उसका काम सस्ते में हो गया था। क्योंकि : हालाँकि मेरी बहन अच्छा कमाती थी, तकनीक चूँकि नयी थी, अतः दाँत लगवाने तब आज से ज़्यादा महँगे थे, जिससे मेरी सौतेली बहन तब आमतौर पर महँगे दाँत न लगवा सकती। आजकल ऐसी स्थिति में लोग हंगरी चले जाते हैं। इसमें नुक़सान यह है कि हंगरी थोड़ा दूर है, हालाँकि आस्ट्रिया के फिर भी पास है। मैं दरअसल यह कहना चाहती हूँ : बाद में जबड़े में खोद कर लगाये गये पेंचों में दाँत को मज़बूती से लगवाने से पहले पेंचों को भी तो खुदाई करके लगवाना होगा। तब तक क्या करोगे तुम, जब तक ये ज़ख़्म ठीक नहीं हो जाते? अब यह सब, जाहिर है, इस पर निर्भर करता है कि तुम्हारे अपने कितने दाँत बचे हैं, और कि क्या तुम अपने जबड़े में धीरे-धीरे, हमेशा दो और दो करके, खुदवाई करवा सकते हो या मेरी सौतेली बहन की तरह करोगे। जो बिना दाँतों के वहाँ खड़ी थी, मुँह में सिर्फ़ जख्म लिये? हर चीज़ के अपने नुक़सान-फ़ायदे होते हैं। अगर तुम्हारे दाँत नहीं हैं तो मेरे ख़याल से तो तुम्हारे पास कुछ हद तक, चाहे कुछ भी हो, कोई चारा नहीं रहता इसके अलावा कि महीनों तुम तरल पदार्थ ही पीते रहो। इस हाल में, तुम काम पर कैसे जाओगे, मेरा मतलब तब शक्ल कैसे लग रही होगी, यह भी एक प्रश्न है। तुम्हारे पास कुछ अपने भी दाँत हैं या एक भी नहीं बचा, क्या तुम दर्द को बरदाश्त कर सकते हो, क्या तुम पेंचों को एक-एक करके जबड़े में कसवा सकोगे, ये भी प्रश्न हैं। और यहाँ इस प्रश्न का कोई महत्त्व नहीं रह जाता कि हंगरी अपेक्षाकृत निकट है या दूर है। क्योंकि : हंगरी जाना सफ़र करके, दो दाँत, होटल का कमरा वगैरह, जब तक कि तुम्हारे सारे दाँत

बदल नहीं दिये जाते। इतना खर्च तो कोई नहीं उठा सकता। अगर पैसे की बात छोड़ भी दें तो इतना वक़्त खर्च नहीं किया जा सकता। अब खैर दूसरा एक तरीका आता है : तुम्हारे पूरे दाँत हैं या नहीं, सब कुछ एक ही बारी में हो सकता है। यह तुम भारत में भी करवा सकते हो या, मेरे ख़याल से, दक्षिणी कोरिया में। एक ही रक़म में सब करने के ऑफ़र होते हैं। दो हफ़्ते का होटल, जिसमें *वेलनेस एरिया* होता है।

सब उसी रक़म में, और सारे दाँत। विमान-यात्रा के पैसे मिलाकर भी घर में दाँत कसवाने से यह सस्ता पड़ता है। मुझसे यह मत पूछना कि वे इसे कैसे करते हैं। वो भी दो हफ़्तों में। मेरा मतलब है कि एक बार ज़रा भयानक खून-खराबे के बारे में सोच कर देखिए। इतने कम समय में यह सारा खून सूखेगा कैसे, और फिर किसी तरीके के पेचों से दाँतों को मजबूती से कसने से पहले ज़ख़्म भी तो भरने चाहिए! बहरहाल, उनके अपने तरीके होंगे। लेकिन आदमी सोचता तो है। खर्च के बारे में भी। क्योंकि : क्योंकि हवाई सफ़र वगैरह, सब मिलाके वगैरह, दाँत वगैरह, सब अगर कुल मिलाकर अपने शहर से सस्ता भी पड़ता है तो फिर भी पैसा तो तगड़ा लगता है, यह तो सोचा जा सकता है। "मुफ़्त में तो सिर्फ मौत मिलती है," मेरे पिता कहा करते थे, जब वह "दाँत औरत की मोतियों की माला होते हैं" नहीं कह रहे होते थे। पर मेरे पिता को इन चीज़ों का कोई इल्म नहीं था। जब मेरी माँ मेरे पिता को बताती थी कि फ़लां-फ़लां अभिनेत्री ने अपने स्तन कड़े करवाये हैं या उसका ऑपरेशन करवाया है तो मेरे पिता सर हिलाया करते थे और हँसा करते थे : पैसा है एक्टरों के पास। या फिर : खूबसूरती खरीदी नहीं जा सकती! मेरे पिता ... हँस सकते थे। क्योंकि एक तरफ़ तो औरतों के दाँतों और मोतियों की माला पर मुहावरे और दूसरी तरफ़ : वह खुद एक मर्द!

मेरे बाल बनाने वाली की वास्तविकता के बारे में एक दूसरी सोच है। बहुत पहले उसने मुझे बताया था कि कैसे लोकतंत्र का और चिकित्सा-तकनीक का आपस में सम्बन्ध है : चिकित्सा-तकनीक का चलन लोकतंत्रीय है। क्योंकि – मेरी नाइन के अनुसार – आज कोई औरत विशेषतः जींस[1] के और आमतौर पर प्रकृति के संयोग पर निर्भर नहीं है : पलकों और भौंहों और होंठों और नाक में सुधार करवाना, त्वचा कसवाना, चर्बी चुसवाना, स्तन, यहाँ तक कि कूल्हे सही करवाना। उनमें से एक पसली निकाल ली जाती है और तुम्हारी कमर पतली बन गयी और परिणामस्वरूप कूल्हे भी बन गये। टाँगें लम्बी करवाना (इसके लिए निकाली गयी पसली इस्तेमाल की जा सकती है?) और चूतड़ों को सुन्दर बनवाना (इसमें चर्बी चूस ली जाती है)। किसी भी मॉडल के सर पर, मेरी नाइन ने बताया है, अपने बाल नहीं हैं, नाक और

1. पैतृक लक्षण।

भौंहें हमेशा सही की होती हैं, स्तनों के बारे में हम जानते ही हैं, और टाँगें भी अक्सर लम्बी करवाई जाती हैं, जिस बारे में ज्यादा लोग नहीं जानते। अब *शैर*[1] को ही देख लो, पहले कैसी होती थी वह, काफ़ी देर पहले मेरी नाइन ने मुझे बताया था : नाक पूरी ऊटपटाँग सी, होंठ कितने पतले, न छाती, न कमर, कूल्हे भी नहीं, टाँगें भी बहुत छोटी, कुल मिलाकर। और अब 60 से भी ऊपर, तकरीबन 70 की हो चुकी है? देखा! यह है लोकतंत्र! मानना पड़ेगा कि कुछ तो है बात में, और मैं तसव्वुर कर सकती हूँ कि एक तरफ़ जितने सस्ते ये ऑपरेशन बनते जाएँगे, और दूसरी तरफ़ जितने कम खतरनाक, और जितनी ज़्यादा औरते इसके परिणामस्वरूप अपना ऑपरेशन करवाएँगी, उतनी जल्दी-जल्दी सुन्दरता के प्रतिमान में परिवर्तन आता जाएगा। आप समझ रहे हैं न कि मैं क्या कहना चाहती हूँ? मेरा मतलब जितना लोग समझते जाएँगे कि खूबसूरत आँखें, बाल, सुन्दर पार्श्वचित्र, सुन्दर वक्ष वगैरह शल्यक्रिया के परिणाम हैं, उतना ही उनका भाव घटता जाएगा। और उतना ही भाव अपनी अपवादस्वरूप छातियों का बढ़ जाएगा, फिर वे चाहे कितनी ही छोटी हों या बड़ी। और अब हम दूसरी तरफ़ वहाँ आएँ, जहाँ मेरे पिता अन्य परिस्थितियों में कहते थे : खूबसूरती खरीदी नहीं जा सकती। लेकिन अभी वह समय नहीं आया। अभी तो बहुत पैसा खर्च करना पड़ता है, वो समय आने से पहले, जब ऑपरेशन हुए वक्षों को कोई भाव नहीं देगा।

इसके अलावा विएना से यूडित ने हाल में सूचना भेजी है कि वह दो-तीन सालों में रिटायर होने वाली है। सहेलियों, अगर तुमने कुछ करवाना है तो अभी करवा लो। यूडित चर्मरोग विशेषज्ञ है। वह सहेली होने के नाते रियायत जो देगी। फ़िक्र तो लग जाती है। यूडित कोई ऐरी-गैरी नहीं है और हम जवानी में तो वैसे भी नहीं लौट रहे। अगर हमारे नैन-नक़्श, जो बिल्कुल हमारे अपने नैन-नक़्श हैं, पुनः सम्मान प्राप्त करने योग्य हो जाएँ, अगर हमारी बिल्कुल अपनी आभा, हमारा बिल्कुल अपना सौष्ठव, हमारी सुन्दरता, झुर्रियों और दागों से निकलकर, वापस आ जाए, और सबसे पहले कि हमारे अपने असली नैन-नक़्श लाइनों और झुर्रियों के पीछे छुपकर अन्ततः लगभग गुम हो जाएँ, कौन नहीं चाहेगा कुछ करवाना, स्वभावतः यह सब बस दो-चार साल तक टिकेगा। उसके बाद पूरी प्रक्रिया पुनः आरम्भ हो जाएगी। हम इसे सिर्फ़ इसी वजह से नहीं करवाते, क्योंकि हमारी शख़्सियत ऐसी नहीं है। दो-चार साल का आनन्द लेने के लिए ऐसा व्यक्तित्व भी तो होना चाहिए। वैसे भी दो-चार साल के लिए है, यह सोचने के लिए कोई व्यक्तित्व नहीं चाहिए। इसके लिए सिर्फ़ एक निम्नमध्यवर्गीय घर ही काफी है। मैं कहने का साहस कर रही हूँ, या तो तुम्हें मेरी नाइन जितनी जवान होना चाहिए या फिर किसी बड़े घराने से होना चाहिए, तभी

---

1. सुप्रसिद्ध अमरीकी गायिका और अभिनेत्री।

तुम खूबसूरत बनने का ऑपरेशन करवाने का जोखिम ले सकती हो। वर्ना इसे झेल नहीं पाओगी। अपने आपको बहुत कसूरवार महसूस करोगी, अपने पापा के प्रति, प्रकृति के प्रति, और महसूस करोगी कि तुमने खुदा से मज़ाक किया है। फ़ोएस्ट-कॉलोनी में हमारी इमारत में रहने वाली श्रीमती कुंदेरा इसे जरूर करवा लेतीं। अगर आप ने श्रीमती कुंदेरा को देखा होता तो आप वैसे ही यह समझते कि इसने तो करवा भी रखा है। शायद करवाया भी हो, क्योंकि उसका भाई डाक्टर था। शायद वह किसी को जानता हो, जिसने दोस्ती का फ़र्ज निभाते हुए ऑपरेशन सस्ते में कर दिया हो। क्योंकि पति की मृत्यु के बाद श्रीमती कुंदेरा के पास खूबसूरत बनने का ऑपरेशन करवाने के लिए पैसे नहीं थे। श्रीमती कुंदेरा स्वयं बोहेमिया के एक कुलीन घराने से थी, लेकिन बाद में वह सब गँवा चुकी थी। जंग से पहले मि. कुंदेरा का बोहेमिया में शराब बनाने का कारखाना था, वह भी गँवा दिया था उन्होंने। लेकिन बाद में उसने फ़ोएस्ट में काम करना शुरू कर दिया था, और तरक्की करते-करते थोड़े ही समय में पूर्णाधिकार प्राप्त व्यक्ति[1] के पद पर पहुँच गया था। दरअसल यह भी एक पहेली है कि कुंदेरा दम्पति फोएस्ट-कालोनी में क्यों रहते थे। उनका कोई बहुत ही महँगा शौक था, जिसके बारे में फोएस्ट-कालोनी में कोई नहीं जानता था। हमारे फ्लैट के मुकाबले में उनका फ्लैट तकरीबन खाली था, दी-हीन सा, मेरी माँ कहा करती थी हमेशा, और जब मि. कुंदेरा की मौत हो गयी, जैसा मैंने कहा है, तो श्रीमती कुंदेरा के पास कुछ पैसा नहीं बचा था। अभी मुझे ध्यान आया है : शायद मि. कुंदेरा जुआ खेलते थे। इस सनसनीखेज गरीबी का यही सनसनीखेज खुलासा हो सकता है। क्योंकि कुंदेरा दम्पति किसी यात्रा पर भी नहीं गये थे। अलावा इसके कि उन्होंने सारा पैसा खूबसूरती के ऑपरेशनों पर खर्च कर दिया हो, और कोई वजह समझ में नहीं आती। मेरी नज़रों में श्रीमती कुंदेरा बड़ी उम्र में भी एक सुन्दरी होती थी। खासतौर से दोपहर बाद। दोपहर पहले वह कभी-कभी मेरे घंटी बजाने पर अपना दरवाजा खोलती थी, जब मैं माँ के लिए दवा की कोई गोलियाँ लेने उसके पास जाती थी तो वह चुड़ैल जैसी लगती थी। दोपहर बाद उसके भरपूर बाल दोपहर से पहले बहुत हल्के होते थे और चारों दिशाओं में खड़े होते थे। चेहरे पर किसी चिकनी क्रीम की एक मोटी परत चढ़ी होती थी। दोपहर पहले तक श्रीमती कुंदेरा हमेशा अपने मटमैले और गुलाबी रंग के स्लीपिंग-गाउन पहने रखती थी, जिनमें से पता नहीं कैसी बदबू आ रही होती थी, लेकिन यह तब की बात है, जब मि. कुंदेरा को मरे काफ़ी देर हो चुकी थी। एक दिन दोपहर पहले मैं उसके घर अख़बार "ग्रीन पोस्ट" लेकर गयी थी तो उसने मुझे बताया था कि जब वह अभी बोहेमिया में अपने माता-पिता के महल में रहती थी तो उनके महल में चोरी हो गयी थी। सारी चाँदी को चोर

1. प्रोक्यूरिस्ट।

बहुमूल्य गलीचों में लेपटकर ले गये थे। तब बुडवाइज़ से—मेरा ख़याल है—क्राइम ब्रांच से पुलिस आयी थी, और वह अपने साथ कुत्ते लेकर आयी थी, जिन्हें पुलिस ने जानवरों की चर्बी से चुपड़ रखा था और इस वजह से अन्ततः इन कुत्तों के जरिये खानदानी चाँदी, जो गलीचों में लपेट कर कहीं दबा दी गयी थी, वापस मिल गयी थी। क्यों, मैं नहीं जानती। मैं सिर्फ़ यह जानती हूँ कि इस कहानी ने बचपन में मुझे बहुत प्रभावित किया था। आजकल भी मैं कई बार सोचती रहती हूँ कि जानवरों की चर्बी का खानदानी चाँदी से क्या सम्बन्ध था, और उसे कुत्तों घर क्यों मला गया था। मेरा मतलब कि पहले अगर खानदानी चाँदी पर कुत्तों की चर्बी चुपड़ी होती तो इस पर हैरानी न होती कि कुत्तों ने चाँदी खोज निकाली थी। बाद में कभी मैंने जानवरों की चर्बी का सम्बन्ध श्रीमती कुंदेरा के चेहरे पर चुपड़ी चिकनाई भरी क्रीम से जोड़ा था। वैसे चिकनाई श्रीमती कुंदेरा के लिए हितकारी ही रही थी। अस्सी साल की उम्र में उसके चेहरे पर एक भी झुर्री नहीं थी। उन दिनों जब मैं फ़्रोएस्ट-कालोनी में अपने माता-पिता के साथ श्रीमती कुंदेरा के फ्लैट के ऊपर रहती थी तो हमेशा सोचती थी कि श्रीमती कुंदेरा कमाल की कोई चिकनाई वाली क्रीम इस्तेमाल करती है। पर आज जब मैं खुद पचास से ऊपर की हो चुकी हूँ और जानती हूँ कि चिकनाई वाली क्रीमें क्या-क्या कर देती हैं और क्या नहीं तो वास्तव में मेरी धारणा पक्की होती जा रही है कि श्रीमती कुंदेरा ने कभी न कभी अपने चेहरे की मरम्मत जरूर करवाई है। उसके कपड़े भी बहुत बढ़िया होते थे। कपड़ा एकदम अव्वल दर्जे का और शानदार सिलाई। लेकिन बाबा आदम के जमाने का सब कुछ। श्रीमती कुंदेरा ने एक बार हमें अपने पास बहुत सारे कपड़े होने का राज़ बताया था। वह अपने कपड़ों का रंग हर एक-दो साल बाद अपने बाथ-टब में डालकर बदल देती थीं। कहती थी कि वह उन्हें तब तक पहनती थी जब तक वे छीज कर फट न जाएँ। और सचमुच मेरी माँ ने और मैंने देखा था कि श्रीमती कुंदेरा हमेशा वही कपड़े रंग बदल के दूसरी-दूसरी सज्जा के साथ पहना करती थी। शायद वह अपना पुराना मेक-अप का सामान बोहेमिया से लेकर आयी थी और वही इस्तेमाल कर रही थी, और यह सामान इतना अच्छा होता था कि कोई भी इस्तेमाल करने वाली के चेहरे पर एक भी झुर्री नहीं देख सकता था। मैं कहना यह चाहती थी : आजकल या तो जवान होना चाहिए या किसी बड़े घराने से होना चाहिए, ताकि ऑपरेशन करवा सको। या फिर हालीवुड की अभिनेत्री या मॉडल होना चाहिए। तब तुम्हें शुरू से ही ऑपरेशन करवाने की आदत पड़ जाती है। श्रीमती कुंदेरा एकमात्र ऐसी औरत मैंने अपनी जिन्दगी में देखी है, जो बिना कोई ना नुक्कर किये वृद्धाश्रम चली गयी है। जब उसे ले जाया जा रहा था तो वह ऐसा आभास दे रही थी कि इस तरह उसके नज़दीकी इन्सान उसका ज्यादा ध्यान रख सकेंगे। बचपन में मुझे श्रीमती कुंदेरा ने भिन्न-भिन्न कुलीन लोगों

की भिन्न-भिन्न कहानियाँ सुनाई थी, हालीवुड के बहुत से एक्टरों के किस्से भी उसने मुझे सुनाये थे। अब तक मुझे याद है कि अक्सर एक ड्यूक हेयरिंग के किस्से सुनाया करती थी। मगर शायद उसने वे सब *ग्रीनपोस्ट* में पढ़े थे, जो मैं उसे तब दे आया करती थी, जब मेरी माँ उसे पढ़ लेती थी।

हालीवुड की अभिनेत्रियों से याद आया : पिछली गर्मियों में यूलिया ने भी एक फिल्म में काम किया है। पूछिये मत : नरक था यह भी। यूलिया के लिए नहीं, बल्कि ब्रूनो और मेरे लिए। हुआ यूँ कि यूलिया छात्रों के लिए एक परियोजना जो कर रही थी, उसके अलावा वह ठीक से नहीं जानती थी कि क्या करे, लेकिन उसका पक्का इरादा था कि इस फ़िल्म में वह काम करेगी। भूमिका के बारे में सहायक निर्देशिका ने उसे तब बताया था, जब छह महीने पहले वह एक नाटक में काम कर रही थी। बहरहाल : जैसे कि उसकी आदत है, वह मुझसे तो पूछती नहीं कि क्या वह फ़िल्म में काम कर सकती है, बल्कि अपनी नीली झिलमिलाती आँखों से मुझे देखकर कहती है, मैं फ़िल्म में काम कर रही हूँ, तुझे जो कहना है, कह ले! यह सम्भव है कि वो माँएँ, जिनकी हिमायत एक जिम्मेदार खाविन्द कर रहा होता है, बात मनवाने में उन माँओं से अधिक सफल होती हैं, जो बच्चों का अकेले पालन-पोषण कर रही होती हैं, जिसका सम्बन्ध मुद्दे से नहीं होता, बल्कि कुछ हद तक समाज द्वारा उचित ठहराये गये एक प्राकृतिक अधिकार के साथ होता है, मतलब पिता, जो दायें-बायें सिर हिला कर कहता है "नहीं"। ब्रूनो ने और मैंने भी यह बात देखी हुई है। और खून के रिश्ते से न जुड़ा पिता यह बिल्कुल नहीं कर सकता, क्योंकि किसी भी समझदार आदमी से तर्क पेश करने को कहा जाएगा कि वह किसी चीज से किसी को क्यों रोक रहा है। तर्क-वितर्क तो ख़ैर दोनों पक्षों में खूब हुए हैं।

मैं : फिल्म कौन बना रहा है?

यूलिया : मुझे नहीं पता।

मैं : (सिर्फ़ ख़यालों में, बोल कर नहीं); फिर तू भी काम नहीं करेगी।

यूलिया : (जो लगता है कि ख़यालों को पढ़ सकती है) : जब भी मैं कोई अच्छी चीज करना चाहती हूँ तू अड़ंगा लगा देती है। इतनी खिलाफ़ क्यूँ है तू मेरे?

मैं (सिर्फ़ ख़यालों में) : पहले स्कूल की पढ़ाई पूरी कर ले।

यूलिया : देखा! फिर तेरे पास कहने को कुछ नहीं होता।

उफ़्फ : पहला दौर मैं हार गयी, क्योंकि में बुज़दिल हूँ। सम्भवतः दूसरी तरफ यह भी सोचना पड़ेगा कि मनुष्यों ने अब तक जो हासिल किया है, वह इस वजह से कि माँ-बाप उसमें अड़ंगा नहीं लगा सके। और अगर एक बेटी हालीवुड में कैरियर बनाना चाहती है तो क्यों नहीं? फ़िल्म पूरी होने तक यूलिया शूटिंग वाली जगह पर रह सकती है। ब्रूनो और मैं वहाँ उसे गाड़ी पर छोड़ आया करेंगे। शूटिंग-स्थल,

कित्सब्यूल में एक बंगला, अच्छा प्रकाशित है। वहाँ तीन बारजे हैं और बाग में एक फुहारा है (व्हर्लपुल, साउना और मालिश की कुर्सी के बारे में तो मैं, भगवान का शुक्र है, जानती नहीं, अब तक यूलिया भी नहीं जानती)। मैं कहती हूँ कि यह शूटिंग-स्थल एक छात्र-परियोजना के लिहाज़ से काफी महँगा लग रहा है। यह यूरोपीय संघ की एक परियोजना है, कह कर यूलिया गाड़ी से उतर जाती है। निर्देशक, साफ़ लग रहा है, एक छात्र है, लगभग सोलह बरस का या सत्रह का, लम्बे बाल हैं, मुँह पर फुंसिया हैं, और ब्रूनो, जो फिल्मों के बारे में सब जानता है, उससे पूछताछ करता है। अन्य चीज़ों के अलावा उसे यह मालूम पड़ता है कि यूनिट विएना की फ़िल्म-अकादमी से है, और सोमवार को पहुँचेगी। ब्रूनो प्रभावित होता है, मैं भी। दूसरे एक्टर भी साफ़-साफ़ छात्र ही लग रहे हैं। ब्रूनो और मैं दोस्तों के पास चले जाते हैं, जिनका शूटिंग-स्थल के निकट एक पहाड़ी पर अतिरिक्त घर है, जहाँ वे सप्ताहान्त बिताते हैं। जितनी देर शूटिंग चलेगी, उतनी देर हम वहाँ छुट्टियाँ मनाना चाहते हैं। मैं बिस्तर पर लेटती हूँ और तुरन्त सो जाती हूँ। पर सपने में भी यह किस्सा मेरा पीछा नहीं छोड़ रहा। सपने में हालीवुड का एक स्टूडियो है। लम्बे बालों वाला, फुंसियों वाला एक युवा निर्देशक यूलिया को हर चीज़ का ऑपरेशन करवाने के लिए पटा रहा है : स्तनों का, टाँगों का, कूल्हों का, हर चीज़ का। अचानक दृश्य परिवर्तन : यूलिया वायलिन बजा रही है। लम्बे बालों और फुंसियों वाला निर्देशक अब एक म्यूज़िक-मैनेजर है। यूलिया को अपनी उँगलियों की तकनीक सुधारनी है। वह उँगलियाँ लम्बी करवाने का सुझाव देता है। पसीने से तर हुई मैं उठ जाती हूँ।

आमेली ऐसी किसी स्थिति में कोई चिन्ता न करती। और शायद वह ठीक भी है। क्योंकि : एक धुपैली अपराह्न को, चार या पाँच साल पहले, सोलांगे हाँफती हुई हमारे पास आयी थी। किसी ने उससे पूछा था कि क्या वह उसकी कार में बैठ कर नहीं जाना चाहेगी, उसने हमें बताया था : क्या बेवकूफ़ी है, थोड़ी सी दूरी के लिए कार में बैठना! क्या वह अड़ा रहा था, मैंने पूछा था। अड़ा रहे बेशक़, सोलांगे ने कहा था : मैं बेवकूफ़ तो हूँ नहीं। कारों से मैं इतना दूर रहती हूँ कि मुझे कोई भीतर नहीं खींच सकता। फिर भी मैं वहाँ से भाग पड़ी। चूँकि सोलांगे की फंतासी की उड़ान काफ़ी ऊँची होती है, अतः तब मैं सोच रही थी कि सोलांगे ने कहानी खुद ही तो नहीं गढ़ी थी। लेकिन कुछ ही दिनों बाद, शायद तीन हफ़्ते बाद, यूलिया स्कूल से प्रिंसिपल का एक खत लेकर आयी, जिनमें माता-पिताओं को सूचना दी गयी थी कि स्कूल के नज़दीक एक लड़की को गैराज में धकेलकर उसे कपड़े उतारने को बाध्य किया गया था। ईश्वर की कृपा से इससे ज्यादा कुछ नहीं हुआ। लेकिन बच्चों के साथ बलात्कार करने की इस खबर की जानकारी से माता-पिताओं में बड़ी खलबली मच

गयी थी। बच्चों को स्कूल से लेकर आने का इन्तज़ाम किया गया। यूलिया को एक सहपाठिन का पिता, जो यूलिया के साथ हिप-हॉप सीखती थी, बल्कि डांस के घंटों में डांस-स्कूल के बाहर बैठ कर पहरा देता रहता था। आमेली इस आतंक की प्रवृत्ति पर भी निराशा में सिर हिला रही थी। उन दिनों भी वह सोलांगे को अकेली घर लौटने देती थी। तब मैंने सोचा था कि बौद्ध मत वास्तव में जीवन के लिए एक व्यावहारिक धर्म है। क्योंकि : कर्म का किस्सा छोड़ भी दो तो तुम वैसे क्या कर सकते हो, क्योंकि अधिकतर ऐसी घटना तब घटती है, जब तुम उसकी उम्मीद ही नहीं कर सकते। हालाँकि : सुनने में आता है कि बड़े हादसे तब घटते हैं, जब छोटे संकेतों को नज़रअंदाज किया जाता है या उन्हें अहमियत नहीं दी जाती : विदेशियों, या बाल-बलात्कारियों या इस्लाम पर कोई आजकल कभी भी बहस छेड़ देता है, किसी का पारा चढ़ जाता है और एक दिन वह बाहर निकलता है और एक विदेशी या बाल-बलात्कारी या मुसलमान को गोली मार देता है, या एक ग़लत अनुमान पर आधारित विदेशी, बाल-बलात्कारी या मुसलमान को गोली मार देता है। या कोई मानसिक रोगी, विकृतमना, जो अन्ततः अपनी प्रेमिका को छुरा घोंप देता है पहले भी ज़रा-ज़रा सी बात पर गर्मी खा चुका होता है : वह गलत तरह का पर्स लेकर निकलती है, गलत लोगों से बात करती है और पैसे लुटाती रहती हैं, हाँ, मुझे माक्स का ख़याल आ रहा है। अन्त में, जब आमेली और सोलांगे तकरीबन उसके यहाँ जाकर रहने ही वाले थे, वह यह गुस्ताखी कर बैठा कि अड़ गया इस बात पर कि लोवर म्यूल-क्षेत्र में उसके घर की उत्तरी दिशा में वह दीवारें चिनवाएगा, ऊर्जा का खर्च बचाने के लिए। और उसने घर में आमेली को उसका अपना कमरा देने से मना कर दिया, हालाँकि घर में काफी कमरे थे। जिस कमरे में आमेली को रहना था, उसे वह किराये पर चढ़ाना चाहता था और इस तरह बुढ़ापे में गरम करने का खर्च कम करके अपने खर्च के पैसे भी निकालना चाहता था। खुदा का शुक्र है कि आमेली ने आख़िरी वक्त़ पर सोलांगे के साथ उस घर में जाने का ख़याल दिल से निकाल दिया था।

इन दिनों छोटी बिल्ली कँपाने वाली कुर्सी के नीचे घुस जाती है। मेरे ख़याल से उसका चेहरा ढूँढ़ रही होती है। क्योंकि कहीं से तो, वह सोचती होगी, भनभनाने की आवाज निकलती होगी। ब्रूनो की तरह है यह। वह भी कुर्सी का नीचे से मुआइना करता रहता है। लेकिन वह मोटर देख रहा होता है। उसके चलने का ढंग और उसका विन्यास देख रहा होता है। बिल्ली की तरह वह कुर्सी के नीचे कम से कम छुप तो नहीं जाता। बिल्ली कुर्सी के नीचे हर बार और भी गहराई में घुसने की कोशिश करती

है। कई बार तो उस पर पूरा ज़ोर आजमा के उसे बाहर निकालना पड़ता है। ब्रूनो तो नीचे ऐसे घुसा होता है जैसे कोई मोटर मेकेनिक फेरारी के नीचे घुसा हो। मुझे डर है कि किसी दिन वह कुर्सी के अंजर-पंजर अलग न कर दे।

इन दिनों बच्चों का एक मनोविश्लेषक भी मेरी माँ और मेरे भूतपूर्व के साथ आ मिला है। वह मुझसे लगभग 35 साल छोटा है, ठिगना और पीला, और मुझे उलाहने भरी दृष्टि से देखता है, यह तो मैं पक्की तरह जानती हूँ। उसकी तीन दिन की बढ़ी दाढ़ी उसकी उलाहने भरी दृष्टि की और भी तसदीक करती है। वह कहता है कि वह बच्ची का वकील है। मेरा भूतपूर्व खुश होकर हामी में सिर हिलाता है। हर किस्से में, चाहे वह कुछ भी हो, बाल-मनोविश्लेषक दोहराता है : बच्ची का वकील। मैं भी अब हामी में सर हिला देती हूँ। बाल-मनोविश्लेषक की हैसियत से यहाँ आने के बाद वह और कहेगा भी क्या! और मैं उससे पूरी सहमत होती हूँ और मुझे समझ नहीं आ रही कि अचानक मैं एक अत्यन्त ही नकारात्मक भूमिका में, अर्थात् माँ की भूमिका में आ फँसी हूँ, जिसके पक्ष में ऐसा एक बाल-मनोविश्लेषक हो ही नहीं सकता, वर्ना वह बाल-मनोविश्लेषक की बजाय माँ-मनोविश्लेषक न कहलाता? मैं भी बच्चों की पक्षधर हूँ, लेकिन अब यहाँ मुझे उसका कोई फायदा नहीं है। बाल-मनोविश्लेषक जीभ चटकारता है। इससे वह सिर्फ़ उलाहना देता ही नहीं लगता, बल्कि नाराज भी लगता है। लेकिन शायद वह उलाहने बिल्कुल नहीं दे रहा, न ही नाराज़ है, बस जीभ से सिर्फ "टिक" कर रहा है।

बाल-मनोविश्लेषक कहता है कि परिवारों में बहुत कम बोला जाता है। अब वह स्पष्टतः नाराज़ी से अपना सिर उठाकर मुझे देखता है। इससे बच्चे अकेले महसूस करते हैं, वह भर्राई सी आवाज़ में कहता है, और मेरा भूतपूर्व फिर खुश होकर हामी भरता हैं। मेरी माँ पहले तो चुप रहती है, लेकिन फिर वह स्वयं पर नियंत्रण नहीं रख पाती। मैं हमेशा अपनी बेटी से कहती रहती हूँ, वह कहती है कि हम एक-दूसरे की सहेलियाँ हैं, और यह मुझे बताये कि इसकी क्या चिन्ताएँ हैं। लेकिन माँ ने ऐसा कुछ कभी नहीं कहा था। कभी नहीं बताती, मेरी माँ कहती है। बाल-मनोविश्लेषक मुझे देखकर अस्पष्ट सा मुस्कराता है। शायद वह अब मेरे साथ मिलकर मेरी माँ के खिलाफ़ होने वाला है। सम्बन्ध में मैं अपनी माँ की बच्ची हूँ और वह मेरा वकील, एक माँ, वह कहता है, कभी अपनी बेटी की सहेली नहीं हो सकती। क्योंकि, वह कहता है, बल्कि दायें हाथ की तर्जनी भी ऊपर कर लेता है : क्योंकि वह माँ है। किस को कह रहा है! मैं बिल्कुल सहमत हूँ, लेकिन इसमें भी मेरा फायदा नहीं है। आप माँ हैं, वह दोहराता है, जैसे मैं बेवकूफ हूँ और मुझे इस

दुखदायी तथ्य पर कोई शंका हैं। मैं सालों से यह कह रही हूँ, मेरा भूतपूर्व बीच में बोलता है, जिसे बाल-मनोविश्लेषक से पूरा प्रोत्साहन मिल रहा है : माँ तू है, वास्तव में हम जब एक साथ रहते थे तो वह हर अवसर पर यह कहता था। खिलाते हुए, पोतड़े बदलते हुए, सो कर उठते हुए, खाना बनाते हुए, कपड़े पहनते-पहनाते हुए : तू माँ है। अब माँ भी ज़ोर से सहमति में सर हिलाती है, स्पष्टतः वह खुश है कि अब बाल मनोविश्लेषक उस पर नहीं, बल्कि मुझ पर निशाना साधे हुए है। अब मैं अपने बिस्तर पर पीठ के बल लेटी हूँ, और वो बना दी गयी हूँ, जो माँ की भूमिका निभाने से इनकार कर रही है। मेरी माँ, बाल-विश्लेषक और मेरा भूतपूर्व उत्सुकतार्पूक मुझ पर झुके हुए हैं। अगर मैं अब उठकर रोना और शोर मचाना शुरू नहीं कर देती तो मुझे डर है कि मैं फट जाऊँगी। लेकिन आप क्या अपने बाल-विश्लेषक, अपने भूतपूर्व और अपनी माँ के सामने ऐसे रोयें-झीकेंगे? इतनी बुरी हार कोई नहीं झेल सकता। निश्चल, पीठ के बल लेटे हुए मैं आँखें मूँद लेती हूँ।

बन्द पलकों के पीछे बदशक्ल राक्षस कूद-फाँद कर रहे हैं, जिनके भीतर मैं रसोई का बड़ा चाकू घुसेड़ देती हूँ। बहुत खून निकलता है : आपकी बेटी आपकी माँ के उस खौफ़ में जी रही है, जिसे आप अब तक अपने मन से निकाल नहीं सकीं, मनोविश्लेषक मुझे कहता है, और इस कहने पर मेरा भूतपूर्व उसे गले से लगा लेता है। मेरी माँ स्वभावतः बहुत खुन्नस खा जाती है। वह मनोविश्लेषक को इतनी ज़ोर से धक्का मारती है कि वह पीछे जा गिरता है। अब मैं आपको कुछ अक़्ल देती हूँ, पीठ के बल पड़े, तड़फड़ाते बाल-मनोविश्लेषक से मेरी माँ कहती है, हमारे घर में कभी खौफ़ नहीं खाया जाता था, और न खाया जाता है। और भविष्य में भी कभी कोई खौफ़ नहीं खाएगा, न मेरी दोहती और न मेरी दोहती की बेटी। और आप हमें यह समझाने की कोशिश नहीं करेंगे कि हम सब पागल हैं, और फिर अपने पागलखाने में भर्ती करने की कोशिश नहीं करेंगे, जहाँ आप हमें रात को बिस्तर से बाँध कर रखेंगे, ताकि हम कहीं खुद को ही जख्मी न कर लें, दरअसल आप हम पर कोई सन्देहास्पद प्रयोग करना चाहते हैं, और आप हमें कोई टीका भी नहीं लगाएँगे। जानते भी हैं आप कि एक इन्सान को कैसा लगता है, जिसे बिस्तर पर बाँध कर ऐसा टीका लगाया जाता है, जो वह लगवाना नहीं चाहता? खूबसूरती बढ़ाने वाले आपके सारे प्रसाधन भी किसी काम नहीं आएँगे : व्यावसायिक चिकित्सा हो या ग्रुपों में चिकित्सा हो, या तनावमुक्ति की, या सामाजिक चिकित्सा हो, या कल्पनाशक्ति पर आधारित *काटाथीम*-मनोविश्लेषण हो, संगीत-चिकित्सा हो, देह के ज्ञान की चिकित्सा हो, प्रकाश-चिकित्सा हो, निद्रा चिकित्सा हो, और फिर अन्त में निद्राविहीन करने की चिकित्सा हो, शीत-चिकित्सा हो, अँधेरे में रखने की चिकित्सा

हो या बिजली का करंट लगाने की। हम खुद को रात को उन बसों में चढ़ा कर नहीं ले जाने देंगे, जो अँधेरे में गायब हो जाती हैं, और फिर कभी नज़र नहीं आतीं...

उन दिनों, ऊअरफ़ार वाले पुराने फ्लैट में, मैं हर रात रोया करती थी। ब्रूनो तब हमारे यहाँ रात नहीं बिताता था, और मैं हमेशा सोचती थी कि वह अब हमारे यहाँ रुकना शुरू करेगा, अब करेगा, जैसे में सोचा करती थी कि वह अब तलाक लेगा, अब लेगा और हमारे पास आकर रहने लगेगा। तब बरसों मैं हर रात चार या पाँच बार जागती थी, क्योंकि मुझे प्रतीत होता था कि मैंने अपने फ्लैट के दरवाजे के ताले में ब्रूनो की चाबी घूमने की खड़खड़ सुनी है या घंटी बजती सुनी है। फिर जब मैं उठकर दरवाजे के छेद से देखती थी तो वहाँ कोई नहीं होता था। कई बार मुझे ख्वाब आते थे कि मैं यूलिया का हाथ पकड़े किसी मोहल्ले से भागते हुए निकल रही हूँ और घरों और दरवाजे की खिड़कियों में देख रही हूँ कि परिवार खाने की मेज़ पर बैठे हुए हैं और (अजीब बात है) एक पिता अपने बेटे के साथ रेलगाड़ी-रेलगाड़ी खेल रहा है। हमारे पीछे एक कातिल पड़ा हुआ है। हम खिड़कियों के शीशों पर हाथ मार-मार कर मदद की गुहार करते हैं, लेकिन हमें न कोई देखता है न सुनता है। या मैं ख्वाब देखती हूँ कि ब्रूनो ने हमारे फ्लैट की चाबी लगाकर घर में प्रवेश लिया है और बहुत देर से बिस्तर में मेरी बगल में लेटा हुआ है। जब मैं जागती हूँ तो देखती हूँ कि वहाँ कोई नहीं है। फिर मैं ज्यादातर रसोई में जाकर सिगरेट पीती रहती हूँ और रोती रहती हूँ। एक तरह से मैं सोचती हूँ कि कैसे मैं खुद को इस हाल में ले आयी हूँ। मेरा मतलब है रोने और सिगरेट पीने से हालात तो नहीं बदल जाते। यहाँ पर आमेली का कहना सही लगता है : ऐसे बुर्जुआ इन्सानों से परे रहें। दूसरी तरफ फिर से : इस बार भी सही। ऐसा एक बुर्जुआ इन्सान अपनी बुर्जुआ व्यवस्था को खतरे में डालने की बजाय तुझे ही मर जाने देगा। इससे ज्यादा निष्ठुर कोई मनुष्य ही नहीं होगा जो अपनी बरसों से भाड़ में जा चुकी शादी के बारे में समझता है कि वह खतरे में पड़ जाएगी। और वह जानता ही नहीं कि वह क्या सोच रहा है। बुर्जुआ इन्सान तुम्हारे व्यवहार को तुम्हारे चरित्र, जिम्मेदारी के एहसास को स्वायत्तता और हताशा को कमजोरी समझता है। जो इन्सान बुर्जुआ नहीं है, उसे यह बात समझाना बहुत कठिन है। वह इसे कभी नहीं समझेगा। लेकिन किसी तरह से काफी वक्त़ से सवाल ब्रूनो से परे रहने या न रहने का नहीं था, बल्कि यह था कि वह मुझसे परे रहने का कोई इरादा नहीं रखता था। आज, जब काफी वक्त़ गुज़र चुका है तो मैं सोचती हूँ कि मेरे भूतपूर्व से सम्बन्धों ने मेरी भारी हताशा और अकेलेपन में एक बहुत बड़ी भूमिका निभाई है। मेरे भूतपूर्व का मानना था कि कोई व्यक्ति मुझसे प्यार नहीं कर

सकता। जहाँ तक एक साथ रहने वगैरह का प्रश्न है। मेरे भूतपूर्व ने बस यही नहीं कहा कि मैं एक दूसरों पर निर्भर, प्यार न करने लायक, खुदगर्ज़ और बेशऊर इन्सान हूँ, कि कोई भी समझदार इन्सान मुझे झेल नहीं सकता। अब तो अच्छी तरह से जाना जा सकता है कि अलग होने के बाद एक-दूसरे के बारे में लोग क्या बातें करते हैं। सिर्फ इतना कि तब हम अलग नहीं हुए थे, जब मेरा भूतपूर्व, जो तब मेरा भूतपूर्व नहीं था, हमेशा कहा करता था कि कोई इन्सान (सिवाय उसके) मेरे साथ रह नहीं सकता। और मेरा ख़याल है कि आज शायद अवचेतन स्तर पर इसका असर मुझ पर हो चुका है, भले ही मैंने कभी इस बात को स्वीकार नहीं किया। मेरा मतलब है : ऐसा नहीं कि वैसे मुझे फ़र्क ही न पड़ता कि ब्रूनो हमारे साथ रहेगा या नहीं, लेकिन शायद मैं पूरे दो साल हर रात सिगरेटों के दो पैकेट खत्म न करती और रोती न। या दो साल बाद मैं ब्रूनो को छोड़ देती। मेरे भूतपूर्व का एक बार किसी संगीत समारोह में ब्रूनो से परिचय हुआ था, लेकिन तब तक हमारा आपस में कोई चक्कर नहीं था। लेकिन बाद में उसने ब्रूनो को याद किया था और एक और फ़िकरा मेरे याद करने के लिए पेश किया था, "वह", जब उसका अनुमान था कि मेरे ब्रूनो से सम्बन्ध थे तो उसने कहा था, "कभी तलाक नहीं लेगा"। यह आज अविश्वसनीय लगता है। एक शाप ही था यह लगभग। आप इस पर यक़ीन भी नहीं करते, लेकिन इससे भाग भी नहीं सकते।

IV

हाज़लिंगर और श्रयोडर द्वितीय की मदद से मैंने अब अपनी बैठक का नक़शा बदल दिया है। मेरी कँपाने वाली कुर्सी सचमुच बहुत जगह घेरने वाली थी। यूलिया सही कह रही थी। और चूँकि मैंने उसे आठ कुर्सियों वाली डाइनिंग-टेबल के आख़िरी सिरे पर लगा दिया था, इसलिए अन्ततः सारी चीजें एक साथ पड़ी बड़ी घुटन का एहसास देती थीं। डाइनिंग-टेबल के पीछे बैठने के लिए पहले दीवार और मेज़ के बीच सिकुड़ना पड़ता था और फिर ज्यादा हिलेडुले बिना वहाँ जम कर बैठना पड़ता था। दीदी ने, जो चित्रकार भी है और जगहों में गुंजाइश की अच्छी पहचान रखती है, कभी मुझे सलाह दी थी कि मैं मेज़ को ज़रा टेढ़ा रख के जगह बना सकती हूँ। लेकिन मेज़ टेढ़ी रखने वाली बात मुझे भा नहीं रही थी, क्योंकि मेरे दुछत्ती वाले फ्लैट में पहले ही बहुत सी टेढ़ी शहतीरें और दीवारें हैं। फिर हमने उसे कमरे के लम्बाई वाले हिस्से में दायें कोण में रख दिया है। अब उसी फर्नीचर से वह अपने ऊपर बनी दुछत्ती की तरह शान्त लगता है। और यह अच्छा ही हुआ कि मैंने यूलिया की बात मान कर *मोंस्टरशेन* मार्के का सोफा नहीं खरीदा था, बल्कि *गाउडी* मार्के का खरीदा था। *मोंस्टरशेन* मुझे वैसे तो बुरा न लगता, अगर उस पर आराम से बैठना मुश्किल न होता। बैठने की सतह 160 सेंटीमीटर गहरी है, जिसकी वजह से उस पर सीधा होकर नहीं बैठा जा सकता, बल्कि किसी तरह उस पर अधलेटा पड़ा जा सकता है। मतलब बदतमीज़ी से बैठा या लेता जा सकता है। लेकिन मैंने तब नहीं सोचा था कि इस *मोंस्टरशेन*-सोफे पर बैठूँगी या आधी लेटूँगी वगैरह, बल्कि सिर्फ़ लेटने का इरादा था मेरा। चूँकि 160 सें.मी. इसकी गहराई थी, अतः कभी-कभी दो, बल्कि तीन जने भी इस पर लेट सकते थे। कुल मिलाकर यह एक तरीके की छड़ों वाली चारपाई सी नज़र आती, जो मुझे ऑर्डर देते समय ख़ास ही अच्छा लगता, क्योंकि मैं तब नहीं जानती थी कि डाइनिंग-टेबल के जो, *इकेया* प्रदर्शनी हॉल में इतनी लम्बी-चौड़ी नहीं लग रही थी, घर में लाने के बाद इतनी बड़ी निकलेगी कि हम उसे अपनी बनाई योजनानुसार कमरे की दक्षिणी दीवार के साथ नहीं, बल्कि उत्तरी दीवार के साथ लगा सकेंगे, क्योंकि जैसे अब सोफ़ा दक्षिणी दीवार के साथ पड़ा हुआ है, वहाँ *मोंस्टरशेन* कभी पूरा न आता, इसके अलावा जब मैंने अन्ततः *गाउडी*—मार्के का *ब्रेत्स*—सोफा

ख़रीदने का फैसला ले लिया था तो सेल्समैन ने मुझे बधाई भी दी थी और मेरे सामने माना था कि *मोंस्टरशेन* मार्के के *ब्रेत्स* सोफे अधिकतर उत्पादक के पास वापस जाते हैं, क्योंकि वे सचमुच इतनी जगह घेरते हैं कि उन्हें जब ज़ीने के रास्ते ऊपर पहुँचा भी दिया जाता है, जिसकी ज़रूरत हमेशा नहीं पड़ती, तो अधिकतर वे दरवाज़े में ही पूरे नहीं आते। ठीक है, यूलिया जीत गयी, तब मैंने कहा था, लेकिन मेरे विचार से वह इस भारी-भरकम सोफ़े को इसलिए पसन्द नहीं करती थी कि वह एक विशाल, सलाखों वाली चारपाई पर मेरे या कभी-कभी ब्रूनो के साथ एक साथ लेटने और पढ़ने के ख़याल से ही घबरा रही थी। तब मेरा ख़याल यह था कि यही तो है, जो यूलिया को चाहिए, एक खुला पारिवारिक सोफ़ा जिस पर हम सब लेट कर पढ़ते। लेकिन माँ के रूप में एक औरत को बच्चों की पसन्द के पीछे-पीछे चलना पड़ता है। कल जो सही होता था, आज वह असम्भव हो चुका है, और सिर्फ़ उम्र की वजह से ही नहीं। चटख लाल *गाउडी* मार्के के सोफ़े पर अब ज़्यादातर काली बिल्लियाँ बैठती हैं, क्योंकि बिल्लियों का सौन्दर्यबोध कमाल का होता है। और किसी तरह लगता है कि उन्हें यह महसूस होता है कि चटख लाल सोफ़े पर बैठी वे बहुत सुन्दर दिख रही हैं। ख़ास तौर से काली होने के कारण। अनगिनत चित्रों के आधार पर मैं इसे प्रमाणित कर सकती हूँ। बैठक में लंबी पड़ी डाइनिंग-टेबल के आख़िरी सिरे के एकदम ऊपर इस समय पहली मंज़िल पर गैलरी के फ़र्श के सिरे की निचली तरफ़ से एक शुभ वियतनामी लैम्प लटक रहा है। जो, *फ़ेंग-शुई* पर मेरी इतनी सारी पढ़ी किताबों के मुताबिक, अगर मुझे ठीक से याद है, उसके लिए सबसे सही जगह है, जो, *फ़ेंग-शुई* के अनुसार, कमरे के कोनों में फँसी उसकी ऊर्जा को मोड़कर बेरोकटोक आगे जाने देता है। पुष्टि के लिए मैं ये पुस्तकें फिर से नहीं पढ़ सकती, क्योंकि *फ़ेंग-शुई* से ही प्रभावित कूड़ा-कबाड़ निकालने के एक सफ़ाई-अभियान में मैंने इन पुस्तकों को निकाल कर फेंक दिया था। किसी तरह मुझे निराशा हुई कि ऊर्जा वैसे नहीं बही लगती थी, जितनी उन पुस्तकों के अनुसार बहनी चाहिए थी। मेरा इशारा लिखने के प्रति मेरे संकोच की तरफ़ है। वैसे तो काफ़ी समय से मुझे यह संकोच होना ही नहीं चाहिए था। मेरी मुद्रा सिर्फ़ कुर्सी पर बैठे हुए सही होनी चाहिए थी। पीठ दीवार की तरफ़ और कमरे के दरवाज़े की तरफ़, और बारजे का दरवाज़ा आँखों के सामने हो, सामने का नज़ारा कमरे की तरफ़ और नज़र नज़ारे की तरफ़, जहाँ मैं बारजे और पौधों के अलावा खुले आसमान को देखती हूँ, जहाँ, मौसम के मुताबिक बादल तेज़ी से भाग रहे होते हैं या गोल होकर ऊँची मीनारें बना रहे होते हैं या फूले हुए पृष्ठभूमि में चिपके होते हैं, या फिर गर्मियों में अफ़्रीकी अबाबील चिड़ियाँ फुर्र से उड़ती हुई निकल जाती हैं, जो जैसा मुझे हंस ने बताया है, दुनिया की सबसे निपुण उड़ाकू हैं, और सचमुच वे हमारे बारजे पर तीर की तरह झपटती हैं, हक्की-बक्की बिल्लियों पर बैठ जाती हैं, और अन्तिम क्षण में चीखते हुए भाग जाती

हैं। अब, पतझड़ के अन्त में, वे काफ़ी समय से उड़कर अपने असली मैदानों और समुद्रतटों और चट्टानों को लौट चुकी हैं, जहाँ वे छोटे-छोटे आलों में या कगारों पर खड़े हुए सोती हैं और अपने बच्चे बड़े करती हैं।

लेकिन अब ऐसा होगा कि लिखने की सही स्थिति कई हिस्सों से जुड़कर बनेगी, जिनमें से सही मुद्रा में बैठना सिर्फ़ एक हिस्से का नाम है। इसके टुकड़े हैं शारीरिक तथा मानसिक दशा, आन्तरिक शान्ति तथा सुसंगति और आन्तरिक सन्तुलन, जिनमें ज़रूरी गुस्से तथा कुछ बताने की प्रेरणा का तड़का हो, जो इस विश्वास से उत्पन्न होते हैं कि लिखने का और बाज़ार में पुस्तकों की संख्या बढ़ाने का कोई अर्थ है। मेरा मतलब है कि युवा लोगों के लिए यह कोई कला नहीं है। युवा लोग सोचते हैं–खुद को और दुनिया को कुछ ज़्यादा ही सयाना समझते हुए, कि सिर्फ़ वह लिख डालना ही दुनिया को बताने लायक़ है, जो इस समय उनके दिमाग़ में पनप रहा है, सिर्फ़ इसलिए कि वह उनके दिमाग़ में पनप रहा है। जो उम्र में बड़े होते हैं, उनका आम विश्वास यह होता है कि सार्थक रचनाएँ वो होती हैं, जिन्हें कलाकृति जैसा बुना जाता है, जिनमें फैलाव होता है और जिनके पात्र कद्दावर होते हैं। महान लेखकों की जीवनानन्द में लिखी गयी उनकी रचनाएँ देखिए, तक़रीबन सभी ठोस, सन्तुलित, भारी-भरकम होती हैं, जिन्हें पढ़ना अपेक्षाकृत कठिन होता है। वही लेखक, जो युवा प्रतिभाएँ होने पर समाज के अधपतन, कामेच्छा के दमन, या इनसे दूसरे तरह के विषयों जैसे उजड्ड से उजड्ड सेक्स-प्रयोगों की मुनादी पर लिखते हैं, अन्त में जा कर मानवीय प्रयासों की विफलता पर सौम्य रचनाएँ बनाते हैं। मानवीय जीवन में सेक्स सिकुड़ कर हाशिये पर जा पहुँचता है। अनायास सहमति, सौम्य वार्तालाप और मानवतावादी ज्ञान का महत्त्व बढ़ जाता है। हर चीज में एक ऐसे बूढ़े आदमी की झलक मिलती है, जिसे ज़िन्दगी से कोई बड़ी उम्मीदें नहीं हैं। सबसे बुरी बात यह होती है, जब तुम स्वयं उसके बीच होते हो। दरअसल तुम्हें बहुत कुछ ऐसा उत्कंठित नहीं करता, जो तुम्हारी युवावस्था में तुम्हें लुभाता था। तुम्हें इच्छा नहीं रहती ऐसे अव्यवस्थापूर्ण फ़्लैटों या घरों में, जिनमें कई लोग मिलजुल कर रहते हैं, रहकर एक क्रान्तिकारी समाज के निर्माण हेतु अंकुर प्रस्फुटित करने या जो भी कोई घमंडी सा सुन्दर प्रेमी मिल जाए, उसके साथ लेट जाने की, क्योंकि इससे तुम धन्य हो जाती हो, क्योंकि वह तुम्हें जलाता रहता है। तुम उस पड़ोसी की अवस्था पर कुड़कुड़ करना बन्द कर देती हो, जो रोज़ाना कम से कम एक बार तो अपनी बीवी पर ज़रूर चिल्लाता है, और तुमसे पूछना छोड़ देता है कि क्या शराबी या सरके हुए लोग अधिक संवेदनशील, और इसलिए बेहतर मनुष्य होते हैं। इस बीच तुम जान गयी हो कि सामूहिक निवासों में आजकल वैसे ही ओछे नमूनों का निर्माण हो रहा है जैसा सब जगह हो रहा है, कि शराबी और पागल बेहतर मनुष्य

नहीं होते, और तू मानवीय हिंसा के कारणों पर कुड़-कुड़ नहीं करती। अब मामला पूरा पलट गया है। तू सोचती है कि कोई घमंडी सुन्दर प्रेमी तुझे जलाने तेरे पास ही क्यों आता है, तू जानती है कि तेरा पड़ोसी इतना आलसी है कि अपनी बीवी से बात नहीं कर सकता और इसलिए उस पर चिल्लाता रहता है, कि शराबी और पागल बेहतर मनुष्य तो होते नहीं, बल्कि घटिया मनुष्य होते हैं, कम से कम दूसरे मनुष्यों के साथ उनका व्यवहार तो ऐसा ही होता है, और जहाँ तक मानवीय हिंसा का प्रश्न है, तुम सोचती हो कि कुछ हो क्यूँ नहीं रहा। और अगर तुम्हारे पास कोई विपरीत योजना नहीं है, मसलन जैसे मनुष्यों को ज्ञान देना या वर्गहीन समाज का निर्माण करना या मानव-जीवन के हर क्षेत्र में धीरे-धीरे लोकतंत्र की व्यवस्था करना, तो तुम्हें सब मूर्ख समझेंगे। ख़ासतौर से एक लेखक के रूप में। यथार्थवादी लेखक के रूप में तो अवश्य ही। मेरा मतलब है कि हर लेखक के लिए आज मसलन फिर से प्रयोगवादी साहित्य में सार्थकता ही सार्थकता है। या मानवतावादी शिक्षा ही ले लो। तो तुम होमर की ओडिसी ले लेते हो, या ग्रीक शौर्यगाथाएँ, या बाइबिल ही ले लो, या राजनीति, विज्ञान और कला के क्षेत्र से महान हस्तियाँ, और तुम उनके जीवनचरित पढ़ते हो और तुम्हारे पास सुन्दरतम सामग्री एकत्र हो गयी, मनुष्यों को ज्ञान देने के लिए तुम जिनका आधुनिकीकरण करती हो। या फिर तुम अपने पुराने शौक़ों और सपनों को साकार करती हो : पर्वतारोहण, नौका-विहार, रोमांच-यात्राएँ, सहारा रेगिस्तान को पैदल पार करना, और न जाने क्या-क्या। तुम्हारे नज़दीकी जान-पहचान वाले मनुष्यों में भी तुम्हें पर्याप्त सामग्री मिल जाती है, जिनके जीवन सार्थक थे : बड़े शिकारी, असफल नेता, जुआरी, शराबी, पागल। मसलन मैं इज़रायल जाकर अपनी भूतपूर्व सहेली अन्नेमारी की मृत्यु के सही कारणों की खोज कर सकती हूँ, या फिर मैं अपनी म्यूल क्षेत्र वाली मौसी मिस्सी के जीवन को पुनः स्थापित कर सकती हूँ, जो चालीस साल की उम्र में मिशनरी बनकर अफ़्रीका गयी थी और आज तक नहीं लौटी। या फिर मेरी माँ के जीजा की कहानी, जो इंजीनियर है, और बरसों भारत में मशीनें फ़िट करने का काम करता रहा है, और उन युवा लोगों को, जिन्होंने उसके घर में काम किया है, सभ्य ईसाई बनाने के प्रयत्न करता रहा है। या बचपन की मेरी सबसे अच्छी सहेली के पिता की कहानी, जो मशीनें फ़िट करने अफ़्रीका गया हुआ है। दूसरी तरफ : इनके लिए मेरे पास ऊर्जा नहीं है। साथ ही वह गहरा विश्वास भी नहीं है कि मैं ऐसे कामों के लिए सही व्यक्ति हूँ। मेरा मतलब, कितने ही लायक़ पत्रकार, अध्यापक, विश्व-यात्री और प्रशिक्षित पर्वतारोही हैं या लम्बी दौड़ लगाने वाले धावक हैं, जो इन कामों के लिए मुझसे काफ़ी ज़्यादा लायक़ हैं। शरीर में इतनी ताकत ही नहीं है मेरे तो। चलो इस बात को भी छोड़ दें तो मैं वैसे भी एक दिन उठ कर दुनिया देखने नहीं चल पड़ूँगी। और यूलिया भी मेरे साथ नहीं

जाना चाहेगी, यह बात पक्की है। बर्लिन और इटली ही उसके लिए काफ़ी थे। जब हम लिंत्स रहने आये थे तो मैंने उससे वायदा किया था कि जब तक उसकी स्कूल की पढ़ाई पूरी नहीं होती हम यहीं रहेंगे। इटली से वह इतनी आजिज़ आ चुकी थी कि जब वह टीवी में किसी को इतालवी बोलती देखती है तो कान बन्द कर लेती है। मैं यह सोच कर दिल को तसल्ली देती हूँ कि यह सब बाद में बदल जाएगा। क्योंकि वैसे वह इतालवी फर्राटे से बोल लेती है और लिखने में भी स्वयं को अभिव्यक्त कर सकती है। अभी उसने मुझे बताया है कि तीन साल पहले वह एक बार अपने पिता के साथ अपने पहले वाले प्रायमरी स्कूल में अपनी क्लास में गयी थी। माएस्त्रा, मतलब उसकी टीचर ने, जो एक बहुत प्रभावशाली लोकप्रिय वृद्ध महिला है, उसे कहा कि उस समय जो स्कूल वर्क दिया गया था, वह भी साथ में करे। बस ऐसे ही : यूलिया कहती है कि उसने सबसे बढ़िया निबन्ध लिखा था और माएस्त्रा ने पूरी क्लास को वह पढ़ कर सुनाया था। उसका विषय था : रक्तकुमारी[1] को अपनी लाल किताब कैसे मिली? यूलिया ने बताया कि जब वह इटली में स्कूल में पहली कक्षा में होती थी, तो तब माएस्त्रा ने यह कहानी एक बार सुनाई थी। और यूलिया ने इस कहानी को गौर से सुना था, क्योंकि यह उन कहानियों में से नहीं थी, जिन पर टीचर ने कहा था विश्वास किया जा सकता है या नहीं किया जा सकता है, बल्कि यह एक सच्ची कहानी थी, जो कथन यूलिया को बिल्कुल स्वीकार नहीं था। इटली के प्रायमरी स्कूल की पहली कक्षा की माएस्त्रा के अनुसार, रक्तकुमारी, जब वह अभी रक्तकुमारी नहीं होती थी, बल्कि एक साधारण पक्षी होती थी, तब ईसा मसीह के पास उड़ कर गयी थी, जब वह क्रूस पर लटके हुए थे, और अपने गाने से उन्हें सान्त्वना देने के लिए वह जा कर उनके सिर पर बैठ गयी थी। यीशु के काँटों का ताज पहने सिर पर इतना रक्त था कि पक्षी का निचला हिस्सा रंग कर लाल हो गया था। बाद में जब यीशु की मृत्यु हो गयी थी और वह स्वर्ग चले गये थे और वहाँ बैठकर मनुष्यों और पशुओं पर निर्णय दे रहे थे तो उन्होंने रक्तकुमारी को हमेशा के लिए एक लाल गर्दन का वरदान दिया था। यूलिया कहती है कि तब यह कहानी उसे रातों में प्रताड़ित करती रही थी, क्योंकि वह हमेशा सोचती रहती थी कि यीशु घंटों जीवित, कीलों से ठुके हाथों और पैरों के साथ न सिर्फ़ क्रूस पर लटके रहे थे, बल्कि उन्हें कांटों का यह ताज भी पहनना पड़ा था, जिसे इतनी मज़बूती से उनके सर पर दबाया गया था कि रक्त की धारें उनके चेहरे पर गिर रही थीं। और वास्तव में मेरे अपने भी त्रासद धार्मिक अनुभवों का यह एक हिस्सा है। मेरा मतलब, सिर्फ़ दो तरह के धर्मनिष्ठ और भूतपूर्व कैथोलिक होते

1. एक छोटी चिड़िया, जिसकी गर्दन लाल होती है।

हैं : एक को त्रासदी का अनुभव नहीं हुआ, दूसरों को हुआ है। त्रासदी न अनुभव करने वाले या धर्मपरायण भूतपूर्व कैथोलिक, जो अधिकतर वैसे भी सुखी मनुष्य हैं, या तो धर्म के इस पूरे ताम-झाम को दिल पर नहीं लेते, या उन्होंने इसका पूरा फ़ायदा उठाया है। त्रासदी अनुभव करने वाले या धर्मपरायण भूतपूर्व कैथोलिकों ने धर्म को बहुत ज़्यादा दिल पर लिया है और इसका पूरा नुक़सान उठाया है। जिन लोगों ने धर्म को ज़्यादा दिल पर नहीं लिया, उनकी अब हम बात नहीं करते। बाकी वो बचते हैं, जिन्होंने धर्म का फ़ायदा या नुक़सान उठाया है। जिन्होंने इसका नुक़सान उठाया है, धर्म की वजह से पीड़ित हुए हैं। जैसे मेरे भूतपूर्व के साथ हुआ था : श्लेज़विग-होलश्ताइन (जर्मनी) में पले-बढ़े मेरे भूतपूर्व का विचार था कि अगर धरती पर जीवन वैसे ही कष्टों का भंडार है तो वह क्यों न मुझे सकारात्मक ढंग से आश्चर्यचकित करता रहे। क्योंकि नकारात्मक से मुझे कोई आश्चर्य नहीं होता। इस तरह तुझे हर दिन खूबसूरत से खूबसूरत आश्चर्य मिलते हैं, तू खाने से, घर से और संभोग से खुश होती है। तेरे अपने पाप तुझे दुखी नहीं करते, क्योंकि तू यह सोच कर चलती है कि इन्सान गलत हैं और निरन्तर पापों में लिप्त रहते हैं। और खुशी की बात यह है कि यीशु तेरे पाप अपने सिर पर ले लेता है और इसीलिए क्रूस पर चढ़ कर मृत्युगति को भी प्राप्त हुआ है। ऐसे लोग, और मैं इन्हीं किस्म के इन्सानों में हूँ, जो कष्टों के भंडार वाली बात को इतनी गम्भीरता से नहीं लेते, न जाने धर्म के किसी पौरुषहीन शिक्षक या पादरी की वजह से, और जो हमेशा इन्सान बने रहना चाहते हैं, हमेशा निराशा में डूबे रहते हैं। स्वयं से भी निराश रहते हैं, दूसरों से भी। पूरी दुनिया से। अन्ततः वे सारे दुख का बोझ अपने पर डाल लेते हैं। वह क्रूस पर चढ़े लहू-लुहान यीशु को टकटकी लगा कर देखते हैं और खुश को क़सूरवार समझते हैं। और जब वे यह सोचते हैं कि यह तथ्य कि वे लगातार खुद को क़सूरवार समझते हैं, उनके क़सूर को हल्का बना देता है तो फिर वे खुद को और भी ज़्यादा क़सूरवार समझना शुरू कर देते हैं, क्योंकि वे क़सूर के बारे में सोचने के पिंजरे में फंसा होते हैं : वे क्षमा के बारे में अटकलें लगाते हैं। वो कैथोलिक, जो क्षमाहीन है, चाहे वह धर्मपरायण है या चर्च से अपना नाता तोड़ बैठा है, अगर वह यह नहीं समझता है कि यह कष्टों के भंडार वाली सोच कितना आराम देती है, तो उसका बेड़ा पार नहीं हो सकता। मतलब यह हुआ कि आशावादी इस मामले में निराशावादी से अधिक भाग्यशाली होता है। निराशावादी सोचता है कि कमोबेश हम सभी क़सूरवार हैं, आशावादी सोचता है कि हम सब को कमोबेश क़सूरवार होना चाहिए या बनना चाहिए, या बन सकते हैं और इसके लिए हमें कोशिश करनी चाहिए। और मूलतः सारी बात मूल्यों पर आ जाती है, जो आजकल सब जगह ख़त्म होते जा रहे हैं, यह अपराधबोध भी। धूम्रपान को ही ले लीजिए। अब सिगरेट पीने वाली और भूतपूर्व

सिगरेट पीने वाली दो किस्में हैं, जो यह सोचती हैं कि हम सब कमोबेश क़सूरवार हैं या थे। कहीं पर जा कर बात वहीं भटकती है कि सिगरेट पीने वाला पी-पीकर खुद को बरबाद कर रहा होता है। पीने वाला या पुराना पीने वाला यह मानता है कि आदमी को क़सूरवार नहीं बनना चाहिए, लेकिन सिगरेट पी-पीकर खुद को इतना क़सूरवार समझता है कि अपराध-बोध के कारण या तो इसे छोड़ नहीं सकता या पूरी ज़िन्दगी सिगरेट न पीने वाला बन कर सिगरेट पीने के बारे में सोचता रहता है, जिसे उसने अपराधबोध के कारण त्यागा था। आशावादी के लिए एक ही तरीका है कि वह सिगरेट पीना शुरू ही नहीं करता, वर्ना वह तो गया। अब तुम स्वभावतः पूरे सिद्धान्त को पलट सकते हो, यह ऐलन का (जो अन्त में सिगरेट नहीं पीता था) का दुनिया पर बड़ा एहसान है। तुम देख सकते हो : मैं अपराधबोध के बावजूद सिगरेट पीता हूँ, मतलब डर कर पीता हूँ, सबसे बढ़ कर ओल्ड टेस्टामेंट के ईश्वर से, जो ठोस रूप से कहें तो फेफ़ड़ों को कैंसर से डर कर, क्योंकि ईश्वर बदला लेता है। अतः इस ज्ञान के कारण तुम सिगरेट पीना छोड़ देते हो। और यह जान कर कितनी ठेस लगती है कि ऐलन ही सिगरेट छोड़ने के बीस साल बाद फेफड़ों के कैंसर से मर गया था। उसे खुद को सबसे ज्यादा ठेस लगी होगी। और यह तथा उन सब को भी ठेस पहुँचाने वाला है, जिन्होने ऐलन कार्र का अनुकरण करते हुए सिगरेट पीना छोड़ दिया था, और जिन्हौंने अब सिगरेट पीना फिर शुरू कर दिया है। क्योंकि ले-देकर दिमाग़ में यह बात घुस जाती है कि किसी चीज़ का कोई फ़ायदा नहीं है और मनुष्य को तो आख़िर मरना ही है। और यहाँ भी निराशावादी के लिए रास्ता आसान हो जाता है। वह सोचता है : मनुष्य नश्वर है और धरती कष्टों का भंडार है। कितने हर्ष का विषय है कि ऐलन कार्र बीस साल एकदम फ़िट रहा, सुखी रहा, जिन्दा रहा। इसलिए निराशावादी पुनः सिगरेट पीना शुरू नहीं करेगा, इसलिए कि ऐलन कार्र को फेफड़ों का कैंसर था और इस बीच उसकी मृत्यु हो चुकी है। लेकिन आशावादी हमेशा की तरह निराश होगा और मेरी तरह एक सुलगा लेगा, क्योंकि वह सारा क़सूर क्रूस पर चढ़े यीशु पर लादने की बजाय अपने सिर पर ले लेता है। मेरे ख़याल से आडेलबेर्ट श्टिफ़्टर[1] ने भी मसलन खुद को इसीलिए मर जाने दिया था : आशावाद! मतलब बात वहीं पर आ जाती है कि जो है उसे स्वीकार कर लो, जैसे : कष्टों का भंडार, नश्वरता, पूँजीवाद, नारी का उत्पीड़न इत्यादि, अगर तुम स्वस्थ रहना चाहते हो तो! अगर तुम हालात के साथ समझौता नहीं करते तो बीमार पड़ जाओगे। दूसरे मत पर चलोगे तब भी, देर-सवेर, शायद देर से, क्योंकि मनुष्य ख़ैर नश्वर तो है ही, यह तो एक तथ्य है।

---

1. 19वीं शताब्दी के प्रसिद्ध आस्ट्रियाई लेखक, जिनकी मृत्यु चेचक से हुई थी।

तो अब रात्रिकालीन बैठकों में ब्रूनो की भूतपूर्व भी आ मिली है। ये चारों ज़रूर टीवी के सामने वाले ताक़ पर सिकुड़ कर बैठे रहते होंगे, क्योंकि पहले-पहले मुझे कुछ भी पता नहीं चला था। बिस्तर पर लेट कर मेरे द्वारा बत्ती बुझाने के बाद जब मैंने आँखें मूँदीं तो ये सामने आ गये। ब्रूनो की भूतपूर्व सबसे पहले। बड़े जलाल पर थी वह तो। कुछ हद तक वह पहले पक्ष से ही मिल के उनके साथ हो गयी थी। मेरी माँ के साथ, क्योंकि हर पहलू से वह सबसे अच्छी गृहिणी रही थी : सब कुछ इस्तरी करके अलमारी में सपाट रख देती थी। बिना किसी सिकुड़न के। खाना उसका सस्ता होता था और नये-नये तजुर्बे नहीं करती थी। सब कुछ खुद बनाती थी। केक और बिस्कुट भी। और दादी-माँ जैसी सेव की पेस्ट्री भी। और खुबानी की पकोड़ी भी! इसी वजह से मेरा भूतपूर्व भी उसके साथ था। वैसे : वह ब्रूनो की मदद भी करती थी। मतलब : मतलब बिल फ़ाइल में लगा देती थी, मकान बनवाने के लिए ऋण लेने के लिए बैंक से अनुबन्ध कर आती थी, जीवन बीमा वगैरह भी। अपने पूरे दाम्पत्य-जीवन के दौरान ब्रूनो कभी नहीं जानता था कि उसकी मासिक आय कितनी है, उसकी बीवी उसकी इतनी मदद करती थी।

मेरा भूतपूर्व उत्साहित है! वह ब्रूनो की भूतपूर्व के साथ चिपकने की कोशिश करता है, पर वह उसे पास नहीं लगने देती : उसे शराबी मर्द पसन्द नहीं हैं। और खुद को हमेशा सही समझने वाले भी। क्योंकि : सही वह खुद है। बाल-मनोविश्लेषक को वह सही लगती है, जो खुद भी एक ऐसी बीवी ढूँढ़ रहा है, जो उसकी मदद करे और बचत करे। वह शाबाशी देते हुए ब्रूनो की भूतपूर्व का कंधा थपथपाता है, क्योंकि उसने कई बच्चे पैदा करके पाले हैं। अभी तक कुछ बुरा नहीं हुआ। बच्चों के साथ सब ठीक रहा है। वैसे कोई भी बच्चों के या युवकों के मनोविश्लेषण क्लिनिक तक नहीं पहुँचा। उसके दिमाग़ में मरीज़ों को पूरी सूची है। मेरी माँ हमदर्दी दिखाती हुई ब्रूनो की भूतपूर्व से पूछती है कि क्या ब्रूनो नियमित और सही ढंग से उसके और बच्चों के लिए ख़र्च दे रहा है। ओह, कहकर भूतपूर्व अपनी दाईं आँख से निचोड़कर एक आँसू निकालती है, उसे ज़्यादा देने चाहिए। ज़्यादा तो हमेशा हो सकता है, कह कर मेरा भूतपूर्व मेरी माँ से पूछता है कि मैं उसे कुछ क्यों नहीं देती। मुझसे पूछने की शायद उसे हिम्मत नहीं पड़ी। लेकिन इस मामले में मेरी माँ से पूछने का मतलब ही नहीं है। तुम्हें क्यों दे, मेरी माँ कहती है। मर्द तो तुम हो न! वह कहती है कि यह स्वाभाविक है कि मर्द अपनी जोरू को देता है, उलटी बात करना तो एक हिमाक़त है। हद हो गयी, कह कर मेरी माँ मेरे भूतपूर्व से ज़रा परे सरक जाती है, जो अब कुछ अलग-थलग सा मेरी खाट की एकदम बायीं तरफ़ बैठा है, अब यहाँ तक बात आ गयी कि हम तुम्हें पैसे दें। इस मुद्दे पर वह ब्रूनो की भूतपूर्व से पूर्णतया सहमत है। यहाँ तक बात पहुँच गयी है! खुदा ख़ैर करे! इसके अलावा, तू बच्ची

के पालन-पोषण के लिए पर्याप्त पैसे नहीं देता! महीने के सौ यूरो तो एक जवान होती बच्ची के साथ मज़ाक है। इतने पैसे तो उसे स्कूल में सिर्फ़ नाश्ते के चाहिए होते हैं! हर बच्चे के लिए हज़ार यूरो सही हैं। मेरा भूतपूर्व एक लम्बा एकालाप शुरू कर देता है, जो यहाँ पर पहुँचता है कि जो भी समानाधिकारों की बात करता है, उसे यह मान कर चलना चाहिए कि जो भी औरत अपने मर्द से ज़्यादा कमाती है, स्वभावतः बच्चे के ख़र्च का भार उठायेगी, और मर्द, जो निर्दोष है और कम कमाता है, उसे भी औरत को निर्वाह का ख़र्च देना होगा। आख़िरकार ... पर समानाधिकारों की बात कौन कर रहा है? मेरी माँ नहीं कर रही, ब्रूनो की भूतपूर्व भी नहीं कर रही। क्योंकि शुरू हमेशा ऐसे होता है, वह कहती है। पहले समानाधिकारों की बात की जाती है और फिर औरत मर्द का ख़र्च भी दे। इसलिए उसने अपना पैसा बचत-योजनाओं में नहीं रखा सालों-साल। मेरा भूतपूर्व आग बबूला हो जाता है : वह मेरे बिस्तर पर मेरे प्रेमी की भूतपूर्व से पाठ नहीं पढ़ना चाहता। वह अपनी ज़बान को लगाम लगाये तो बेहतर होगा और वह एक बार बात को सुने कि उसके जैसा क्या कहना चाहता है, खुद तो वह पूरी ज़िन्दगी सोचने से छुट्टी ले कर घर में बैठी रही है। दोनों औरतें मेरे भूतपूर्व पर टूट पड़ती हैं। बाल-मनोविश्लेषक तुरन्त बीच-बचाव करता है। देवियो, वह कूटनीति की भाषा बोलता है, जो सयाना होता है वह हार मान लेता है। औरतें अब तुरन्त मेरे भूतपूर्व का पिंड छोड़ देती हैं। वह इस मुद्दे पर मनोविश्लेषक से एक हो जाती हैं कि ऐसे आदमी को अगर मैंने अपना पति चुना है तो दोष मेरा है। पर यह तो मैं वैसे भी जानती हूँ। बाल-मनोविश्लेषक अब ब्रूनो की भूतपूर्व के मामले में बेहतर स्थिति में आ गया है और कहता है कि मैंने अपने भूतपूर्व को इसलिए चुना था कि मैं अपनी माँ वाले सदमे से कभी उबर नहीं पाई थी और फिर प्रतिपुरुष के रूप में मैंने अपना भूतपूर्व ढूँढ़ निकाला था। क्योंकि देखने में उसके नैन-नक़्श मेरी माँ जैसे हैं, वह मुझे बताता है। मेरा भूतपूर्व, ब्रूनो की भूतपूर्व और मेरी माँ चीखने-चिल्लाने लगते हैं। बाल-मनोविश्लेषक ने ब्रूनो की भूतपूर्व के मन में जो थोड़ी जगह बनाई थी वह उड़न छू हो गयी। आप कैसे, आप उल्लू के पठ्ठे आप, इत्यादि वगैरह वगैरह, तीनों चीखते हैं। बाल-मनोविश्लेषक तुरन्त पलटी खा जाता है—यह—वह नीचे मेरी तरफ़ उँगली उठाता है—छुटपन की अस्थिरता अभी तक पचा नहीं पायी, और अपने अवचेतन मन में यह ... दुनिया से माँगती है कि इसे निराश न किया जाए। इस वजह से जिसका भी पाला इससे पड़ता है—अभी तक उसने तर्जनी मेरी दिशा में कर रखी थी—वह तनाव में पड़ जाता है। दूसरों की ज़रा सी भी कमज़ोरी इसके लिए भारी निराशा बन जाती है, तिस पर यह पचा नहीं पाती, और इस तरह यह पारिवारिक अस्थिरता को जन्म देती है, जो मूलतः इसकी, और सिर्फ़ इसकी अस्थिरता है। परिवार का हर सदस्य अपने आप

खुद को क़सूरवार समझने लगता है कि उसने अपनी पत्नी, प्रेमिका, माँ, बेटी को निराश किया है। अब सभी बाल-मनोविश्लेषक के विश्लेषण से प्रभावित हो रहे थे। नीचे मेरी तरफ़ देखते हुए हामी में सर हिला रहे थे। मैं बिस्तर में तनिक सीधी होने की कोशिश करती हूँ, लेकिन मेरी माँ मेरे कम्बल पर पैर रख देती है। ब्रूनो की भूतपूर्व मेरे सिर के नीचे दायें छोर से मेरा गद्दा खींचती है। बाल-विश्लेषक बायीं तरफ़ से मज़बूती से खींचने में उसकी मदद करता है। मेरा भूतपूर्व मेरे चेहरे पर अपना लाल शराब का गिलास उँड़ेल देता है। मैं हाँफने लगती हूँ, पसीने-पसीने हो जाती हूँ। आख़िर मैं बारजे पर निकल भागती हूँ, हालाँकि ठंडी हवा चल रही है, और वहाँ सिगरेट पीने लगती हूँ। मुझे पूरा यक़ीन है कि मुझे ठंड लग जाएगी और कल मैं बीमार हो जाऊँगी।

मुझे हर हाल में हाज़लिंगर और श्रयोडर द्वितीय को खाने पर बुलाना चाहिए। जब हाल ही में मैंने हाज़लिंगर से पूछा था कि अगर मैं पड़ोसी का .फ़्लैट भी ख़रीद लूँ तो क्या मेरे .फ़्लैट से पड़ोसी के .फ़्लैट का रास्ता बन सकेगा? तो हाज़लिंगर ने कहा था : हमें एक बार खाने पर बुला लो और फिर हम आराम से इसे देखेंगे। बीच में से दीवार हटा कर दूसरे घर में मिलाने की योजना पर अब मैं फिर से सोच रही हूँ। आंद्रेयास ने मुझे बताया है कि वह अपने घर का दूसरा आधा हिस्सा ख़रीदने की सोच रहा है। पहला आधा हिस्सा भी 100 वर्ग मीटर का है और दूसरा भी। आंद्रेयास कहता है कि सिर्फ़ एक आधे हिस्से में उसे ऐसे लगता है जैसे साँस लेने की जगह न हो, क्योंकि वहाँ पर डाइनिंग-टेबल और सोफ़ों के अलावा उसकी बीवी, और बीवी की पहली शादी से हुई उसकी बेटी भी है। बीवी के अलावा बेटी ने, जब से वह अपने दोस्त के साथ अपने पैत्रिक घर में लौट कर आयी है, ऊपरी मंज़िल पर और भी निर्माण करवा लिया है। बिल्कुल मेरी तरह! बस इतना है कि मेरे साथ सिर्फ़ मेरी बेटी और दो बिल्लियाँ रहती हैं। ब्रूनो का अपना .फ़्लैट है हमारे नीचे। आंद्रेयास भी लेखक है। बचपन में वह 56 वर्ग मीटर पर घर के और पाँच सदस्यों के साथ रहता था, और वहाँ वह इतना तंग महसूस नहीं करता था। शायद वह व्यक्ति, जो लेखक नहीं है, यह सोच भी नहीं सकता होगा कि चार बन्दों वाले 100 वर्ग मीटर के .फ़्लैट में या दो बन्दों और दो बिल्लियों वाले 56 वर्ग मीटर के .फ़्लैट में किसी को साँस लेने की जगह नहीं मिलती होगी, लेकिन देख लीजिए! जबकि आंद्रेयास जब से एक टीवी सीरियल की पटकथा लिख रहा है, उसके पास घर से बाहर एक दफ़्तर भी है। अपना एक दफ़्तर! सोचा जा सकता है! दूसरी तरफ़ : सफ़ाई कौन करेगा? पटकथा लिखने का काम मिलने के बाद आंद्रेयास तो कई सफ़ाई वालियाँ रख सकता है।

अब तो ख़ैर कई तरह की पुस्तकों और फ़िल्मों के माध्यम से एक ऐसे प्रतिभाशाली लेखक की छवि उभर रही है लोगों के दिमाग़ में, जो पेरिस या लंडन या न्यूयार्क में बैठ कर अपनी महान कृतियाँ लिखता है। हाँ, कहा जा सकता है, युवा प्रतिभाशाली लेखक, लेकिन बूढ़ा कभी नहीं! तीस या चलो चालीस या बल्कि लगभग पचास साल की उम्र तक—लेखक असाधारण रूप से काफ़ी लम्बे समय तक जवान रहते हैं, फिर एकाएक बूढ़े हो जाते हैं—तुम पेरिस में लेखिका की हैसियत से अपने लेखक प्रेमी के साथ नौकरानियों के लिए बने एक कमरे में रह सकती हो और लिख सकती हो। पाँच मंज़िलें तुम बिना लिफ़्ट के ऊपर-नीचे चढ़ सकती हो, और जब बीच-बीच में खड़ा भी होना पड़ता है, क्योंकि बहुत ज़्यादा सिगरेटें पीने के कारण तुम साँस नहीं ले सकती, तो तुम्हें कोई फ़र्क नहीं पड़ता। और जब तुम्हारे पास लिखने की मेज़ भी नहीं होती तो, क्योंकि वह 18 वर्ग मीटर के नौकरानी के लिए बने कमरे में पूरी नहीं आती, तो तुम एक फट्टा उठा लेती हो और बिस्तर पर बैठ कर फट्टे पर काग़ज़ रख कर अपनी कहानियाँ लिखती हो। लेकिन पचास पार करने के बाद तुम्हारे पास अब वक्त नहीं है। तुम्हें ज़्यादा जगह चाहिए, वर्ना तुम लिखना बन्द कर दोगी। या फिर तुम बचपन में लेखक इमरे केर्तेज की तरह नाज़ियों के यातना शिविर में रहे होते या श्रीमती कुंदेरा की तरह बचपन एक महल में गुज़ारा होता। मैं कल्पना कर सकती हूँ कि श्रीमती कुंदेरा, अगर वह लेखिका भी होती तो 80 साल की उम्र में फ़्रोएस्ट-कालोनी में अपने दो कमरे के फ़्लैट में लिख लेती। ख़ैर, अब श्रीमती कुंदेरा लेखिका तो नहीं हैं, और मेरा ख़याल यही है कि उसने अपनी ज़िन्दगी में वैसे भी कोई काम किया होगा। मैं श्रीमती कुंदेरा की बात सिर्फ़ इसलिए कर रही हूँ कि मुझे हमेशा यही लगा है कि वह किसी स्थिति के दबाव में नहीं आती। बचपन का एक महल काफ़ी है, सारी ज़िन्दगी दबाव न महसूस करने के लिए। नाबोकोव[1] को ही देख लो! सिर्फ़ जब श्रीमती कुंदेरा हमारे माता-पिता के निमंत्रण पर हमारे घर कॉफ़ी और केक के लिए आती थी, खूब सज-धज कर आती थी, जिससे मैं बहुत प्रभावित होती थी, तो तब मुझे कई बार ऐसा लगता था कि हमारी कम बड़ी बैठक में पड़े सोफ़ों और मेरी माँ की टीवी देखने की बहुत बड़ी कुर्सी और हमारी दीवारों की संरचना और दराज़दार अलमारी देख कर तनिक दबाव महसूस करती थी। तब वह ज़रा रुक कर बेचैनी से कमरे में इधर-उधर देखती थी। लेकिन जब मेरी माँ उससे बैठने का अनुरोध करती थी और कॉफ़ी और केक उसके सामने रखती थी और वह महल और अपने बचपन और ड्यूक हेयरिंग के किस्से सुना बैठती थी तो स्पष्टतः

1. रूसी मूल के लेखक व्लादीमीर नाबोकोव, जो रूसी के अलावा अंग्रेज़ी में भी लिखते थे। अच्छे ख़ानदान से थे, परन्तु रूस छोड़ने के बाद ठाठ-बाट छूटा भी था।

दबाव से मुक्त नज़र आती थी। मुझे लगता है कि कभी-कभी मेरी माँ ही दबाव में आ जाती थी, जब वह महल और ड्यूक हेयरिंग के किस्सों से उकता जाती थी। बाद में तो बात यहाँ तक आ गयी थी कि न केवल श्रीमती कुंदेरा की अनुपस्थिति में, बल्कि उसकी उपस्थिति में भी मेरी माँ श्रीमती कुंदेरा का ज़रा-ज़रा सा मज़ाक उड़ा लेती थी, जो मुझे हमेशा अशोभनीय लगता था। अन्ततः मेरी माँ के पास कोई चारा ही नहीं रहता था।

श्रीमती कुंदेरा ने वैसे अपना हनीमून बेयरनइंज़ल[1] में मनाया था, जहाँ वह हिमशिलाखंडों पर घूमते ध्रुवीय भालू देख सकती थी। श्रीमती कुंदेरा के किस्से के अनुसार, ध्रुवीय भालुओं की तब डर से जान ही निकल गयी थी, जब उस पोत के कैप्टन ने, जिस पर श्रीमती कुंदेरा और उनका पति हनीमून-यात्रा पर गये थे–, दुल्हन के तीसवें जन्मदिन के उपलक्ष में अपनी छोटी बन्दूक से तीस गोलियाँ हवा में चलायी थीं। ख़ैर, जब से मैं श्रीमती कुंदेरा को जानती हूँ मैं समझती हूँ कि पूरी ज़िन्दगी कोई दबाव महसूस न करने के लिए बचपन में 24 कमरों का एक महल होना काफ़ी है, वैसे ही जैसे किसी भी छोटी सी जगह को पर्याप्त बड़ी समझने के लिए युवावस्था में नाज़ियों के यातना-शिविर में रहना, और दूसरी तरफ़ पर्याप्त जगह होने पर भी एक डाइनिंग-टेबल, सोफ़ों, टीवी, परिष्कृत दीवारों और दराज़दारी अलमारी से सुसज्जित घर होते हुए भी किसी तरह जल्दी ही वह छोटा लगने लगना, जबकि पर्याप्त जगह घर में मौजूद है। शायद इसीलिए कुंदेरों ने अपने घर में पर्याप्त फ़र्नीचर नहीं रखा, और इसकी वजह पैसे की कमी नहीं है।

ब्रूनो को भी फ़र्नीचर नहीं चाहिए, उसका दो कमरे का फ़्लैट उसे काफ़ी लगता है, जबकि वह बचपन में एक भरे-पूरे घर में रहता था। लेकिन उसकी वजह यह हो सकती है कि वह कुछ साल पहले तक एक बहुत बड़े घर में रहा है, और अगर उसकी बात पर यक़ीन किया जाए तो उसने जो समय उस घर में गुज़ारा है, उसमें से आधा तो उसने घर के सदस्यों को घर में ढूँढ़ने में गुज़ारा है। सीढ़ी चढ़ो, सीढ़ी उतरो, पूरी स्थिति का सारांश ब्रूनो इस तरह देता है। पर यहाँ मुझे फिर कहना होगा कि यूलिया को और मुझे कोई समस्या नहीं है। यूलिया पहली मंज़िल पर रहती है, और वहाँ पर मैं न के बराबर कदम रखती हूँ। हाँ, ब्रूनो कहता है जब खाना तैयारा होता है तो नीचे सीढ़ी पर खड़ी चिल्ला रही होती है। ब्रूनो को इससे नफ़रत है कि कोई पूरे घर में चिल्लाता फिरे। वह कब से हमारा फेंक दिया गया क्रिसमस की घंटी बजाकर खाने पर बुलाने की कोशिश करता रहा है, लेकिन जब यूलिया ने संगीत ज़ोर से लगा रखा होता है तो वह सुनती नहीं। फिर उसे भाग कर सीढ़ियाँ चढ़कर

1. नार्वे में एक द्वीप। इसका हिंदी अनुवाद होगा भालू-द्वीप।

ऊपर जा कर उसका दरवाज़ा खटखटाना पड़ता है, लेकिन अधिकतर उसे वह भी सुनाई नहीं देता, वही ऊँचे संगीत की वजह से। अन्त में जा कर उसके पास यही चारा बचता है कि वह या तो अभद्रता करे और बिना बताये सीधा उसके कमरे में जा घुसे या बाहर से आवाज़ें लगाता रहे। चूँकि आवाज़ें लगाने से ब्रूनो को अभद्रता करना ज़्यादा बुरा लगता है। अतः वह दरवाज़े से आवाज़ें लगाता रहता है। यूलिया को ब्रूनो की यह घंटी वाली सनक बिल्कुल पसन्द नहीं थी, हालाँकि कई बार वह खाना खाने उतर भी आती थी। अब लेकिन मैं समझती हूँ कि ब्रूनो की सनक पर मुस्कराया तो जा सकता है, लेकिन यह तो नहीं कि उसे पूरी तरह अस्वीकार कर दिया जाए। मैंने तुरन्त महसूस किया था कि आमेली को भी ब्रूनो के क्रिसमस की घंटी और ऊँचा बोलने के प्रति उसकी नापसन्दगी पर चिढ़ आती थी। माक्स की बाल-बलात्कारियों से नफ़रत से भी ज़्यादा उसे ब्रूनो की ये चीज़े ज़्यादा नापसन्द थीं। इसमें हैरानी की बात नहीं है, आप कहेंगे, कि बाल-बलात्कारियों का तिरस्कार करने की ज़्यादा वजहें है बजाय अपने घर में ऊँचा बोलने को नामंज़ूर करने की। लेकिन तब आपको बाल-बलात्कारियों को दंड देने से जुड़े माक्स के वक्तव्यों को सुनना होगा। जैसे कि पूरा समाज वैसे भी बाल-बलात्कारियों के ख़िलाफ़ न हो। पर दिन पर दिन हमें ज़्यादा परेशान करने वाले इस अमानवीय शोर के ख़िलाफ़ कौन बोलता है? लेकिन अब मुझे मानना पड़ेगा कि ब्रूनो की सनक अवांछनीय थी। आजकल बच्चे शोर महसूस नहीं करते, क्योंकि रोज़ाना का हर ओर व्याप्त शोर सुन-सुनकर अब उन पर इसका कोई असर ही नहीं होता। हर कोई, जिसके बच्चे हैं, जानता है कि तुम बच्चे को हमेशा धीरे-धीरे सीढ़ियाँ चढ़ने-उतरने और कमरे के दरवाज़े को इस तरह बन्द रखने को मजबूर नहीं कर सकते कि संगीत का शोर बाहर न आये। असम्भव! अगर तुम्हें अपने बच्चे के दिमाग़ में यह ठोंक कर भरने में सफलता मिल भी जाती है कि वे बिना धम-धम किये सीढ़ियाँ चढ़ें-उतरें या दरवाज़ा बन्द ही कर लिया करें या बस धीमें या सामान्य स्वर में बात करें तो बहुत हुआ तो तीसरी बार वे फिर से धम-धम करना और चिल्लाना शुरू कर देंगे। यह बड़ी सामान्य सी बात है। जबकि दूसरी तरफ़ यह भी सामान्य सी बात है कि बुढ़ाते मनुष्यों को बढ़ते शोर से परेशानी होती है।

इसीलिए मैं पड़ोस के .फ़्लैट को भी लेना चाहती हूँ। मकान-मालिक विएना में रहते हैं और हद से हद साल में दो बार लिंत्स आते हैं। यह भी सिर्फ़ सुना है हमने। दीवारें ज्यादा मोटी नहीं लगतीं, पर दुछत्ती पर गर्मी रोकने का कोई अच्छा प्रबन्ध नहीं है। अगर कोई पड़ोस में रहता होता तो मुझे खुशी होती। लेकिन मुसीबत तो यह है कि वे .फ़्लैट बेचना भी नहीं चाहते। अभी नहीं, वे कहते हैं। मैंने पड़ोस के .फ़्लैट के लिए शानदार योजनाएँ बना रखी हैं। अन्ततः शयन-कक्ष को पूरा बन्द करने

योग्य बनाने के अलावा में तरह-तरह का बैठने और लेटने का फ़र्नीचर भी लाने की सोच रही हूँ। मतलब कुर्सी, जिस पर आदमी बिल्कुल सीधा हो कर बैठता है, झूलने वाली कुर्सियाँ, जिनमें बड़े आराम से टेक लगाई जा सकती है, दीवान और सोफ़े, जिन पर लेटा जा सकता है, वर्ना कम से कम कुछ आराम से लेटा जा सकता है, इत्यादि। क्योंकि अब इस बीच बैठना हमारे जीवन के अस्तित्व का सबसे आम ढंग बन चुका है। बहुत हुआ तो लेटने के बाद नम्बर आता है इसका। हम लेटे हुए पढ़ते हैं, लेटे हुए टीवी देखते हैं, लेटे हुए मरते हैं। मेरे एक दूर के रिश्ते के भाई ने, जब वह ज़िन्दा था, इस पर एक दार्शनिक शोधपत्र लिखा था : पड़े होने की स्थिति का गुणगान! खेद है कि उसने मुझे यह पुस्तक तब पढ़ने को दी थी, जब मेरी माँ की मृत्यु हुई थी, अतः पड़े होने की स्थिति के उसके उत्साह से माँ सहमत नहीं हो सकी। अब जब मैं एक बटन दबा के कम्पन-कुर्सी की टेक को स्थिति ऊर्ध्व से अनुप्रस्थ में बदलती हूँ (जिसमें पड़े होने की स्थिति में पैरों का हिस्सा तेज़ी से आगे आ जाता है) तो मैं उसके शोधपत्र की महत्ता समझती हूँ। मगर मैं एक पड़ोस की बैठक की सम्भावना की बात करना चाहती थी। इस समय मेरे सामने एक तस्वीर झूल रही है, जिसमें हम टीवी में सीरियल "टाटओर्ट"[1] बड़े पर्दे पर देख रहे हैं। चौड़ी खुली गैलरी पर, जो अपने आपमें एक बना सकने योग्य अलग मंज़िल होगी, मैं एक साउना[2] लगाऊँगी और उसके सामने एक तरह का लॉन। पतले एक साथ लगे खम्भों के एकदम साथ एक मीटर लम्बी, पर तंग, लिखने की एक काँच वाली मेज़, ताकि जब यूलिया अपने सारे दोस्त और परिचित घर लेकर आये तो मैं आत्मनिर्भर रह सकूँ। मैं पहले फ़्लैट के दरवाज़े बन्द करके दूसरे में रहूँगी, वैसे ही ब्रूनो एक मंज़िल नीचे अपने फ़्लैट में रहेगा। यूलिया का कोई भी दोस्त और परिचित मेरी मेज़ के पास से खट-खट करते हुए नहीं निकल सकेगा, न ही मेरी आँखों के सामने बैठक की बाल्कनी पर व्यायाम कर सकेगा और न ही मुरब्बे की शीशी में उँगली डाल सकेगा। पड़ोसी वाले फ़्लैट में अपने बाथ-रूम में मैं एक भाप का फुहारा लगवाऊँगी। फिर मैं काम के बाद पहले साउना में, फिर भाप के फुहारे के नीचे और बाद में कम्पन-कुर्सी पर अपना समय व्यतीत कर सकूँगी। इसमें अवश्य मेरा सचमुच का उद्धार होगा। मेरा कमरदर्द इतना बुरा नहीं रहेगा कि रातों को मैं दर्द के मारे उठ जाऊँगी और सुबह-सुबह अकड़ी हुई बिस्तर से निकलूँगी। और वह इस कारण कि एक तो साउना, दूसरे भाप का फुहारा, तीसरे कम्पन-कुर्सी, चौथे मुझे हमेशा उस मचान सी पर सिकुड़ कर नहीं बैठना पड़ेगा, और पाँचवें कि मुझे पत्थर के फ़र्श के ऊपर नीची चारपाई पर ठंडे ज़ीने पर नहीं सोना पड़ेगा, बल्कि या तो चौड़े वाटर-बेड

1. मौका-ए-वारदात।
2. वाष्प-स्नान के लिए।

या एक असली जापानी गद्दे पर। सरदर्द, जो कमर दर्द की तरह लगातार आता-जाता रहता है, वह भी ग़ायब हो जाएगा। वैसे ही हाथों का दर्द भी। जब ये दर्द नहीं रहेंगे तो शायद पेट दर्द भी नहीं रहेगा। क्योंकि मैं तनावमुक्त हूँगी और फिर अन्ततः ये बार-बार पसीने छूटने की भी कोई वजह नहीं रहेगी। गारंटी है कि कुछ हफ़्तों या महीनों बाद मेरे भीतर इतनी ताक़त होगी कि मैं अपने अतीत के भूतों को अपने सोने के कमरे से निकाल बाहर करूँगी। या बस कमरे को बन्द ही कर दूँगी।

आमेली को शोर से परेशानी नहीं होती। ठीक है, तुम अब फिर कह सकती हो, आख़िर तो आमेली ब्रूनो से और मुझसे दस साल छोटी है, लेकिन मेरे ख़याल से शोर दस साल पहले भी मुझे परेशान करता था। मैं, और ब्रूनो भी, हमेशा शोर से घबराने वाले रहे हैं। ब्रूनो शायद मुझसे भी ज़्यादा। पर आमेली एक बिल्कुल ही अलग क़िस्म की है। हमेशा होती थी। अगर मैं सिर्फ़ उसके बौद्ध-सम्मेलनों के बारे में ही सोचूँ तो : हज़ारों लोग, जो अपेक्षाकृत छोटे से एक घास के मैदान पर एकत्र हो जाते हैं। भयानक है। मेरे लिए ब्रूनो से भी ज़्यादा, जो वैसे भी बहुत से ग्रुप-सेमिनारों में, तंत्रिका-भाषाविज्ञान और नेतृत्व के लिए व्यक्तित्व बनाने की गोष्ठियों में जा चुका है, बल्कि पाल-नौका चलाने के बहुत से पाठ्यक्रम भी कर चुका है। उस शोर के बारे में सोच कर मैं दंग रह जाती हूँ, जो सामूहिक बैठकों या पाल-नौका चलाने के पाठ्यक्रमों या बौद्ध-प्रवचनों से पहले डाइनिंग-हालों में होता है। ब्रूनो इसे इसलिए बरदाश्त कर गया है, क्योंकि वह ऐसे किसी सामूहिक भोज में जाता ही नहीं था, जहाँ पर आमतौर पर पहले होटल में या पूरे कैम्पिंग-स्थल इधर-उधर लोगों से ज़ोर से बातें की जाती हैं, पर ग्रुपों में बैठने से ब्रूनो को कभी परेशानी नहीं हुई। ये सामूहिक-कार्यक्रम मुझे तो भयंकर लगते हैं। और यहाँ मुझमें और ब्रूनो में काफ़ी अन्तर है। एक बार जब मैं उसके साथ पाल-नौका-यात्रा पर गयी थी, अन्त की नौका-दुर्घटना की तो मैं बात ही नहीं कर रही, मेरे लिए वही बहुत परेशानी का कारण था : तंग से तंग जगह पर पाँच लोग रुके हफ़्ते के लिए। तौबा हो गयी मेरी तो! पर यूलिया की बिल्कुल नहीं। उसे तो नौका-विहार सबसे अच्छा लगा था : तंग जगह पर बैठना और फिर बीच-बीच में ज़मीन पर उतर कर सैर करना। बल्कि यूलिया ने तो तब शुरू से ही पकाने का काम अपने सिर पर ले लिया था, क्योंकि उसे जहाज़ के रसोईघर का मुआइना करना बहुत अच्छा लगता था। और खाने के वक्त भी सब हमेशा तंग होकर बैठते थे। नौका-यात्रा पर जाने से पहले तब आमेली ने कहा था कि वह उसे भी सहन नहीं कर पाएगी : एक नाव पर इतने सारे लोगों के साथ। लेकिन मैं उस पर यक़ीन नहीं करती। जबकि वह बौद्ध-सम्मेलनों में इतने लोगों

को झेल लेती है। क्योंकि वह कई बार वहाँ अपने टेंट में नहीं सोती, बल्कि व्यायामशालाओं में, मेरे विचार से सैकड़ों लोगों के साथ, सोती है। शायद आमेली किसी तंग जगह पर चार या पाँच लोगों को सहन नहीं कर पाती, बल्कि सैकड़ों-हज़ारों को कर लेती है। बुनियादी तौर पर वह अपने .फ़्लैट में सोलांगे को भी सहन नहीं करती थी। मेरे ख़याल से यह कोई हैरत की बात नहीं है, क्योंकि जब तुम हर दिन वृद्धाश्रम में इतने लोगों को खिलाती हो, नहलाती हो, कपड़े पहनाती हो तो घर में तुम शान्ति चाहती हो। इसलिए यह और भी देखने वाली बात है कि वह फिर अकसर बौद्ध-सम्मेलनों पर निकल जाती है। आमेली कहती है, यह कृपा पाने के लिए है। और ऊर्जा लेने के लिए है। वह कहती है कि बौद्ध-सम्मेलनों में वह इतनी ऊर्जा अपने भीतर भर लेती है कि ह़फ्तों उसका काम निकल जाता है उससे। इसलिए वह हमेशा चाहती रही है कि एक बार मैं भी उसके साथ जाऊँ। ऊर्जा के लिए और कृपा के लिए। लेकिन मैं सोचती हूँ कि ऊर्जा मुझे ख़त्म कर देगी और कृपा मुझे अन्तिम शान्ति दे देगी। जैसा मैंने बताया है, मुझ पर धर्मों का प्रभाव नहीं होता। वैसे भी मेरे लिए किसी कैम्पिंग-स्थल या व्यायामशाला में रात बिताना दुष्कर होगा। सुबह-सुबह जब मैं अपनी मचान पर रेंगती हूँ तो पहले से ही मेरी रीढ़ की हड्डी दर्द कर रही होती है। इसलिए अब मैं रात को अधिकतर नीचे ब्रूनो के पास सोती हूँ और अपना बिस्तर बिल्लियों के लिए छोड़ जाती हूँ।

शायद घंटे वाली बात आमेली को धार्मिक कारणों से अच्छी नहीं लगी। मेरा मतलब धर्म के प्रतीक से है। और क्योंकि वह बहुत व्यावहारिक है। मसलन जैसे आमेली कहती है कि जो कुछ बदला नहीं जा सकता, उसे स्वीकार कर लेना चाहिए जैसे बच्चों का शोर। इसलिए वह अपने घर को सुव्यवस्थित करती रहती है, क्योंकि वह कहती है कि अव्यवस्था समय की बरबादी लाती है। अब यह तो ख़ैर उसे मुझसे पता चला है कि ब्रूनो अपने कुँआरों जैसे .फ़्लैट को, जो मुझसे नीचे वाली मंज़िल पर है, कभी व्यवस्थित नहीं करता, बल्कि उसे उसने बड़े शानदार ढंग से अव्यवस्थित रखा हुआ है, और चूँकि वह इतने सालों से तलाक़ भी नहीं ले रहा, अतः स्पष्टतः आमेली ने मत बनाया है कि ब्रूनो समय को बरबाद करने वाला एक इन्सान है। जो सही भी है। बस ब्रूनो ऐसा है कि अपना वक्त बरबाद करने का एक तरह से मज़ा लेता है। जिसकी आमेली कल्पना नहीं कर सकती। क्योंकि वह एक मज़दूर-किसान परिवार से है, जहाँ सब निरन्तर काम में लगे रहते थे। गरीब-किसान घरों के लिए वक्त की बरबादी सबसे बुरी बला है! बौद्ध मत आमेली के लिए शायद तीव्रगति प्रक्षेपण है : ऊर्जा, कृपा इत्यादि वगैरह!

समय न होना भी एक समस्या है। शुरू में तुम सोचती हो कि तुम्हारे पास समय ही समय है, और फिर वह कम होता जाता है। जितना ज़्यादा तुम्हें पता चलता जाता है कि तुम्हारे पास समय कम रह गया है, उतना ही कम तुम उसका इस्तेमाल कर सकती हो। यह सिगरेट पीने की तरह है : फेफड़ों के कैंसर के डर से तुम अगली भी सुलगा लेती हो। लेकिन श्रीमती कुंदेरा के साथ मामला कुछ और ही था। उसे कभी लगा ही नहीं था कि समय उसके हाथ से खिसकता जा रहा है। आधा दिन सजने-धजने में, मेक-अप करने में, बाकी आधा लोगों के यहाँ कॉफ़ी और केक में और डॉक्टरों के पास। श्रीमती कुंदेरा लगभग हर दिन अलग-अलग डॉक्टरों के पास होती थी। वहाँ वह हम लोगों की तरह घंटों प्रतीक्षाकक्ष में नहीं बैठी रहती थी, बल्कि एक ख़ास समय के बाद वह बेहोश होकर गिर पड़ती थी और तुरन्त उसकी बारी आ जाती थी। मैं उससे सच में बहुत प्रभावित थी। अन्त तक। सिर्फ़ अनिद्रा की वजह से उसे परेशानी रहती थी, मगर उसके लिए वह वैलियम ले लिया करती थी। कभी-कभी रात को चार-चार। उसके अपने कथनानुसार। और बहुत ऊँचा रक्तचाप रहता था उसका। 280/160, अब तक मुझे याद है। मेरी माँ हमेशा कहती थी, अगर श्रीमती कुंदेरा सचमुच रात को चार गोलियाँ वैलियम की लेती होती और उसका ब्लड-प्रेशर 280/160 होता तो वह कब की मर गयी होती। लेकिन जैसे मैंने बताया है, मेरी माँ ने श्रीमती कुंदेरा को कभी गम्भीरता से नहीं लिया। श्रीमती कुंदेरा स्वभावतः यह जान गयी थी, पर बस नज़रअन्दाज़ करती थी। मेरे ख़याल से श्रीमती कुंदेरा मूर्ख थी जो एक ऐसी औरत के सामने विरोध प्रकट करती थी, जो अन्य परिस्थितियों में उसकी नौकरानी हो सकती थी। कुलीन लोगों में कमाल का अनुशासन होता है। आपको ढूँढ़े से ऐसा उच्चकुलीन इन्सान नहीं मिलेगा, जो अपने नौकरों-नौकरानियों के सामने आपा खो बैठेगा, सिवाय ऐसे के, जो कोई फटीचर कुलीन होगा। फटीचर और बदचलन न बने, बल्कि ग़रीब बने कुलीन लोगों में भी अनुशासन होता है अपने अप्राप्य महलों में रहने का और अपने गठिया को नज़रअन्दाज़ करने का। कुलीन होना चाहिए इन्सान को, तब सब आसान हो जाता है।

ब्रूनो की पिछली बीवी, भले ही कितना भी ग़मगीन चेहरा क्यों न बना ले, मेरी हमदर्दी की उम्मीद नहीं कर सकती। जो सही है, वह सही है! वह कहती है, मैंने उसकी ज़िन्दगी बरबाद कर दी है! मैं इस विषय पर अभी बात नहीं करूँगी। ब्रूनो और वह एक सुखी जीवन बिता सकते थे, उसकी भूतपूर्व मुझसे कहती है, वह अकेली ऐसी है, जो अब भी नहीं सोती। क्योंकि वह कुछ नहीं पीती, उसकी भूतपूर्व मेरे बिस्तर के सिरे पर बैठी-बैठी कहती है। मेरी माँ, मेरे भूतपूर्व और बाल-मनोविश्लेषक ने मेरे

बिस्तर से निकलने से पहले जो चार या पाँच घंटे प्रतीक्षा करनी थी, उनमें वे टुन्न हो कर खर्राटे लेते हुए नीचे पड़े हैं। हम पिकनिकों, यात्राओं पर स्कीइंग करने जा सकते थे, ब्रूनो की भूतपूर्व कहती है, अब जब कि बच्चे घर में नहीं रहते। ये बातें करती हुई वह जिस एक शख़्स को भूल जाती है, वह है उसका प्रेमी। वह सवाल को ख़ारिज़ करने का हाथ से इशारा करती है। ओह वो! एक बार कहे ब्रूनो, और वह उसे छोड़ देगी। लेकिन ब्रूनो नहीं कहता। एक बार। मेरी वजह से। अगर मैं न होती तो वह कब का कह चुका होता, वह अपने प्रेमी को छोड़ देती और अपना बुढ़ापा ब्रूनो के साथ बिताती। मुझे समझ नहीं आती कि वह ब्रूनो के पीछे क्यों पड़ी हुई है। वह अपना बुढ़ापा वैसे ही अपने प्रेमी के साथ भी तो बिता सकती है, वह तो वहीं छह साल से उस घर में उसके साथ रह रहा है, जिसका ख़र्च ब्रूनो उठा रहा है। ब्रूनो की भूतपूर्व इससे सहमत नहीं है। वह मेरी आँखों में देखकर कहती है कि ब्रूनो उसके प्रेमी से 15 साल छोटा है और पैसे वाला भी ज़्यादा है। मुझे तो ऐसा कुछ नहीं नज़र आता। मैं तो यह जानती हूँ कि ब्रूनो पूरा कर्ज़ में डूबा हुआ है और इसलिए मेरे साथ छुट्टियाँ बिताने नहीं जा सकता। इटली वाले मेरे .फ्लैट में भी नहीं। या तो ब्रूनो की भूतपूर्व ब्रूनो के कर्ज़दार होने के बारे में जानती नहीं, या फिर ढोंग कर रही है कि वह नहीं जानती। दूसरी तरफ़ उसने यूनिवर्सिटी की पढ़ाई की हुई है। उसे फिर एक जमा एक करने का गणित तो आता होगा और जानती होगी कि कितनी रकम ब्रूनो अपने भूतपूर्व परिवार को देता है। और यह भी वह साफ़-साफ़ जानती होगी कि जो तीन अचल सम्पतियाँ ब्रूनो ने उसके लिए छोड़ दी हैं, अगर उनमें से वह एक को भी बेच दे तो वह ठाठ-बाट में रह सकती है, अपने प्रेमी समेत। लेकिन वह तो बड़ी गम्भीरता से संकेत दे रही है कि ब्रूनो मेरी बेटी को और मुझे सहारा दे रहा है। मेरे लिए अब बहुत हो जाता है। जबकि मैंने ब्रूनो का भरण-पोषण किया है और उसे अपने पास रखा है। एक या दो बोतलें फ्राइक्सेनेट[1] की जो हर शाम हम पी रहे हैं बरसों से, उसी में न जाने मेरा कितना पैसा लग गया है। मैं उछल कर बिस्तर में सीधी होती हूँ और उसकी बाँह पकड़ कर उसे अपने सोने के कमरे से बाहर धक्का मार कर निकाल देती हूँ। फिर मैं पुलिस को फ़ोन करती हूँ। उन्हें बाल-विश्लेषक, ब्रूनो, मेरे भूतपूर्व और मेरी माँ को मेरे घर से निकालना होगा। मैं उन पर अपनी शान्ति और घर की शान्ति भंग करने का आरोप लगाऊँगी।

---

1. एक स्पेनी शैंपेन।

V

आख़िर अब मैं अकेली हूँ। *कम्पन-कुर्सी* पर बैठ कर उसे बटन दबा कर चालू करती हूँ। पहले "लेटने" पर लगाती हूँ उसे। पैरों वाला हिस्सा सरसर करते हुए मंदगति प्रक्षेपण में ऊपर उठता है, जबकि टेक साथ के साथ नीचे होती जाती है। मैं कुर्सी पर सीधी लेटी हूँ। शुभ वियतनामी लैंप जल रहा है, हल्का सा लाल। सबसे पहले मैं पीठ गरम करने का बटन दबाती हूँ और पैरों के कम्पन के रेगुलेटर को नम्बर ३ पर कर देती हूँ।

गूँधना और सहलाना

कुछ समय से यह मेरा मनपसन्द प्रोग्राम है। "सहलाने" के अन्तर्गत सारे हस्तचालित प्रोग्रामों को चालित किया जा सकता है, गूँधना, थपथपाना और कूटना। इसमें दो अलग-अलग बटन हैं। अगर तुम सिर्फ़ गूँधने के बटन को दबाते हो तो कुर्सी पीठ पर एक जगह पर नियमित ताल में गूँधती है। यह उकताऊ है। "सहलाने का अर्थ" है कि वह गूँधती हुई तुम्हारी पीठ पर ऊपर से नीचे तक सहलाती है। और यह अत्यन्त सुखदायक है। "गूँधने और सहलाने" की दोहरी प्रक्रिया का एक और फ़ायदा यह है कि तुम इस दौरान पढ़ सकते हो या *सुदोकू* खेल सकते हो या वर्ग पहेली भर सकते हो, मतलब जो भी करने का तुम्हारा मन हो। तुम साथ-साथ टीवी भी देख सकते हो या सो सकते हो। या सोच-विचार कर सकते हो। जो तुम एक मालिशी द्वारा सचमुच की मालिश करवाने के दौरान नहीं कर सकते। सोचने में व्यवधान पड़ता है इससे। मसलन मैं जैसे आमेली के बारे में सोचती हूँ। आमेली लगातार मेरा ध्यान सोचने से हटाती रहती थी, जिस बीच वह खुद बताती रहती थी कि वह क्या सोच रही है। और जानना चाहती थी कि उसके बारे में मैं क्या सोच रही हूँ।

इस पर स्वभावतः कहा जा सकता है कि हर इन्सान अपने ख़ास ढंग से सोचता है और उसकी दिलचस्पी सोचने की किसी ख़ास प्रक्रिया में होती है और किसी दूसरी में नहीं भी होती। अगर तुम्हारी किस्मत अच्छी है और तुम किसी ऐसे व्यक्ति को जानते हो, जो तक़रीबन वैसे ही सोचता है जैसे तुम, तब बल्कि यह भी हो सकता है कि तुम किसी और मनुष्य के साथ मिलकर सोच सकते हो। लेकिन अधिकतर ऐसा नहीं होता। मनुष्यों की तो अलग-अलग रुचियाँ और पसन्दें होती हैं। ऐसे मनुष्य होते हैं, जो सुख ढूँढ़ रहे होते हैं, दूसरे ऐसे होते हैं, जो स्पष्टीकरण ढूँढ़ रहे होते हैं और ऐसे भी हैं जो खोये वक्त की तलाश में हैं। अगर ऐसा कोई, जो ख़ोये वक्त की तलाश में है, किसी ऐसे को मिल जाए, जो सुख की खोज में है, तो एक निरी अनर्थकारक स्थिति उत्पन्न हो जाएगी। एक खुद को खाना चाहता है, दूसरा पाना चाहता है। दोनों स्वभावतः आपस में असम्बद्ध बातें करते रहेंगे। अब मतलब अधिकतर ऐसा तो नहीं होता कि तुम अपने मालिशी या मालिशिन से ख़ोये हुए वक्त की या सुख तलाशने की बातें करते हो, लेकिन इस सम्भावना को बिल्कुल नकारा भी नहीं जा सकता।

एक बार मेरा एक मालिशी होता था, जिसके साथ मैंने बल्कि बात की थी कि हमारी पाँचवें और छठे दशकों की फ़िल्मों में प्रकृति को जिस तरह दिखाया जाता था, वैसी प्रकृति आजकल टीवी में, या शायद सचमुच में भी, अब नहीं रही : बिल्कुल सीधी अन्तरंग और खुलकर बात की हमने। हम दोनों मिल कर इस नतीजे पर पहुँचे कि पाँचवें और छठे दशक की फलाँ-फलाँ बहुत सी जंगल-फ़िल्मों में वसन्त में, बर्फ़ पिघलने के एकदम बाद, घास सचमुच पीली और एकदम सूखी होती थी और वनों में वन-वीलियाँ होती थीं और रास्ते कीचड़ से भरे होते थे और आसमान पर बड़े, धूसर बादलों के टुकड़े होते थे, जो इतनी तेज़ी से भागते थे, मानो अपना कोई निशान न छोड़ना चाहते हों। पुरानी फ़िल्मों में झाड़-झंखाड़, झड़बेरी की झाड़ियाँ, पर्ण, बांबियाँ होती थीं। मेरे मालिशी और मैंने पाया कि हमारी पुरानी फ़िल्मों में अधिकांशतः एक स्वप्निल दृश्य का असहनीय चित्रण किया जाता है, जैसा आजकल की फ़िल्मों में नहीं पाया जाता और तुम चाहते हो कि कोई टीवी चैनल ऐसी फ़िल्म को दिखाये, उन फ़िल्मों को, जिनका कथानक वगैरह इतना खूबसूरत होता था, जबकि प्रकृति को उसमें खूबसूरत नहीं दिखाया जाता था, जबकि आकजल की फ़िल्मों में कहानी खुफ़िया किरदारों की होती है, पर प्रकृति को उनमें परिष्कृत बना कर दिखाया जाता है। ज़रा सीरियल "टाटओर्ट" के कई प्रसंगों को देखें, जिनमें बड़े क्रान्तिकारी मुद्दे लिये गये हैं, जैसे बच्चों को पीटना या उनसे बलात्कार, इन्सानों की तिज़ारत, नस्लवाद और दक्षिणपंथी अतिवाद। सब कुछ *पॉलिटिकली करेक्ट* ढंग से दिखाया जाता है, सिर्फ़ प्रकृति को खूबसूरत बना दिया जाता है। एक से एक बढ़ कर सुन्दर

तस्वीरें होती हैं अक्सर : गेहूँ के विशाल सुनहरे खेत, पोस्त के खेत, गोलाकार पर्वत, शिखरों पर करंज के खल्वाट वृक्ष, उन पर एक नीला आसमान, चाँदी जैसे दिखते कचरे के ढेरों पर काले पंख फड़फड़ाते पंछी, उद्योग-प्रधान नगरों में ऊँची इमारतें जिन पर धुआँ और धुंध लटके होते हैं, और यह सब, भले ही बदसूरत हो न हो, खूबसूरत है। है कि नहीं दिलचस्प? मेरे पहले वाले मालिशी ने और मैंने अक्सर एक साथ बैठ कर सिर खपाया है कि क्या वजह है कि पुरानी फ़िल्मों में जंगल को सूँघा जा सकता था या झरने के ठंडे पानी को महसूस किया जा सकता था, नंगे पैरों के नीचे भटकटैया को भी, जबकि नयी फ़िल्मों में, भले ही सनसनीख़ेज हैं या नहीं, जहाँ तक प्रकृति का प्रश्न है, न घास के मैदान को न घुप-कोहरे को सूँघा जा सकता है, बल्कि तुम एक सेकिंड-हैंड प्रकृति से आमने-सामने होते हो। इसके भिन्न-भिन्न कारण होंगे। एक तो यह, इस पर मेरा मालिशी और मैं सहमत हैं, इसकी वजह तकनीक होगी, जो तब इतनी बढ़िया नहीं होती थी कि अनाकर्षक को छुपा सके, ज़रूरत पड़ने पर आकर्षक का समावेश उसमें कर सके। इसका मतलब हुआ कि तब तकनीक अपरिष्कृत और मामूली थी, और जो जैसा होता था, दिखाती थी, मतलब अपरिष्कृत और मामूली। तब लोगों के दिमाग़ में यह बिल्कुल नहीं आता होगा कि झड़बेरी की झाड़ी फ़िल्म के सलीक़े को बिगाड़ देगी, क्योंकि तब दुनिया का सलीक़ा दूसरा था। कम से कम लोगों के दिमाग़ों में तो था ही। तब दिमाग़ों में आमतौर पर यह तस्वीर होती थी कि बर्फ़ पिघलने के बाद घास पीली और सूखी होती है, हरी और ताज़ा नहीं होती, जिसकी कल्पना लोग सिद्धान्तः आजकल करते हैं। और जितनी भी त्रुटिहीन तकनीक होती जाती है, मनुष्य उतना ही अधिक चीज़ों को वैसे दिखा सकता है, जैसे वह कल्पना करता है, बजाय वो दिखाने के, जो वास्तव में है। तीसरी बात यह कि प्रकृति में स्वयं परिवर्तन आ गया होगा। जो तब टेढ़ा-मेढ़ा होता था उसे आज सीधा किया जा चुका है, और कौन जाने कि चीमड़ हिन्दुस्तानी छुईमुई कल झड़बेड़ी की जगह ले ले। वृक्षहीन स्थल प्राकृतिक वृक्षहीन स्थल नहीं रहे, बल्कि नक़ली वृक्षहीन स्थल बनाये जाते हैं, जहाँ वन-वीथियाँ नहीं होतीं, बल्कि खोदे हुए गड्ढे होते हैं। और अक्सर ऐसा होता है कि जो नहीं दिखाया जाता, वही वास्तव में निश्चायक होता है, और वन तो उद्धरण बन कर रह जाते हैं। इससे सौन्दर्य बोध स्वभावतः बदल जाता है। जहाँ कहीं खूबसूरती नहीं है, वहाँ हम बदसूरत को खूबसूरत बना देते हैं। ऐसे होते हैं इन्सान : और अन्ततः मेरे मालिशी और मेरी राय शत प्रतिशत एक दूसरे से मिलती है, पहले हम वो नहीं होते थे, जो अब हैं, और अब जब हम ऐसी फ़िल्में देखते हैं, जो हमने पहले भी देखी हुई हैं, तो तब हमारी पहले वाली सोच और भावनाएँ वहाँ एक भूमिका निभाती हैं। पहले हम आज से ज़्यादा जवान, ताक़तवर, उजड्ड और सुखी होती थे। मेरा मालिशी वैसे हमारी

पुरानी फ़िल्में सप्ताहान्त में दोपहर बाद अपनी माँ के साथ देखता है, जो उसी घर में उसके साथ रहती है। उसकी माँ इनके अलावा और कोई फ़िल्में नहीं देखना चाहती, उसकी माँ को अब "टाटओर्ट" बिल्कुल समझ में नहीं आते। सीरियल में दिखते स्थानों और मनुष्यों में वह फ़र्क नहीं कर पाती। उसकी माँ के हिसाब से अब के "टाटओर्ट" के किस्सों में फ्रेम भागते जाते हैं, और दृश्यावली बहुत ज़्यादा बदल गयी है।

थपथपाना और सहलाना

"थपथपाने और सहलाये जाने" के लिए तुम्हारी मनोवृत्ति सही होनी चाहिए। वर्ना कोई फ़ायदा नहीं है। ज़रा सी भी खीझ मन में उत्पन्न हुई कि सारा प्रोग्राम तुम्हें नागवार लगेगा। या तो जब तुम थपथपाते जाते हो तो तुम्हारे मन में पूरी शान्ति होनी चाहिए या फिर इतने तंग हो कि तुम्हें किसी चीज़ से कोई फ़र्क नहीं पड़ता। क्योंकि इस प्रोग्राम में तुम्हारी पीठ पर इतनी ज़ोर से थपथपाया जाता है कि तुम्हारा पूरा बदन हिल कर रह जाता है और आख़िर में तो तुम्हारे टोटे-टोटे हो रहे होते हैं। ख़ासतौर से दिमाग़ के किसी कुत्ते को ही देख लो! हर समय उसके सर पर थपथपाया जाता है, जो मालूम पड़ता है कि उसे अच्छा लग रहा है। इसका कारण यह है कि उसका दिमाग़ मस्तिष्क के द्रव में इधर-उधर झूल रहा होता है, जो उसे ज़रा सा सुन्न कर देता है, लेकिन उसे स्पष्टतः इसमें आनन्द आता है। बिल्लियों में ऐसे नहीं होता। बिल्ली को नफ़रत होती है जब कोई उसके सर पर थपथपाता है। शायद उसके मस्तिष्क में द्रव कम होता है? जैसे गोरिल्ला में होता है। मैंने रेडमोंड ओं हानलोन की एक जंगल-बुक में पढ़ा है कि बोर्नियो के किन्हीं वासियों की गोरिल्ला-बेबी के सर को थपथपाने की आदत होती है, क्योंकि यह उनके लिए शुभ होता है। इस पर गोरिल्ला-बेबी अपना चेहरा बिगाड़ता है। रेडमोंड ओ' हानलोन के अनुसार गोरिल्ला सब लोगों द्वारा सर थपथपाये जाने से नफ़रत करते हैं। रेडमोंड ओ' हालमोन को यह पता होना चाहिए, क्योंकि उसे बोर्नियो में किसी ने एक गोरिल्ला-बेबी भेंट में दिया था। किन्हीं परिस्थितियों के कारणवश, जो मुझे अब याद नहीं आ रहीं, वह भेंट लेने से मना नहीं कर सकता था। उसे पता नहीं कब तक गोरिल्ला-बेबी को जंगल में उठा कर जाना पड़ा था, जो अपनी माँ के बजाय दिन-रात रेडमोंड ओ' हालमोन से चिपका रहता था। ज़ाहिर है कि ऐसे एक गोरिल्ला-बेबी को तुम जंगल के बीच लँगोट नहीं पहना सकते, क्योंकि तुम्हारे पास कुछ है नहीं, और कल्पना की

जा सकती है कि ऐसे एक गोरिल्ला-बेबी के साथ क्या-क्या करना पड़ता है, जो दिन-रात तुमसे लिपटा रहता है। तुम्हारे पास और कोई चारा भी नहीं होता। अगर तुम गोरिल्ला-बेबी को खुद से लिपटने से रोकोगे तो वह मर जाएगा। और भले ही तुम्हें गोरिल्ला-बेबी पसन्द न हों (मसलन जैसे ब्रूनो को नहीं हैं) और इसके अलावा तुम इस किस्म के आदमी हो कि जिसे कोई फ़र्क नहीं पड़ता कि वानर का बच्चा जीये या मरे, तो भी कोई चारा नहीं है, क्योंकि गोरिल्ला-बेबी तुम्हें भेंट में देने वाले शख़्स को जब पता चलेगा कि तुमने उसे मरने के लिए छोड़ दिया है तो तुम भी ज़्यादा देर ज़िन्दा नहीं रहोगे। क्योंकि नहीं तो तुम्हें भेंट स्वीकार करने से पहले ही उसे लेने से मना कर देना चाहिए था।

जब आपको यह अच्छा लगता है कि आपके दिमाग़ को ज़रा सा झकझोर कर रख दिया जाए, ताकि आप खुद को हल्का सा सुन्न महसूस करें तो ज़रा सा आप का सिर चक्कर खाये और आपको सुखानुभूति हो तो फिर उसी समय "थपथपवाएँ और सहलवाएँ"।

जब मैं छोटी होती थी तो गर्मियों में बाहर जब बहुत गर्मी होती थी और हम पिछले अहाते में काफ़ी उछल-कूद कर चुके होते थे तो लाल चेहरा, गीला माथा लिए मैं तेज़ी से घर में भाग कर जाती थी, और एक ही घूँट में एक बड़ा गिलास पानी का पी जाती थी। जब मैं अपने सिर को गुद्दी में दबाती थी तो और पानी मेरे खाने-पीने की नली से नीचे उतरता था तो तब भी मुझे चक्कर सा आता लगता था, मैं सुन्न हो जाती थी और सुख की एक अनुभूति मुझे होती थी। और साथ ही दिमाग़ में एक टीस, दर्द भरी नहीं, वास्तव में ज़रा सी फड़कन, एक झटका, एक सरकन तो होती ही थी, जो अपने साथ वास्तविकता की एक सरकन ले कर आती थी, एक-दो सेंटीमीटर की सरकन, जो दिखाती थी कि सामान्य मनोदशा पागलपन के कितने नज़दीक है, वैसे ही जैसे खुशी ग़म से, सुख दुख से। यह मेरा पहला नशा था, मुझे अब फिर से यह याद आया है, जब मैं कम्पन-कुर्सी में बैठी हूँ और पीठ पर लगातार थपथपाहट ने मेरे दिमाग़ को झूला झुलाया है।

कूटना और सहलना

कूटना एक तरह से गूँधने और थपथपाने का मिश्रण है। तुम वहाँ पड़े होते हो और एक तरफ़ तुम्हें गूँधा जाता है और दूसरी तरफ़ पूरी तरह हिलाया और झकझोरा जाता है। लेकिन थपथपाने जितना ज़ोर नहीं होता इसमें। इसका फ़ायदा यह है कि दिमाग़ झूला इतनी तेज़ गति से नहीं खाता, और झूला समरूप गूँधने के साथ-साथ धीमा

होता जाता है। अपने आप को ऐसे तिरने दो जैसे नाव पर बैठे हो, जो कभी तेज़ कभी धीरे तिरती है, प्रवाह, हवा और लहरों की मर्ज़ी से। इससे तुम्हें नींद आने लगेगी और तुम सुन्न होकर चौड़ी धातु की तरह चमकती सतहों पर फिसलते जाओगे, लेकिन बीच-बीच में स्वभावतः झूला तेज़ भी होगा, जो प्राकृतिक तौर पर होना भी चाहिए। मगर तेज़ भी वह आराम-आराम से होता है, तुम्हें बिल्कुल पता भी नहीं चलेगा, क्योंकि आसमान नीला होगा, फिर कुछ सफ़ेद, फिर पीला झिलमिलाता होगा, लहरें ऊँची होती जाएँगी, लेकिन इतनी दूर होंगी कि तुम्हें ख़तरा महसूस नहीं होगा। क्योंकि तूफ़ान की चेतावनी तो एक हफ़्ते से दी जा रही है, लेकिन तूफ़ान कभी नहीं आया। इसके विपरीत, हवा इतनी कम है कि तुम्हें आगे बढ़ने के लिए लगातार मोटर की ज़रूरत पड़ती है। जिस क्वार्नर[1] से निकलने में तुम घबरा रहे थे, वह एकदम चिकनी सतह पर एक हल्की खड़खड़ से बढ़ कर कुछ नहीं है। चूँकि पैरों को कँपाने का बटन भी दबा रखा है, अतः तुम सरसराने का हल्का स्वर सुनते हो और तुम्हें नाव का नियमित कम्पन भी महसूस होता रहता है। लेकिन क्वार्नर पार करने के बाद उस तरफ़ तूफ़ानी खाड़ियाँ कम होती जाती हैं। जिस खाड़ी में तुम नहाते हो, वह कोई सुरक्षित बन्दरगाह नहीं है। लेकिन बाहर जो फैला हुआ समुद्र है उससे तो सुरक्षित है। लेकिन यह तुम्हें तब पता लगता है जब आसपास गोल उठती समुद्र की सतह पर सफ़ेद झाग तिरने लगती है। अब नाव लहरों के ज़ोर से ऊपर को उठती है और फिर छपाक से गिर जाती है। आज आसमान में तारे नहीं हैं। लेकिन तुम्हें इसका पता नहीं चलता, क्योंकि तुम समुद्री जहाज़ के भीतर लेटे हो, जैसे मालिश करवाने वाली कुर्सी पर कोई लेटता है।

वियतनामी शुभ लैम्प ऐसे जल रहा है जैसे झिलमिलाता लाल चाँद छोटी सी खिड़की से झिलमिला रहा हो। चाँद चढ़ता है और आकाश में डूब जाता है। खिड़की बन्द हो जाती है। जहाज़ के भीतर हवा चिपचिपी हो जाती है। जब ब्रूनो खिड़की खोल कर तुम्हें कुछ कहता है तो तुम्हें समझ नहीं आती, फिर वह हवा से शर्त लगाकर चिल्लाता है। जहाज़ के बाहर सर्च-लाइटें लगी हैं, जो मौजों पर रोशनी फेंकती हैं। तुम लोग जहाज़ के पेट में लेटे हो, नहीं जानते कि तुम कहाँ हो। शायद तट के निकट हो, शायद बहुत दूर समुद्र में हो। अचानक कुछ गड़गड़ाहट होती है। फिर कुछ चरचराते हुए, चूँ-चूँ करते हुए, चटकते हुए घिसटता है। क्या ज़मीन से जा टकराये? उम्मीद है कि तट से, कहीं दूर नहीं, कहीं समंदर पर या किसी ख़तरनाक गहराई में, जो यूलिया और तुम दिन भर ऊपर खड़े देखते रहे थे : और 4.50 मीटर और, अब 4 मीटर, 3.50 मीटर... छोटी खिड़की अचानक खुल जाती

1. भूमध्यसागर का एक भाग।

है, तुम बाहर तूफ़ान में आ जाती हो। तुम्हारे सामने तट है अस्पष्ट सा, चट्टानें, अगर तुम ठीक से खड़ी हो तो, ज़्यादा ऊँचा नहीं, पर फिर भी। पहले कोई टिमटिमाता सितारा नहीं, *तुझे* कूदना होगा। बहुत अन्धकार है, कोई लाल चाँद नहीं, कुछ नहीं, सिर्फ़ आसमान की धूसर कालिमा, समंदर की तरह दोनों में कोई अन्तर नहीं, देशों में कोई अन्तर नहीं, क्या फ़र्क पड़ता है कि तुम कहाँ खड़ी हो, जहाज़ टूट जाने से तुम संकट में पड़ी हो, समंदर में या तट के निकट, मालूम नहीं किस दिशा में जाना है, और तुझे सनसनीखेज स्थितियाँ पसन्द नहीं हैं। या तुम्हें तैरना है, या हाथो-पैरों के बल चढ़ना है या फिर कूदना तो है ही। बच्ची समेत या अकेली? यूलिया के बिना कूदेगी? मैं समुद्र में कूद पड़ती हूँ, आसमान के बीच। कुछ मुझे नीचे की ओर खींचता है, कुछ मुझे वापस खींचता है। मैंने तैरने की वास्कट तो पहनी हुई है। यह कैसे हो सकता है कि कोई तैरने की वास्कट पहने हुए नीचे जा रहा हो। बाद में मुझे मालूम पड़ेगा कि यह बहाव था। मेरी आँखें खुली हैं। वैसे जिन्हें मैं पानी में खुली नहीं रखती। मैं इस समय जहाज़ के पेट के नीचे हूँ, और सब कुछ जगमगाता सफ़ेद नज़र आ रहा है। खूबसूरत नहीं क्या? कौन सोच सकता है कि एक पोत के पेट के नीचे इतनी कमाल की खूबसूरती होगी, और शान्ति होगी, डर नहीं होगा, कौन सोच सकता था? मैं हमेशा सोचती थी कि मुझे मौत से भारी डर लगता है, लेकिन बिल्कुल नहीं। कुछ नहीं। इतनी कमाल की शान्ति की हमेशा मुझे इच्छा रही है। सच! गहरा सन्नाटा भी कमाल का है। सचमुच कोई आवाज़ नहीं। नहीं, मेरी ज़िन्दगी मेरे पास से होके निकल नहीं जाएगी। नहीं, यूलिया और ब्रूनो के साथ भी ऐसा ही होगा। अब मैं और किसी बारे में नहीं सोच रही। सोचो ज़रा, कोई ख़याल नहीं आ रहा। मुक्ति मिल गयी है मुझे, ऐसा मत सोच! क्या मैं अभी हूँ?

इसी समय मैं एक चट्टान से जा टकराती हूँ, जिसे मैं कसकर पकड़ लेती हूँ। यूलिया मेरे निकट है। यूलिया और मैं एक साथ पानी से बाहर निकलते हैं। अब ब्रूनो भी ज़मीन पर है। ब्रूनो मुझे ऐसे घूर रहा है, मानो किसी भूत को देख रहा हो। हम एक तकलीफ़देह जज़ीरे पर जा उतरे हैं। हम नंगे पैर हैं। लगातार बिजली चमक रही है, बादल गरज रहे हैं। भटकटैया, झाड़-झंखाड़, नुकीले पत्थर, हमारी नाव की बत्तियाँ लाल, हरी और सफ़ेद रंग में जल रही हैं। इसे किसी भूतिया जहाज़ की तरह तूफ़ान और लहरों ने समुद्री चट्टानों पर टक्करें खिलाई थीं। हम तह से इसे काफ़ी देर देखते रहते हैं। हमे खुद को ठंड नहीं लगवानी, हिम्मत नहीं छोड़नी, सोना नहीं।

हम हिम्मत नहीं छोड़ेंगे, लगातार चलते रहेंगे, सोचेंगे नहीं। अन्ततः अगले दिन सुबह 6 बजे समुद्रतट-रक्षकदल की एक तेज़ नौका हमारा उद्धार करेगी।

शिआत्सू

रोशनदान में से मुझे बादल तेज़ी से उड़ते नज़र आ रहे हैं। ऊपर काफ़ी तेज़ हवा चल रही होगी। हमारे यहाँ ज़मीन पर हवा बिल्कुल रुकी हुई है। मेरे बारजे पर लाल बुरांश के पत्ते ज़रा नहीं हिल रहे। यूलिया अभी स्कूल में है। दोपहर बाद तक उसे थियेटर की रिहर्सल करनी है और वह पाँच बजे से पहले घर नहीं लौटेगी। लगभग पच्चीस साल पहले मैं कुछ साल जापान में रह चुकी हूँ। वहाँ मैंने मालिश कभी नहीं करवाई। करवाती भी तो किस लिए? तब मुझे कहीं कोई दर्द नहीं होता था। और तब तक शिआत्सू यूरोप में फ़ैशन नहीं बना था। मुझे मालूम ही नहीं था कि शिआत्सू क्या होता है। आज मैं जानती हूँ कि इससे सब कुछ ठीक हो जाता होगा। शरीर भी और दिमाग़ भी, ऐसा कहते हैं। इससे शरीर की प्रतिरोध शक्ति बढ़ती है। ख़ैर। टोक्यो में हमारे घर के सामने वाला बगीचा अन्त में पूरा घास-फूस से भर गया था। केले के पेड़ और बाँस की झाड़ियाँ मिलकर एक घना जंगल बन गये थे। बीच घास के मैदान में बड़े-बड़े जंगली फूल उगे थे, जो चटख लाल थे। एक बार एक मकड़ी उसके प्रवेश द्वार पर बैठी थी, जो मेरे हाथ जितनी बड़ी थी। उसकी टाँगें मेरी उँगलियों जितनी थीं, लम्बी और मोटी। कोने में बने जंगल में एक उज़ाड़ छोटा पवित्र स्थल था। उसके सामने छोटी-छोटी पत्थर की प्रतिमाएँ थीं, जिनके गले में बिब लटके हुए थे। ये मृत बालक थे। टोक्यो ऐसे प्रतीकों से भरा पड़ा था। आकाश में पतझड़ के नीलेपन का अपना प्रतीक होता था। जापान में बादल अक्सर ख़ास सफ़ेद और मोटे होते थे। रेलगाड़ी में लोग खड़े-खड़े सो रहे होते थे। मैं अक्सर माचीदा से जाया करती थी और वहाँ एक वीडियो-गेम-पार्लर में कार-रेस खेला करती थी। घर से बाहर यह मेरा मनोरंजन का एकमात्र साधन था। अकेली जाती थी मैं। वैसे मैं मेट्रो में कभी अकेले सफ़र नहीं करती थी। सही स्टेशन पर सही समय पर उतरने के लिए मैं तेज़ी से भागती गाड़ी से स्टेशनों के नाम नहीं पढ़ सकती थी। दो साल पहले, जब मुझे जर्मनशास्त्रियों की एक गोष्ठी में भाग लेने के लिए जापान जाने का निमन्त्रण मिला था तो सब स्टेशनों पर नाम लातिनी लिपि में लिखे थे। ब्रूनो ने और मैंने टोक्यो में बहुत सैर की है और अन्त में मैंने बल्कि वह घर भी ढूँढ़ निकाला था, जहाँ मैं 25 साल पहले रह चुकी थी। मेट्रो से उतरते ही पत्थर की एक खड़ी सीढ़ी सीधे घरों

को जाती थी। जो मुझमें अजब से जज़्बात जगाती थी। जैसे वे घर न हों, इन्सान हों। हमारे पुराने घर के सामने वाला बाग अब भी केले के पेड़ों और बाँस की झाड़ियों से भरा पड़ा था। आसपास बने घर नये थे, और कोने में बना छोटा पवित्र स्थल वहाँ नहीं रहा था। उसकी जगह वहाँ फुहारों वाली एक बगीची बन गयी थी। पतझड़ के आकाश का रंग अब भी असाधारण था और बादल अब भी ख़ास सफ़ेद और मोटे थे। बाद में, नोनसावा ओनसन में जर्मनशास्त्रियों की गोष्ठी के चलते हुए, जब हम पूर्णमासी की एक रात गरम चश्मों में नंगे बैठे थे तो और मोटे-मोटे बादल हमारे ऊपर से गुज़र रहे थे तो मुझे ख़याल आया कि क्या ऐसा था, जो मुझे तामावागाकेन की उन सीढ़ियों से जोड़ता था। तब 25 साल पहले मैं कुछ दिन अपने जापानी मित्रों के कुत्ते जोरा को घुमाने लेकर जाया करती थी, जब वे यूरोप में थे और मैं जोरा की देखभाल कर रही थी। मुझे यह घूमना बहुत अच्छा लगता था। तब भी ज़रूर पतझड़ का मौसम होगा, और शाम को नभ मेघाच्छादित होता था और मेघ जल्दी से हमारे ऊपर से निकल रहे होते थे और पौधों की सुगन्ध अभी मीठी होती थी और शरद ऋतु का मेपल वृक्ष रात को भी शोख़ लाल रंग में चमक रहा होता था, और सब कुछ दूर और अजनबी लगता था, पर फिर भी बहुत ही नज़दीक, और कोई फ़र्क नहीं लगता था कि मैं जापान में हूँ या दुनिया में कहीं और हूँ। सब कुछ उस काल्पनिक केन्द्रीय बिन्दु से बहुत दूर था, जो बाद में घुल कर राख बन जाता है। जोरा के साथ इन सैरों में हर रात मेरा सामना एक अधेड़ उम्र के आदमी से होता था, जिसने गहरे नीले रंग का सूट पहना होता था, और बगल में एक बैग होता था उसके, जो हमारे पड़ोस की इमारत को जाने वाली सीढ़ियों पर चढ़ा करता था। हर रात वह सीढ़ियों के बीचोबीच खड़ा होकर अपने सूट की जेब से अपना चकाचक सफ़ेद रूमाल निकालकर सीढ़ियों के पास वाली छोटी पत्थर की दीवार पर खोल कर बिछा दिया करता था, और वहाँ बैठ कर पत्थर की छोटी दीवार से नीचे ज़मीन पर उल्टी कर देता था, फिर अपने रूमाल को आराम से चार तहें लगाता था, उसे सूट की जेब में डालता था और घर चला जाता था। हर रात।

आज मैं कई बार सोचती हूँ कि तब हर पल एक रहस्योद्घाटन होता था, हर अनुभव एक ज्ञान और हर भेंट एक नियति होते थे। जोरा अब नहीं रहा, शायद वह आदमी भी नहीं रहा, लेकिन आसमान और बादल, वे अब भी हैं, और मेरी यादें भी। यादें कहीं गयी नहीं थीं, लेकिन काफ़ी समय से यादों को याद करने की कोई इच्छा नहीं रही थी। हर याद की याद करने की मेरी इच्छा समय के, भविष्य के और उम्मीदों के खो जाने के साथ खो गयी थी। अब वह फिर जाग उठी है। अन्ततः पतझड़ में सूरज के रंग से भी ज़्यादा पीला भोजवृक्ष फिर से मेरी नज़रों के सामने हैं, शिंतो-पवित्र-स्थलों का पीड़ादायी चटख लाल रंग, बौद्ध मन्दिरों की सादी लकड़ी, सहस्त्रों

सुनहरी देवियों का हॉल भी। सहस्त्र मददगार हाथों वाला बोधिसत्व? ओह आमेली! तामावागाकेन के हमारे जंगल बने बाग में अब मातसूकू भी प्रकट होती हैं, एक सीधी-सादी लड़की, जिसके हाथों में पत्तों का एक गुच्छा होता था, जो उसने हमारे बाग से इकट्ठे किये होते थे, और जो वह हमें मेहमानों को दिये जाने वाले एक तोहफ़े के तौर पर पेश करती थी। इतनी चौड़ी मुस्कान थी उसकी कि उसके पीछे वाले टूटे दाँतों वाली जगह भी नज़र आती थी। गहरा परम्परागत शिर-नमन, इतना गहरा कि हमें उसकी छातियाँ नज़र आती थीं। खूबसूरत बाल थे उसके, मातसूकू के। कूल्हों तक आते थे। मगर यह कहा नहीं जाता। वर्ना वह उन्हें भी कैंची से काट कर मेहमान को दिये जाने वाले तोहफ़े के तौर पर पेश कर देगी। मातसूकू एकदम अतिशय करती है। अभिवादन के तौर पर मेरे तत्कालीन पति को हाथ में काट लेती थी। फिर शर्म के मारे लाल हो जाती थी। मेरा पति प्रोफ़ेसर था। मुझे पूरा विश्वास था कि अगर मैं एक बार यूरोप चली गयी तो वह उसे फँसा लेगी। मुराकामी भी वही करती, उसकी सर्वोत्तम, परम्परा में विश्वास रखने वाली छात्रा। शायद इसे वे अपना कर्तव्य मानती हैं। (वियतनामी लैम्प की लाल रोशनी मंद पड़ गयी है। मेरे ख़याल से मुझे ऊँघ लग गयी थी)।

कंधे

मेरी अच्छी सफ़ाई वाली कंधों में शिथिलता लाने वाला प्रोग्राम खास पसन्द करती है। कभी-कभी सफ़ाई करने से पहले और कभी-कभी बाद में वह कम्पनकुर्सी पर बैठ कर कंधों वाला प्रोग्राम चला देती है। साथ में लगातार आहें भरती रहती है। अफसोस है कि हर बार वह सफ़ाई से पहले या बाद में उस पर नहीं बैठती। उसे बुरा लगता है। पहले-पहले तो वह इसके लिए पैसे भी देना चाहती थी, या मुफ़्त में सफ़ाई करना चाहती थी। इस चीज से मैंने उसे मना कर दिया था। इसलिए वह हर बार सफ़ाई से पहले या बाद में उस पर बैठने में शर्म करती है। सफ़ाई वाली के कंधों में समस्या है। क्योंकि वे अकड़ जाते हैं। कहा तो हमेशा यही जाता है कि कंधों में समस्या खासकर उन लोगों को होती है, जो पूरा दिन लिखने की मेज़ पर बैठे रहते हैं। और वह भी गलत मुद्रा में। लेकिन यह सच नहीं है। मेरी सफ़ाई वाली लिखने की मेज़ पर कभी नहीं बैठती, और लिंडे भी कभी नहीं बैठती। हाल ही में लिंडे के कंधों में इतना दर्द हुआ था कि उसे बहुत सारे टीके लगवाने पड़े थे। कंधे के नीचे इंजेक्शन लगे थे, लिंडे बताती है। मेरा निजी मत यह है कि कोई फर्क नहीं पड़ता कि कोई क्या करता है, वह मेज़ पर गलत मुद्रा में बैठता है या सही मुद्रा में, या पर्दे बेचता है या वृद्धाश्रम में काम करता है, निश्चायक केवल एक ही चीज है; और वो है ऐंठन। और मैंने यह देखा है कि आदमी औरत के साथ-साथ रहने में ऐंठन खासतौर से कंधों की समस्या के लिए निश्चायक होती है। जरूरी नहीं कि ये पार्टनर वर्तमान में हों। यह रिश्ता बरसों, बल्कि दशकों पुराना भी हो सकता है। पहले मुझे ही देख लीजिए। जिसे हर रात उसका भूतपूर्व अपना शिकार बनाने आता है, वह तो ठीक से हिल-डुल भी नहीं सकती। यह तो प्रत्यक्ष है। जो कहा जाता है न कि बोझ अपने कंधों पर लादना, वह गलत तो नहीं कहा जाता। मेरे भूतपूर्व के साथ मेरी माँ, ब्रूनो की भूतपूर्व और बाल मनोविश्लेषक भी तो आ जाते थे। मेरी सफ़ाई वाली के मामले में उसका यह दोस्त है, जिसे वह एक बार तो घर से निकाल बाहर कर चुकी है, लेकिन जिसका किसी तरह अब भी असर है। शायद वह न उसके साथ रह सकती है, न उसके बगैर रह सकती है। बिल्कुल मेरे फ़िज़ियोथेरापिस्ट और

मेरी नाइन की तरह। फ़िज़ियोथेरापिस्ट के पास तो खैर अपने धंधे के टोटके हैं कंधे को आराम पहुँचाने के लिए, और मेरी नाइन की उम्र अभी इतनी नहीं हुई कि वह पूरी तरह से ऐंठ जाए, लेकिन अगर उनका मामला ऐसे ही चलता रहा तो कुछ सालों में वे हैरान होंगे। यूलिया के स्कूल की सहेली को भी कंधों की समस्या थी। वह महीनों बीमारी की छुट्टी लिये रखती थी और उसे बड़े जोर का दर्द रहता था। उसे किसी चीज़ से फायदा नहीं हो रहा था, न टीकों का न फ़िजियोथेरापिस्ट का। छुट्टी लेकर हस्पताल में रहने के बाद भी वह दर्द लेकर लौटी थी। औरत हमेशा ऐसे लगती थी जैसे डरी-डरी हो। और फिर एक दिन मैंने उसके पति को देखा। एक खिलाड़ी, जैसा किताबों में होता है। रविवार को सवेरे-सवेरे साइकिल ली और पहाड़ पर चढ़ गये, या दो-तीन चक्कर पिषलिंग झील में तैरे या डेढ़ घंटे दैन्यूब के तट पर जॉगिंग की। और स्वभावतः चुपचाप। यूलिया की सहेली की माँ के पति का मुँह ऐसे था, जैसे चेहरे पर एक छोटी सी लक़ीर हो। चुप रह-रह के। और उसकी बीवी उसके एकदम विपरीत। खेल-कूद जानती नहीं। और : जब भी मिले तो बक-बक, बक-बक। उसका बस चलता तो वह पूरा दिन सोफे पर बैठ कर मेरे साथ बक-बक करती। और उस पर यह कि यूलिया की सहेली भी नहीं बोलती थी। बल्कि यूलिया के साथ भी वह बहुत कम बात करती थी। जब भी मैं उससे कुछ पूछती थी तो उसका जवाब होता था, मुझे नहीं पता। जब यूलिया पूछती थी तो उसे भी यही जवाब देती थी। और ऊपर से : बेटी भी खेल-कूद की शौकीन थी। पिता के साथ घंटों जॉगिंग करती रहती थी। बाप के सामने माँ की हँसी उड़ाती थी। तो कोई ताज्जुब की बात नहीं कि इन हालात में माँ को इस हद तक कंधों में दर्द रहता था कि वह हिल-डुल नहीं सकती थी। लेकिन इन्सान हालात बदलने की बजाय आम तौर पर बड़े से बड़ा दर्द सहने को तैयार होते हैं। सेक्स की समस्याओं का रिश्ता भी कंधों से होता है। तुम्हारी इच्छा और दूसरे या दूसरी की इच्छा नहीं है तो तुम्हारे कंधों में दर्द हो जाएगा। इसका उलट भी ऐसे है : तुम कभी नहीं चाहती और दूसरा लगातार चाहता है तो भी मामला कंधों तक पहुँच जाता है। सब कंधों में जाता है। तब भी जब तुम नहीं चाहती और फिर भी कर लेती हो। तो मुझे अब कहना पड़ेगा। यह कम्पन-कुर्सी एक वरदान है। इसकी गर्मी, हल्का-हल्का कम्पन, मोटर की हल्की भिनभिनाहट, सहलाना, गूँधना और कूटना और थपथपाना, ऊपर उठाना और नीचे ले आना और फिर घुमाना, फैलाना, तानना। कमाल है, कमाल है। बाहर के शोर आने बन्द हो जाते हैं। विरली बात है कि आज ख़ामोशी है। जैसे रविवार की एक अपराह्न हो। प्रकाश दूधिया मन्द है।

मेरे रोशनदान में बादलों के पीछे आकाश फीरोजी सा हो रहा है। ब्रूनो कहता है। इसका मतलब ठंड है। बादल किसी ध्रुवीय झील में कुछ-कुछ बर्फ़ की तैरती सिलों

जैसे लग रहे हैं। ऐसी सिलें क्या प्रवाह के साथ इतनी तेज़ी से बह सकती हैं? प्रवाह में तेज़ी से बहती मेरी सिलों के सामने ऊँची, लगभग पारदर्शी नीली झिलमिलाती बर्फ़ की दीवारें प्रकट होती हैं। ये शानदार महल, विचित्र इमारतें, बर्फ के दानों से बने दैत्याकार वृक्ष हैं। हर ओर झील का फीरोजी नीला रंग बिखरा है, झिलमिला रहा है, प्रतिबिम्बित हो रहा है, पूरे पर्वत पर नीली परछाईं फेंक रहा है। नीली ठंडी बर्फ़ीली चट्टानें झील में गिर रही हैं। क्रिस्टल की मूर्तियाँ टूट रही हैं, पहाड़ जैसे बर्फ़ के टुकड़े फट रहे हैं और पानी में लुप्त हो रहे हैं, जहाँ वे घुल जाते हैं। लहरें सौ मीटर ऊपर उछल कर आ रही हैं। मुझे सतर्क रहना होगा कि मेरी बर्फ़ की तैरती सिल इस टूटने और धुलने के चक्र में न फँस जाए, निरन्तर इस उत्तरी ध्रुव के पिघलने से यूरोप में बाढ़ें आएँगी, प्रचंड तूफ़ान आएँगे।

तनावमुक्त करना

यह प्रोग्राम तुम्हें इतना गूँधता है और थपथपाता है कि तुम्हारा दिमाग अपने द्रव में खूब झूले खाता है। तुम्हें मालूम होना चाहिए कि शिथिलीकरण तुम्हारे जीवन के लिए सबसे आवश्यक है। ढीले हो जाओ और जाने दो। नहीं तो पागल हो जाओगे। डरो मत, यह बाइबल में लिखा है। सबसे बुरा डर होता है। अगर तुम डरे हो तो कभी शिथिल नहीं हो सकोगे। डर कस देता है। यह एक प्राकृतिक प्रतिक्रिया है। यह अंशतः जंगल में होने की स्थिति से आती है। क्योंकि तुम्हें यह कभी नहीं भूलना कि तुम्हारे मस्तिष्क में एक आदि कुंड है। मैं अब छोटे मस्तिष्क की बात कर रही हूँ। वहाँ, कहें, तो सिर में एक मगरमच्छ बैठा है, सुस्त, छिपकली जैसा, ठंडा। वह तुममें ऐसे प्रतिक्रिया दिखाता है, मानो हजारों वर्ष कभी गुज़रे ही न हों।

क्योंकि जब तुम जंगल में होते हो तो कुदरती तौर पर तुम्हें यह मान कर चलना है कि तुम पर हमला होगा, और या तुम्हें अपना बचाव करना होगा या भागना होगा। मान लो तुम जंगल में तनावमुक्त हुए बैठे हो, जैसे किसी टहनी पर या नदी में पाँव लटकाये बैठे हो, और अचानक एक बहुत बड़ा साँप रेंगता हुआ तुम्हारे पास आता है, या एक शेर तुम्हें सामने आ कर खड़ा हो जाता है या एक मगरमच्छ तैरता हुआ आ जाता है, तो तुम्हें तनाव में आने में इतना ज़्यादा वक्त लगेगा कि तुम छलाँग मार कर उठकर भाग नहीं सकोगे। हमला करने की तो बात ही छोड़ो। हमला करने

के लिए तुम्हें अविरत तनाव में होना चाहिए। क्योंकि तनावमुक्त स्थिति में कोई इतनी तेज़ी से किसी का टेंटुआ नहीं पकड़ सकता। तनावमुक्त स्थिति में तुम जंगल में भूखे भी मर जाओगे। लेकिन सौभाग्यवश तुम शाकाहारी हो।

लोग अक्सर टीवी के सामने बैठे प्रकृति पर वृत्तचित्र देख रहे होते हैं, *यूनिवर्सम* वगैरह, और बड़ी विरुचि से देखते हैं कि कैसे कोई परभक्षी पशु घंटों कमजोर-नाज़ुक शिकारों को भगा-भगा कर मारता है, या कोई विराट ह्वेल मछली अपनी सम्बन्धित जाति की बेबी ह्वेल को खा जाती है और ज़ालिम कुदरत के बारे में यह नहीं सोचते कि इन चीज़ों के लिए शरीर में कितना तनाव और कितना ऊर्जा का भंडार चाहिए होता है। अब तुम कहोगे : तनाव ठीक है, पर ऐंठन नहीं, और मैं जवाब में कहूँगी : तुम बिल्कुल सही कह रहे हो। कोई भी शेर अपने शिकार को कभी नहीं पकड़ सकेगा, अगर मसलन यूलिया की सहेली की माँ की तरह उसके कंधों में ऐंठन होगी। लेकिन फिर मैं सोचती हूँ कि यह पूरी ऐंठन तब आती है, जब हम बेमतलब तनाव में होते हैं। मेरा मतलब, सुपर मार्केट जाकर वहाँ बिक रही सब्ज़ी खरीदने के लिए हमें तनाव में होने की जरूरत नहीं है। लेकिन हमारे सिर में बैठा मगरमच्छ यह नहीं जानता। वह गुनगुने खारे पानी में निश्चल बैठा रहता है, बिना कोई भावना और उम्मीद पाले, और इस तरह हज़ारों साल हाथ से निकाल देता है। शल्क का बख़्तर पहने यह पशु सूर्य के प्रकाश में कीचड़ भरा पड़ा होता है और चमक रहा होता है। कभी-कभी यह आराम से एक आँख खोलता है कुछ सेकिंड के लिए, और जब यह आँख बन्द करता है तो फिर से तीन सौ साल गुज़र चुके होते हैं। मगर तुम यह मत सोचना कि वह सो रहा है। कभी तुम थाईलैंड के किसी "क्रोकोडाइल फार्म" के किसी हवा से हिलते पुल के ऊपर गये हो? वहाँ पड़े होते हैं वे, बाबा आदम के ज़माने के बख़्तरबन्द फौलादी, निश्चल, आँखें बन्द किये, और फिर उनका परिचारक आता है और उनके लिए पानी में मछलियाँ फेंकता है, और अचानक पानी ऊपर उछलता है, और लाल हो जाता है। इतनी तेज़ी से सारी मछलियाँ खाई जाती हैं कि तुम देख ही नहीं पाते, और मगरमच्छ फिर धूप में पड़े होते हैं, जैसे कुछ हुआ ही न हो। तुम्हें चिन्तन करना चाहिए कि लगातार सात या आठ, बल्कि लगातार नौ घंटे की नींद की खोज इन्सानों ने की थी, और आदि मस्तिष्क को इसकी जानकारी नहीं है। कोई भी पशु आठ घंटे इतनी गहरी नींद नहीं सोता, जितना मनुष्य। पर, अपनी सर्दियों की नींद वह कर लेता है। पर यह एकदम एक दूसरी बात है। तब उसे एक सुरक्षित आश्रय चाहिए होता है, और फिर वह अपने शरीर का तापमान और सभी क्रियाएँ उस निम्न स्तर पर ले आता है, जिसमें वह मौत जैसी एक नींद में जीवित रहता है। यहाँ हमारा छोटा मस्तिष्क अक्सर निर्णय नहीं कर पायेगा कि हम क्या करेंगे हर रात। वह नहीं जानता कि क्या हम अब संकट का सामना करने के लिए तैयार हैं, या हम अपने सुरक्षित घरों में मौसम के मामले से न जुड़ी सर्दियों की नींद ले रहे हैं या शायद हम मर चुके हैं? वैसे विभिन्न छोटे मस्तिष्क भिन्न-भिन्न

तरीकों से काम करते हैं। मसलन मेरा छोटा मस्तिष्क सुरक्षा की खातिर मुझे संकट का सामना करने के लिए हमेशा तैयार रखता है, ब्रूनो का छोटा मस्तिष्क, कुछ हद तक सुरक्षा पाया हुआ, यह मानकर चलता है कि वह हर रात सर्दियों की नींद लेता है। यूलिया की नींद देखो तो, कच्ची नींद है।

अब तुम्हें अपने घर में, ज़ाहिर है, साफ़-साफ़ खुद से कहना चाहिए कि तुम जंगल में बिल्कुल नहीं हो और इसलिए तनावमुक्त हो जाओ। और जब बादल तुम्हारे ऊपर, मोटा पेट लिये और बिना हिले-डुले, साफ नीले आसमान पर खड़े हों तो तुम उन्हें आराम से रोशनदान से देखो। हो सकता है कि वे फूल कर मीनारें बन जाएँ। हो सकता है कि दिन के दौरान कोई तूफ़ान आने की तैयारी कर रहा हो। मुझे लग रहा है कि हवा भारी हो रही है और बाहर हवा नहीं चल रही। तब इटली में, दाखबारी के ऊपर वाले घर में, मुझे इस भारी हवा ने बुरी तरह से डरा दिया था, लगता था कि अभी सब टूटे-फूटेगा, बिजली चमकेगी और गड़गड़ाहट कान फाड़कर रख देगी। अब वह नहीं है। हो सकता है कि बाद में आसमान बिजली के चमकने से घंटों थोड़ी-थोड़ी देर में भड़केगा, गहरे, अँधेरे वनों में दिन जैसी रोशनी कर देगा और आख़िर में वन को स्वच्छ करने वाले उस जलप्रवाह में मिल जाएगा, जो जल श्वेत नभ से गिरता है और नदियों को भरता है, जब तक कि पानी उनसे बाहर निकलकर वनों में नहीं बह निकलेगा, सदाबहार जंगलों को तब तक भरता रहेगा, जब तक कि सिर्फ़ सबसे ऊँचे वृक्षों के सबसे ऊँचे शिखर ही पानी के बाहर नहीं रह जाएँगे। वृक्षों के बीच बड़ी-बड़ी मछलियाँ तैर रही हैं, डोल्फ़िन मछलियाँ पानी में फुदक रही हैं, मगर कोई नहीं देखता यह सब, क्योंकि अमाज़ोना के बाढ़ के नीचे आये जंगलों में कोई मनुष्य नहीं है। धूसर आकाश संतुष्टिपूर्वक बाढ़ के धूसर पानी में स्वयं को देख रहा है। अब मेरे रोशनदान पर बारिश फिर से छप-छप पड़ रही है। लेकिन अब मुझे डर नहीं लगता।

जान डालना

किसी खुदाई की मशीन की तरह मेरी कम्पन-कुर्सी मुझे उठाती है। ऊपर, इतना ऊपर, जब तक कि मेरी रीढ़ की हड्डी मुड़ती नहीं। मैं गहरी साँसें लेती हूँ। इतनी खुल कर साँस मैं सिर्फ़ तब ले सकती हूँ, जब मेरी रीढ़ की हड्डी को सहारा मिल रहा हो। और मुझे ऊपर उठाया जाये। अब वह आराम से मुझे तब तक नीचे करती है, जब तक मेरी रीढ़ की हड्डी विपरीत दिशा में नीचे गोल मेहराबी नहीं हो जाती। जल्दी ही मुझे ऐसे लगने लगता है कि वह इतनी ज़्यादा मेहराबी गोल हो गयी है

कि लगभग एक भ्रूण जैसी स्थिति में आ गयी है। लेकिन यह एक व्यक्तिपरक एहसास है। मैं जानती हूँ कि बाहर से यह मेहराबी सतह नज़र नहीं आती। धीरे-धीरे कुर्सी मुझे ऊपर उठाती है, अवतलों से उत्तलों में ले आती है, और अब वह मेरी पीठ को गूँध रही है। पीठ के गूँधने की हर प्रक्रिया के साथ मैं थोड़ी सी और ऊपर हो जाती हूँ, वह मेरी रीढ़ की हड्डी को फिर ऊपर उठाती है। फिर वह मेरी पीठ थपथपाने लगती है।

जब मुझे बहुत बार निमोनिया हो चुका था, उसके बाद मैंने उस मालिशी से मालिश करवा के खुल कर साँस लेनी शुरू की थी, जिसके साथ मैं हमारी आंचलिक फ़िल्मों के बारे में गपशप किया करती थी, जो वह अपनी माँ के साथ बैठ कर और मैं यूलिया के साथ बैठकर देखा करती थी। वैसे मैं उसके पास निमोनिया की वजह से नहीं गयी थी, बल्कि पीठ के दर्द की वजह से गयी थी। पीठ का दर्द तो वहीं का वहीं बना हुआ है, पर मैं खुलकर साँस ले सकती हूँ। शायद यह उन वार्तालापों के कारण हुआ होगा, जो हम आपस में किया करते थे। शायद मेरा मालिशी तब मालिशी कम मनोविज्ञानी ज्यादा था। शायद उसकी असाधारण क्षमता सच में उसके वार्तालाप में थी, न कि शरीर पर उसकी कारीगरी में। नहीं, गलत है, उसकी प्रतिभा इसमें छुपी थी कि वह मालिश करते हुए हर विषय पर बात कर सकता था। वह छुपाता कुछ नहीं था, इस मामले में वह एक अच्छा लेखक था। इसलिए बात करते-करते जब एक बार मैं बौद्धमत पर आ गयी थी तो उसने मुझे बताया था कि उसकी प्रेमिका उसे बौद्धमत की वजह से छोड़कर कर चली गयी थी।

मेरे मालिशी ने बताया था कि बरसों बाद उन्होंने एक साथ रहने का निर्णय लिया था। उसने कहा था कि वह उससे पहले किसी औरत के साथ रहा नहीं था, क्योंकि वह अपनी आज़ादी चाहता था, और खुल कर साँस लेना चाहता था, और अपना समय विभिन्न गतिविधियों में बाँटना चाहता था। लेकिन इस एक औरत से वह इतना इश्क़ करता था कि वह अपनी जिन्दगी में सब कुछ दाँव पर लगा कर इस औरत के साथ रहने को तैयार हो गया था। प्रेमिका उसके साथ उसकी माँ के घर में रहने को तैयार नहीं थी, जहाँ पहली मंजिल पर उसका अपना फ्लैट था, और फिर से अब भी है। तो दोनों ने मिलकर एक ऐसा फ्लैट ढूँढ़ा था, जो दोनों को पसन्द था। उसने फिर इस फ्लैट का नवीकरण किया था। खुद उसका फर्श बनाया था, अपनी प्रेमिका की और अपनी पसन्द को ध्यान में रखकर, दोनों ने मिल कर दीवारों पर पेस्टल रंगों की पुताई की थी, और उसने कुछ खास फर्नीचर खुद अपने हाथों से बनाया था। वे फर्नीचर की बड़ी-बड़ी दुकानों में बिकने वाले बने-बनाये रसायनों का

इस्तेमाल करके बनाये गये फर्नीचर में नहीं रहना चाहते थे, बल्कि उन्होंने अपना ही एक माहौल चुना था। ऊर्जा-प्रवाह के संदर्भ में, उसकी अपनी और प्रेमिका की भाषा में, फ्लैट सजाने में उन्होंने काफी ख़याल रखा था। जो भी फ्लैट में आता था तुरन्त उसे अनुभव करता था। उसे सामग्री चुनने, सामान बनाने और उस पर पालिश करने, हथौड़ा चलाने में बड़ा आनन्द मिला था। बड़ा समय लगाया था उसने उस पर। तीन साल बाद जब फ्लैट हर उस तरह से बन कर तैयार हो गया, जैसा वह चाहते थे तो प्रेमिका घर छोड़कर चली गयी। जो कुछ उसका था, उसे वहीं छोड़कर वह काठमांडू के एक बौद्ध मठ में चली गयी। फ्लैट जैसा था, वैसे ही उसे छोड़कर अपनी माँ के घर वापस आ गया था वह, जहाँ वह आज रह रहा है। पर उसकी ऊर्जा का एक अंश उसी फ्लैट में रह गया है, जिसे उसने स्वयं गढ़ा था। वह उम्मीद करता था कि जिसने वह फ्लैट खरीदा था, वह उसका लाभ उठायेगा।

तो फिर वह काठमांडू से लौटी नहीं क्या?, मैंने फिर मालिशी से पूछा था। हाँ लौटी, उसने कहा था, कुछ महीनों बाद आ गयी थी। लेकिन तब तक देर हो चुकी थी। कह कर वह खामोश हो गया। उसी समय, हालाँकि मैं ज़्यादातर पेट के बल लेटकर मालिश करवाती हूँ, मेरा वक्षकोटर अचानक खुल गया, और बहुत समय के बाद मैं एक बार फिर से खुल कर साँस ले रही थी। मैं ऐसे साँस ले रही थी मानो इससे पहले मेरा दम घुटा हुआ था, और सचमुच मुझे एकाएक अजीब सा लगा कि इतनी थोड़ी सी हवा सीने में भरकर जी कैसे रही थी। मेरा मालिशी हँस रहा था। अरे, आखिरकार तो वह मुझे छोड़ गयी थी, आप तो नहीं। मैं भी हँसने लगी, और हँसने से और भी ज्यादा हवा मेरे फेफड़ों में गयी, इतनी कि मुझे चक्कर आने लगे। इस दिन की मालिश के बाद मालिशी ने सावधानी से मेरी अंगिया के हुक लगाये, मैं उठी और बाहर गयी। बाहर, अब तक मुझे याद है, मूसलाधार बारिश हो रही थी। चूँकि मेरे पास छतरी नहीं थी, तो मैं मालिशी के घर वाली सड़क पर नुक्कड़ की किताबों की दुकान में चली गयी। रास्ते में मैंने एक पक्षी देखा, जो भीगा हुआ बिजली की तारों पर बैठा था और फूल रहा था। मैं सोच रही थी कि यह उड़ क्यों नहीं गया। बारिश के बाद जब मैं किताबों की दुकान से बाहर निकली तो शहर ताज़ा रगड़कर साफ़ किया जा रहा था। उसके रंग साफ़ और ज़ोरदार थे। आकाश पर बड़े सफेद बादल उड़े जा रहे थे।

मैं यह बता चुकी हूँ, मेरी खाँसी और निमोनिया मेरे पिता की खाँसी और निमोनिया के साथ शुरू हुए थे। अब इसे बारह साल हो चुके होंगे। उनकी मृत्यु हुए दस साल हो चुके हैं। मेरी माँ की मृत्यु हुए लगभग आठ साल हो चुके हैं। मैं जीवित रहने वाली हूँ।

मैंने क्या अपने सारे भेद खोल दिये हैं? उम्मीद है कि खोल दिये हैं। आखिर हूँ तो मैं एक लेखिका ही न। मैंने कभी छुपाने की कोशिश नहीं की कि मैं अपनी एकमात्र बेटी की सही परवरिश करने में नाकामयाब रही हूँ, जिसे मैं खुद से ज्यादा प्यार करती हूँ। और उन सभी मर्दों के साथ अपने रिश्ते में, जिनके साथ मैं रही हूँ, और जिनसे मैंने प्यार किया है। और आखिर में ब्रूनो के साथ जुड़े रिश्ते में भी, जो मेरा अंतिम और बड़ा प्यार था। अपनी सहेलियों के साथ भी मेरे रिश्ते सफल नहीं रहे, क्योंकि या तो मैं उनके बहुत निकट थी या बहुत दूर। कभी सही संतुलन नहीं होता था। या यह य. वो। मैं पूरी जिन्दगी एक ढुलमुल इन्सान रही हूँ। कभी यह कभी वो। कभी खुशी से बाग-बाग तो कभी प्रेरणाहीन। शायद विक्षिप्त होने की हद तक खिन्न। अच्छा होता अगर मैं खंडित मानसिकता से ग्रस्त होती, इस चीज़ को मैं स्वीकार करती हूँ। विक्षिप्त होने की हद तक खिन्न व्यक्ति भीरू, ओछा, चिड़चिड़ा, आत्मविश्वासहीन होता है। और अपनी विक्षिप्तता की स्थिति में वह अपने बाह्य जगत पर और भी बड़ा बोझ होता है। मैं पूरी जिन्दगी बुज़दिल रही हूँ। बुज़दिली की वजह से मैंने वक्त बहुत बरबाद किया है। वर्ग-पहेली, सुदोकू, "टाटओर्ट" सीरियल और जासूसी उपन्यास, मेज़ पर बैठने और सारे दुखों को लिखने के बजाय मैं डर के मारे ये फालतू के काम करती रही हूँ। या सुखों के बारे में भी। यह लिखना : दोनों चीज़े हैं : आज़ादी भी और बोझ भी। दोनों हैं। कितना बोझ है। क्या आज़ादी है!

मैं आज नहीं जानती कि क्या ऐसा है जो मुझे रोज़ाना हर बार मेज़ पर बैठ कर लिखने से रोकता है। शायद मैं स्वयं से डरती हूँ। उन यादों से, जो आकस्मिक रूप से सामने आ सकती है। पहेली के तो मैं पन्ने पर पन्ने सुलझाती जाती हूँ, और उपन्यास नहीं लिख पाती। वे यादें आती हैं, जो विफलता से जुड़ी हैं, जिसके बारे में अब कुछ नहीं किया जा सकता, या उस सुख से जुड़ी हैं जो हाथों से निकल गया। या मुझे बाज़ीगरी का डर है कि उसे किसी दिन काबू में नहीं रख पाऊँगी? मैं लिख रही होती हूँ और मेरे भीतर एक और मनुष्य जन्म ले रहा होता है, एक पाठक, मेरी कहानी के समानान्तर चल रही एक कहानी। यह सामान्य नहीं है। ऐसा कैसे हो सकता है? शायद यही सबसे बड़ा डर है : मैं लिखती रहूँगी और एक दिन पाठक मुझे समझ नहीं पाएँगे, जिससे मेरे पास फिर सिर्फ़ तेत्रीस और "टार्टओर्ट" और जासूसी उपन्यास ही बचेंगे जाकर।

बुनियादी तौर पर मैं हमेशा उन लोगों की प्रशंसक रही हूँ जो बिना लिखे जी सकते हैं। मेरा मतलब, उन सारी समस्याओं के साथ, जो जीवन अपने साथ लेकर आता है। ऐसे-वैसे कर के हल तो मिल जाते हैं, मगर आखिर में निहायत ग़मगीनी का आलम ही रहता है। सबसे बड़े निजी दुख को पूरा व्यापक दुख निगल जाता है। उसी तरह सबसे बड़े निजी सुख के साथ भी होता है। और दोनों गुज़र जाते हैं। सबसे अच्छी और सबसे बुरी चीज़ इनमें यही है। इन्सान पैदा होते हैं और मर जाते हैं। सब के सब। कैसे जिया जा सकता है इसे लिखे बिना, मतलब इससे अपनी जान छुड़ा लें?

जब मैं लिखती हूँ तो मेरे पास अपना जीवन होता है, और तुम्हारा भी। मैं उस समय को बाँधती हूँ, जो बहे जा रहा है, उस सुख को, जो हाथ से निकला जा रहा है, उन फूलों को, जो खिलते हैं, उन सुगन्धों को, जो उड़ जाती हैं। मैं जब लिखती हूँ तो मेरा घर एक दोजख़ होता है, और लैपटॉप में लिखे शब्द दीवार पर एक लिपि होते हैं। और सचमुच तुमने अगर किसी एक क्षण में एक गलत कुंची दबा दी तो लिपि तुरन्त टाइम्स न्यू रोमन से ऐरियल सेंचुरी गोथिक या वेबडिंग्स बन जाएगी बाज़ीगरी। लेकिन एकदम बेमतलब, यकीन करो मेरा।

लेखक एक अजीब पारभासी प्राणी होता है : अपना कोई रहस्य होता नहीं और रहस्यों पर लिखता है। मेरे ख़याल से लेखक एक पिनपिनाने वाला प्राणी होता है। वह कुड़कुड़ाता है और शिकवे करता है और काम से बचता है, जहाँ और जब भी मौक़ा मिले, और अपनी ज़िन्दगी में लुक-छिप कर रहता है और ठीक से कुछ परखता भी नहीं, ताकि बाद में उसे उसके नतीजे न भुगतने पड़ें। जब वह इन चीज़ों के बारे में लिखे तो। इसे वह नहीं चाहता। बस यही नहीं चाहता, क्योंकि जब वह लिखेगा तो अचानक उसे साहसी बनना पड़ेगा। लेखक, जब वह लिख नहीं रहा होता, एक रोने-पिनपिनाने वाला प्राणी होता, लिखते समय हीरो बन जाता है। क्योंकि तब वह उस कचरे की खबर लेता है, जिसके बारे में दूसरे बात नहीं करते, इसलिए कि कहीं उनकी अपनी पोल न खुल जाए। लेखक कमज़ोर से कमज़ोर, फटीचर से फटीचर, मरे हुए से मरे हुए लोगों के बारे में लिखता है, लेकिन जब वह लिखता है तो वह उनमें से एक नहीं होता। क्योंकि वह फिर उन पर लिख नहीं सकेगा। जब वह अपने लैपटॉप पर टिक-टिक करना शुरू करता है तो उसे पूरे जमाल पर होना चाहिए। नहीं तो डटा नहीं रह पाएगा। यही पाठक के साथ होता है। क्योंकि जो वह पढ़ेगा, उसे लिखना तो नहीं है, लेकिन लेखक ने जो लिखा है उसे तो उसे सहना पड़ेगा न! इसके लिए भी साहस, आत्मसंयम और आत्मसम्मान चाहिए। लिखने की तरह पढ़ना भी अनुशासन सिखाता है।

एक लेखक को अपने पाठकों सरीखा होना चाहिए। तब उसकी भी वही समस्याएँ हैं जो उसके पाठकों की होती हैं, और उसे समस्याएँ गढ़ने की जरूरत नहीं पड़ती, ऐसी जो लेखक के अलावा किसी और को परेशान नहीं करती।

शायद साहित्य का वास्तविक लक्ष्य है खुल जाना। अपनी स्वयं की वास्तविकता स्थापित करना। शायद जरूरी नहीं कि यह वास्तविकता बेहतर ही हो, पर एक दूसरी हो। जिसमें अन्ततः सब कुछ खुल कर कहा जा सकता हो। शायद यह रहस्य वगैरह एक भारी ग़लतफ़हमी है। साहित्य रहस्यमय हो सकता है, लेकिन वह मनुष्य नहीं, जो उसे लिखता है। बल्कि जिस मनुष्य का कोई रहस्य होता है, वह उसे छुपा कर रखना चाहता है। अगर कोई लेखक अपनी ज़िन्दगी पर लिखता है तो उसके पास छुपाने को बहुत कुछ है। लेकिन जो लेखक छुपाना चाहता है, उसे हमेशा सावधान रहना चाहिए। इस तरह वह एक विषय के प्रति ईमानदारी नहीं बरत सकता। उसे तरकीबें लगानी होंगी, चक्करदार रास्ते खोजने होंगे, चालाकी करनी होगी, मक्कारियाँ करनी होंगी। वह मनुष्यों को सान्त्वना देने या उनका मन बहलाने का लक्ष्य हासिल नहीं कर पाएगा। या तो पाप बोध या दुष्टता, या प्रतिशोध या अज्ञान के कारण। क्योंकि जो स्वयं कोई रहस्य छुपाता है, मिथ्याभिमान या लाभ उठाने के इरादे से, या समझौतावादी प्रवृत्ति के वश, या निम्नमध्यवर्गीय संकोच के कारण, वह अपने वीभत्स रहस्यों को छुपा कर दूसरों को कैसे सान्त्वना देगा? तो ऐसे लेखक के पास और क्या चारा बचता है कि साहित्य को खुला बनाने की बजाय एक ऐसे साहित्य का सृजन करे, जिसमें वह अपने रहस्यों पर पर्दा डाले रहे। लेकिन हर लेखन की सार्थकता हमारे रोज़ बरोज़ के पागलपन में मनुष्यों को सान्त्वना देना है। क्या कहेंगे आप?

□□□